ACCESO GRATIS *a la Lectura en la Nube*

AF237859

Para visualizar el libro electrónico en la nube de lectura envíe junto a su nombre y apellidos una fotografía del código de barras situado en la contraportada del libro y otra del ticket de compra a la dirección:

ebooktirant@tirant.com

En un máximo de 72 horas laborales le enviaremos el código de acceso con sus instrucciones.

La visualización del libro en **NUBE DE LECTURA** excluye los usos bibliotecarios y públicos que puedan poner el archivo electrónico a disposición de una comunidad de lectores. Se permite tan solo un uso individual y privado

© TIRANT LO BLANCH
  EDITA: TIRANT LO BLANCH
  C/ Artes Gráficas, 14 - 46010 - VALENCIA
  TELFS.: 96/361 00 48 - 50
  Fax: 96/369 41 51
  Email: tlb@tirant.com
  www.tirant.com
  Librería Virtual: www.tirant.es
  DEPOSITO LEGAL: V-3455-2025
  ISBN: 979-13-7021-262-9
  MAQUETA E IMPRIME: Tink Factoría de Color , S.L.

Si tiene alguna queja o sugerencia, envíenos un mail a: atencioncliente@tirant.com.
En caso de no ser atendida su sugerencia, por favor, lea nuestro procedimiento de quejas en:
www.tirant.net/index.php/empresa/politicas-de-empresa

Responsabilidad Social Corporativa
http://www.tirant.net/Docs/RSCTirant.pdf

Elementos jurídicos básicos para las relaciones laborales

3ª Edición

Curso 2025/2026

Sergio Yagüe Blanco
Francisco Agustín Rodrigo Sanbartolomé

Abreviaturas

AP/AAPP	Administración Pública/Administraciones Públicas
BOE	Boletín Oficial del Estado
CC	Código Civil
Cc	Convenio Colectivo
CCAA	Comunidades autónomas
CE	Constitución Española
CGPJ	Consejo General del Poder Judicial
CP	Código Penal
DDHH	Derechos Humanos
DDFF	Derechos Fundamentales
DOUE	Diario Oficial de la Unión Europea
DUDH	Declaración Universal de los Derechos Humanos
DUE	Derecho de la Unión Europea
EA	Estatuto de Autonomía
ET	Estatuto de los Trabajadores
LEC	Ley de Enjuiciamiento Civil
LISOS	Ley de Infracciones y Sanciones del Orden Social
LO	Ley Orgánica
LOLS	Ley Orgánica de Libertad Sindical
LOPJ	Ley Orgánica del Poder Judicial
LOTC	Ley Orgánica del Tribunal Constitucional
LRJS	Ley Reguladora de la Jurisdicción Social
OIT	Organización Internacional del Trabajo
OJ	Ordenamiento jurídico
OM	Orden Ministerial
RD/RRDD	Real Decreto/ Reales Decretos
RL/RRLL	Relación laboral/Relaciones laborales
STC	Sentencia del Tribunal Constitucional
STJUE	Sentencia del Tribunal de Justicia de la Unión Europea
STS	Sentencia del Tribunal Supremo
STSJ	Sentencia del Tribunal Superior de Justicia
TC	Tribunal Constitucional
TEDH	Tribunal Europeo de Derechos Humanos
TJUE	Tribunal de Justicia de la Unión Europea
TS	Tribunal Supremo
TSJ	Tribunal Superior de Justicia (de Comunidad Autónoma)
UE	Unión Europea

ÍNDICE DE CONTENIDOS

Tema 1. El ordenamiento y las normas jurídicas

SERGIO YAGÜE BLANCO

Cuando hablamos de *norma jurídica*, hacemos referencia a lo particular, a lo concreto, a los elementos individuales que forman el Derecho. Mientras que cuando nos referimos al *ordenamiento jurídico*, hacemos referencia al conjunto de estas normas integradas en un sistema y a las relaciones que se establecen entre ellas, como partes de un todo unitario que las engloba (el sistema jurídico).

Por ejemplo, podríamos decir que el ordenamiento jurídico es como un organismo celular, donde cada norma es una célula. Estas, a su vez, se agrupan con otras células de las mismas características (por ejemplo, que cumplen igual función) formando diferentes estructuras celulares (grupos normativos, con frecuencia, contenidos en disposiciones o textos normativos) que, a su vez se interconectan para generar el correspondiente organismo (el ordenamiento jurídico).

1. EL ORDENAMIENTO JURÍDICO

1.1. Concepto

El ordenamiento jurídico (OJ) es el conjunto total y ordenado de normas, principios, valores e instituciones vigentes que regulan las acciones y las relaciones humanas en una determinada sociedad y momento histórico. Nos referimos al Derecho objetivo, pero de forma ordenada, teniendo en cuenta los principios que ordenan las normas y las relaciones que se dan entre sí.

Es necesario distinguir dos expresiones que a veces se utilizan de forma indistinta: **Derecho** y **Ley**. Tanto el Derecho como ordenamiento jurídico son un concepto más amplio que la Ley, puesto que esta última es un tipo concreto de norma que se caracteriza porque la aprueba una autoridad concreta que ostenta la potestad legislativa (Parlamento). Sin embargo, el ordenamiento tiene más normas aparte de las leyes, como las normas internacionales (dictadas por poderes normativos que superan el ámbito nacional), los reglamentos (aprobados quien ostenta la potestad reglamentaria), los convenios colectivos estatutarios, etc.

1.2. Características del ordenamiento jurídico

A) Elementos integrantes de la estructura: conjunto total y ordenado de normas, principios, valores e instituciones. ¿Qué es cada cosa?

- **Normas** → las analizaremos en el apartado siguiente (su estructura, caracteres o propiedades, tipos, etc.). Ahora interesa solo la forma en la que se ordenan dentro del conjunto. Básicamente, hay 2 criterios:
  - Por la materia → esta agrupación da lugar a las distintas **ramas del ordenamiento jurídico** (apartado 1.3).
  - Por los poderes y los operadores jurídicos que las aprueban → la posición institucional que ocupan estos (poder legislativo, poder ejecutivo, la propia sociedad a través de pautas reiteradas...) va a determinar el tipo de normas que pueden producir, con distinto rango y jerarquía. Esta distinción da lugar a las diferentes **Fuentes del ordenamiento jurídico** (temas 3 a 5).

- **Valores jurídicos** → son aspiraciones o ideales que conseguir por la sociedad que quedan plasmados en el Derecho, aunque de forma abstracta. Es decir, cualidades o conjuntos de cualidades que se predican de ciertas cosas, personas o acciones que hacen que sean valoradas positivamente y que estén reflejados en las normas. Así pues, constituyen la positivización o la incorporación de la ética y la moral pública (convicciones sociales mayoritarias) al Derecho, lo que supone una vía intermedia entre el *positivismo* y el *iusnaturalismo* (Garrido Falla, 1985, pp. 395 y ss.).

Normas y valores no son lo mismo, pero guardan relación. Las normas prescriben conductas determinadas para los sujetos a los que van dirigidas (son disposiciones específicas), cosa que no hacen los valores, pues no expresan ninguna forma definida de conducta. Pero sí que podemos decir que detrás de toda norma hay uno o diversos valores que le otorgan significado, y que hacen que la conducta prescrita sea la que se considere más adecuada en un momento determinado. Los valores deben impregnar las normas que se aprueben y la interpretación que de ellas hagan los órganos judiciales. Es decir, son *metanormas* (Peces-Barba, 1984, pp. 99-100) o normas que regulan los actos productores de normas, pues orientan e informan a los poderes normativos y al intérprete.

Una de las funciones del derecho es promover en la sociedad unos valores, intereses y objetivos colectivos determinados, de forma que todo el sistema jurídico acabe siendo un reflejo de este conjunto de intereses y valores. En una sociedad democrática, este conjunto de valores y objetivos sociales compartidos constituye el cimiento sobre el cual la comunidad jurídica basa su modelo de convivencia. Así, la propia Constitución dice en el artículo 1.1 que "España se constituye en un Estado social y democrático de Derecho, que propugna como valores superiores de su ordenamiento jurídico la libertad, la justicia, la igualdad y el pluralismo político". La positivización de dichos valores en el texto constitucional no permite eludir su aplicación (ni en el momento de crear la norma ni en el momento de aplicarla e interpretarla), pero tampoco permite realizar cualquier interpretación aplicando valores no positivados por el legislador constituyente. La Constitución contiene más valores (solidaridad, seguridad, etc.), pero estos son los que se consideran esenciales.

- **Principios** → son enunciados que expresan un criterio o estándar a seguir, bien en la hora de aprobar las normas, bien en la hora de ordenarlas en el sistema, de interpretarlas, etc. También son metanormas y cuesta distinguirlos de los valores, aunque estos últimos son más concretos y precisos, por lo que hay menos margen de discrecionalidad en la creación e interpretación de normas. Son una especie de "germen de norma", no acabado del todo, que necesita ser perfeccionado en una regla o norma jurídica.

  Tienen carácter vinculante para los poderes públicos que asumen estas funciones. Además de esta *función positiva* de informar el ordenamiento jurídico tienen una *función negativa*, pueden expulsar del ordenamiento normas que no sean conformes con los principios (función derogatoria).

  Algunos de ellos, están de forma expresa en la Constitución (ej. igualdad y no discriminación, de jerarquía normativa, etc.), otros, de forma implícita, esto es, se deducen de algunos de sus preceptos (ej. el principio laboral de estabilidad en el empleo, que se extrae de los arts. 35.1 y 40.1 CE).

  Podemos distinguir entre principios materiales y formales:
    o **Principios materiales** → se refieren al contenido de las normas (ej. principio de igualdad y no discriminación).
    o **Principios formales** → hacen referencia al modo de ser del ordenamiento jurídico, cómo se dicta la norma y cómo se ha de relacionar dentro del sistema (ej. principios de jerarquía normativa, legalidad, publicidad de las normas, etc.)

- **Instituciones jurídicas** → conjunto de normas que regulan un tipo de relación jurídica (ej. el matrimonio, la compraventa, el contrato de trabajo, el despido, etc.). No es necesario que todas estas normas se encuentren en la misma disposición normativa, en ocasiones pueden estar recogidas en distintos textos normativos.

B) Los elementos referidos forman un "conjunto organizado" → no es un simple agregado de normas, sino que, como sistema orgánico y completo que es, todo ordenamiento jurídico tiene una pretensión de unidad, de coherencia y de plenitud.

- **Unidad**: El ordenamiento jurídico tiene una estructura unitaria en cuanto que todas las normas están interconectadas o relacionadas mediante relaciones de coordinación y/o subordinación.

- **Coherencia**: tiene que haber compatibilidad entre lo que disponen las diferentes normas, no pueden establecerse soluciones o consecuencias incompatibles (**antinomias**). Aunque en ocasiones esto ocurre y, por ello, en caso de haber conflictos entre diversas normas, el sistema tiene que prever una serie de principios o criterios para resolver la incompatibilidad (principios de jerarquía normativa, de sucesión en el tiempo de normas, de especialidad y principio de competencia; Tema 6).

- **Plenitud**: del mismo modo, el ordenamiento tiene que dar solución o respuesta a todos los casos o conflictos que se puedan presentar, para garantizar la seguridad jurídica. Esto no quiere decir que exista siempre una norma que tenga una solución concreta para cada caso. A veces hay **lagunas jurídicas**. Por eso, también tienen que existir mecanismos que permitan la "integración" de estos vacíos de regulación (bien acudiendo a fuentes supletorias o mediante la interpretación análoga)

1.3. <u>Las ramas del ordenamiento jurídico</u>

Con la expresión ramas del Derecho nos estamos refiriendo a determinadas áreas más o menos homogéneas de regulación sobre sectores individualizados de la vida social que requieren un tratamiento específico. Son grupos de normas que tienen principios comunes que las dotan de cierta autonomía frente a otras. Se pueden clasificar de varias formas:

A) **Derecho público y Derecho privado**: es la clasificación más común.

- El **Derecho público** es el conjunto de normas destinado a regular la organización de los poderes públicos, y las relaciones entre los diferentes entes públicos y entre estos y los particulares, siempre que actúen en su condición de órgano revestido de facultades de autoridad pública porque persigue el interés general (ej. si la Administración realiza la expropiación de un terreno o sanciona a un ciudadano actúa como poder público, mientras que si alquila un inmueble a un particular actúa como sujeto privado). **Características principales** de las normas de Derecho público:
  o Están inspiradas en el interés de la comunidad, el interés general.
  o Las partes están en relación de desigualdad, por la superioridad de la administración frente a los particulares (autotutela declarativa y ejecutiva).
  o Suelen ser normas de derecho necesario absoluto o imperativo.
  o Las ramas del ordenamiento que forman parte de este grupo son: el **Derecho Constitucional, Administrativo, Penal, Procesal, Financiero y Tributario, y el Derecho Internacional Público.**

- En cambio, el **Derecho privado** regula las relaciones entre particulares. **Características principales** de las normas de Derecho privado:
  - Están inspiradas en el interés en la persona.
  - Existe igualdad entre las partes o, al menos, formalmente (ejemplo de relación no igualitaria: empresario- trabajador)
  - Conceden un amplio ámbito de actuación a la autonomía privada (capacidad de pactar entre las partes, es decir, de celebrar contratos).
  - Son ramas del derecho privado: el **Derecho Civil, Mercantil e Internacional Privado**. Se dice que el **Derecho del Trabajo** tiene carácter mixto, pues parte pertenece al Derecho privado (normas que regulan la relación empresario-trabajador) mientras que otra parte son normas de Derecho público (**Derecho de la Seguridad Social**). No obstante, la mayor parte de la doctrina lo clasifica como privado.

B) **Derecho interno** y **Derecho internacional**: en función de si rige o no dentro de un Estado o regula relaciones entre distintos sujetos internacionales (entre Estados o individuos de diferentes Estados)

C) **Derecho escrito** (o positivo) y **Derecho consuetudinario** (los usos y costumbres, ver Tema 5).

En cualquier caso, las **ramas del ordenamiento jurídico** son las siguientes:

- **Derecho Constitucional**: conjunto de normas, encabezadas por la misma Constitución, que regulan las instituciones jurídicas fundamentales que definen el modelo de Estado, relativas a la organización y el ejercicio del poder político y a los derechos y libertades básicas de los ciudadanos

- **Derecho Civil**: son normas que tienen por objeto la regulación de aspectos relacionados con las personas en general, sin atender a ninguna condición en particular de la persona, los derechos que le corresponden como tal y las relaciones derivadas de su integración en la familia y como titular de un patrimonio dentro de la comunidad (ej. el nacimiento, la capacidad de obrar, el matrimonio, el patrimonio, su gestión y sucesión patrimonial, las obligaciones y contratos civiles, etc.).

- **Derecho Mercantil**: regula las relaciones jurídicas propias de los empresarios y comerciantes, entre ellos mismos, y entre ellos y los consumidores (ej. requisitos para constituirse como empresario, contratos mercantiles, defensa de la competencia, concurso de acreedores, etc.). Su diferenciación del Derecho Civil se justifica por las peculiares necesidades que tiene la actividad comercial, como son la exigencia de una fuerte protección del crédito y la necesidad de rapidez y seguridad en las operaciones.

- **Derecho Eclesiástico del Estado**: conjunto de normas dictadas por el Estado en materia eclesiástica, tanto si se trata de aspectos relativos a la religión católica u otras confesiones. Es decir, regula las relaciones Estado-Iglesia, a diferencia del **Derecho Canónico**, que regula las relaciones entre los sujetos que deciden formar parte de la Iglesia Católica.

- **Derecho Administrativo**: regula la organización y funcionamiento de los órganos del Estado, (en sentido amplio, incluyendo los órganos de las comunidades autónomas, entes locales y todos sus entes públicos), y sus relaciones con los particulares.

- **Derecho Financiero y Tributario**: regula la actividad financiera del Estado y del resto de entes públicos. Las funciones asumidas por un Estado social, como es el nuestro, generan necesariamente gastos para satisfacer las necesidades de la ciudadanía (ej. servicios públicos) y, por tanto, es necesario obtener recursos económicos con los cuales afrontar estos gastos (tributos, impuestos, etc.).

- **Derecho Penal**: rama del Derecho referente a la tipificación de los delitos y a sus penas o sanciones, así como a otras medidas preventivas o reparatorias que son su consecuencia. Regula la **potestad punitiva** del Estado (*ius puniendi*), esto es el poder que tiene el Estado para sancionar, de forma que se trate de un poder limitado y sometido a la Ley.

- **Derecho del Trabajo y de la Seguridad Social**: son el conjunto de normas que regulan las relaciones que se crean con ocasión del trabajo dependiente y por cuenta ajena, tanto desde una perspectiva individual (relación persona trabajadora/empresa: contrato de trabajo) como colectiva (los órganos de representación de las personas trabajadoras, la negociación colectiva, los conflictos colectivos, etc.). Así, como la relación entre la persona trabajadora y la Seguridad Social que surge como consecuencia del trabajo. Se caracterizan porque la relación laboral es una relación desigual en cuanto al poder que tienen las partes, por lo que las normas laborales tienden a proteger a la parte más débil (persona trabajadora) para equilibrar la relación.

- **Derecho Procesal**: Si una de las funciones del Derecho es proporcionar normas de conducta que posibilitan una convivencia pacífica, estas no serán siempre suficientes para evitar el conflicto. Por tanto, serán necesarias otras normas que disciplinan la resolución jurisdiccional de los conflictos entre sujetos a través de mecanismos institucionalizados y procedimientos regulados.

- **Derecho Internacional Público y Privado**: el Derecho Internacional Público es aquel que se ocupa de las relaciones jurídicas entre Estados y que se suele articular a través de Tratados y Convenios internacionales (tema 4). El Derecho Internacional Privado se ocupa de resolver dos cuestiones básicas: qué derecho aplicar y qué tribunales serán competentes cuando en un conflicto aparecen implicados sujetos de diferentes Estados.

Es frecuente que determinadas materias sean fruto de la combinación de diversas ramas jurídicas, en la medida en que se nutren de la naturaleza de las normas y de los principios que disciplinan ambas (ej. el Derecho procesal laboral, el Derecho administrativo laboral, etc.).

2. Norma jurídica

2.1. Concepto

La norma es el elemento individual o básico del sistema. Las normas no son otra cosa que reglas de conducta que disciplinan el comportamiento de las personas y facilitan la convivencia gracias a su carácter obligatorio. No obstante, conviene distinguir norma jurídica de los siguientes conceptos:

- Una **norma jurídica** es un mandato, un precepto, una regla.
- Una **disposición normativa** puede contener diversas normas. Se trata de un texto normativo dictado por una autoridad competente para aprobar normas, que reviste una forma determinada y tiene un rango determinado (ej. una Ley o un Reglamento). La situación más frecuente es que una disposición normativa contenga multitud de normas jurídicas (ej. el Estatuto de los Trabajadores es una disposición legal, que contiene multitud de normas sobre vacaciones, jornada, despido, etc.). La disposición normativa se suele estructurar del siguiente modo:
  - *Título de la disposición*: la identifica y permite localizarla.
  - *Parte expositiva* o "Exposición de Motivos" o "Preámbulo", donde se justifica la necesidad de su aprobación, su finalidad y contenido.
  - *Parte dispositiva*, donde están contenidas las normas:
    - *Disposiciones de carácter general o artículos* numerados y estructurados o agrupados en distintos *libros* (poco frecuente), *títulos, capítulos y secciones*. No necesariamente cada artículo contiene una sola norma, sino que puede contener varias. A veces, están divididos en distintos apartados y otras veces no. Sea como sea, incluso en un mismo apartado, puede haber diferentes normas, por lo que es necesario identificar el **mandato jurídico o precepto**, es decir, cada una de las instrucciones u órdenes que se imparten a sus destinatarios.
    - En la parte final del texto podemos encontrar:
      - ✓ *Disposiciones adicionales*: suelen contener normas especiales o excepciones a las normas contenidas entre las disposiciones generales.

✓ *Disposiciones transitorias*: su fin es facilitar el tránsito al régimen jurídico previsto por la nueva regulación.

✓ *Disposiciones derogatorias*: derogan otras normas vigentes en disposiciones anteriores, indicando de forma expresa qué parte derogan y qué parte se mantiene.

✓ *Disposiciones finales*: tienen diversos fines, como indicar la entrada en vigor de la disposición aprobada o su vigencia, habilitar para que otros poderes normativos desarrollen las normas contenidas en la disposición aprobada o establecer regímenes supletorios, entre otros.

2.2. Estructura de la norma jurídica

Toda norma jurídica está formada por dos elementos que no necesariamente aparecen en este orden.

- **Supuesto de hecho**: situación fáctica, formulada en forma de hipótesis o condición; puede consistir en un acto o comportamiento humano, en un hecho natural o en otra situación digna de regulación jurídica. Cuando en la realidad social se presente el supuesto de hecho, la norma resultará aplicable.

- **Consecuencia jurídica**: es la respuesta del ordenamiento a la realización del supuesto de hecho previsto. El contenido puede ser diverso: puede consistir en un tratamiento aflictivo (*sanción*), en la atribución de facultades o poderes jurídicos (*derecho subjetivo*) o en la creación de obligaciones para los sujetos destinatarios de la norma.

> **Ejemplo**: artículo 315 del Código Penal: "Serán castigados con las penas de prisión de seis meses a dos años o multa de seis a doce meses – **consecuencia**– los que, mediante engaño o abuso de situación de necesidad, impidieren o limitaren el ejercicio de la libertad sindical o el derecho de huelga" –**supuesto de hecho**-.

2.3. Características o propiedades de la norma jurídica

Todas las normas tienen las siguientes características:

- **Imperatividad u obligatoriedad** → porque toda norma establece un mandato, una prohibición o el reconocimiento de una facultad que constituye una obligación para otra parte.

- **Generalidad y abstracción** → la norma se manifiesta mediante enunciados de carácter general dictados para supuestos de hecho abstractos y no para regular casos concretos ni dirigidos a ninguna persona en particular. Más bien, pretende regular todas aquellas acciones que tengan el contenido que la norma describe. Esto contribuye a la certeza del derecho, que es la base de la seguridad jurídica: sabemos que, siempre que se dé la misma situación de hecho, las consecuencias jurídicas también serán siempre las mismas.

- **Coercibilidad o coactividad** → es probable que los sujetos destinatarios de la norma jurídica no la cumplan voluntariamente y que, en consecuencia, se tenga que poner en marcha mecanismos e instrumentos previstos para garantizar su efectividad.

No obstante, parte de la doctrina científica que también considera que las normas tienen otras propiedades como la *justicia* (alineación con principios y valores sociales predominantes), la *alteridad* (del latín "alter", el otro, que significa que rige la conducta de una persona solo en la medida que puede afectar a otras) y la *bilateralidad* (ya que reconoce derechos y obligaciones).

2.4. <u>Tipo de normas jurídicas</u>

Son diversos los criterios de clasificación de las normas, entre ellos:

A) Según su **objeto de regulación**, pueden ser:

- **Normas primarias** → son las que tienen la función de orientar la conducta, es decir, las que prescriben directamente como tienen que actuar o pueden actuar sus destinatarios: qué tienen que hacer o no tienen que hacer; cómo se pueden comportar ante determinadas situaciones (ej. art. 39.3 CE).

- **Normas secundarias** → aquellas que no están dirigidas a regular ninguna conducta, sino que se refieren –directa o indirectamente– a otras normas. Se limitan a definir conceptos jurídicos, establecen cómo se organizan las instituciones, prevén qué órganos tienen competencia para aprobar determinadas normas, etc. Es decir, posibilitan el funcionamiento interno de todo el sistema jurídico. Son *normas sobre las normas* (ej. art. 81.2 CE).

B) Según el **tipo de mandato** que contengan (todas son primarias):

- **Normas de obligación** → las que ordenan expresamente algo o imponen la observancia de ciertos requisitos para realizar un acto (ej. art. 19.2 y 4 ET).
- **Normas prohibitivas** → las que impiden o niegan la posibilidad de hacer algo (ej. art. 6 ET).
- **Normas permisivas** → las que toleran algo, reconocen o declaran un derecho (ej. art. 23.1.a ET).

C) Por su **eficacia frente a la voluntad** del individuo:

- **Normas imperativas o absolutas** → imponen una conducta determinada independientemente de la voluntad del individuo. Son tanto las normas de obligación como las de prohibición anteriores. Es decir, no son meras recomendaciones que podemos seguir o no, sino que van destinadas a orientar la conducta del destinatario porque actúo de una determinada manera. Además, no hay posibilidad de que las partes pacten parte de su contenido por acuerdo (ej. art. 8.2 ET).

- **Normas dispositivas** → obligan solo cuando no existe una voluntad expresa de los sujetos de pactar otra cosa. Si las partes autorregulan un determinado aspecto, prevalece sobre la regulación prevista en la norma (ej. art. 14 ET).

D) Según la **condición del destinatario**:

- **Normas de Derecho común** → son las dictadas para la totalidad de las personas o relaciones jurídicas en que puedan participar simplemente por su condición de persona, sin necesidad de adoptar otro rol o estatus (ej. edad para contratar cualquier tipo de contrato es la mayoría edad).

- **Normas de derecho especial** → son dictadas para una determinada clase de personas o relacionas jurídicas, por existir especialidades o peculiaridades que justifican una regulación específica y diferente de las normas comunes (ej. la edad para celebrar un contrato de trabajo es la mayoría de edad, pero se puede trabajar desde los 16 años con el consentimiento de los padres o tutores).

El **Derecho Civil** es la parte general del Derecho Privado mientras que el resto de las ramas son especiales. Es *nuestro primer cuerpo legal* y contiene, por este motivo, normas aplicables de manera general a todas las ramas del ordenamiento jurídico. Por esta razón se ha considerado que es el **Derecho común** y tiene **carácter supletorio**, es decir, que se aplica cuando falta una norma específica que regule una determinada cuestión (art. 4.3 Código Civil). Pero en cambio, en virtud del principio de especialidad, si una materia está regulada tanto por el Derecho común como el especial (ej. los contratos), la norma especial tiene preferencia aplicativa.

E) Según el **tiempo de duración**:

- **Normas permanentes** → las que no tienen predeterminada su vigencia, porque se aprueban para regular necesidades permanentes y, por lo tanto, hasta que una norma posterior no las prive de vigencia por medio de la derogación, subsisten (la mayoría de las normas).

- **Normas transitorias o temporales** → las que tienen duración meramente temporal, ya sea para satisfacer una necesidad circunstancial o para facilitar el paso de la antigua regulación a la nueva (ej. Leyes de Presupuestos Generales del Estado; disposiciones transitorias de cualquier disposición, etc.).

F) Según su **finalidad**:

- **Normas sustantivas o materiales** → aquellas que tienen una finalidad propia y subsistente por sí misma. Son la mayoría de las normas de obligación, prohibitivas y declarativas (ej. normas laborales sobre las causas del despido y los requisitos formales que tiene que seguir la empresa para despedir válidamente).

- **Normas adjetivas o procedimentales** → las que facilitan los medios para que se cumplan las normas materiales. Generalmente, establecen el procedimiento o reglas procesales para reclamar ante la justicia o ante un organismo administrativo (ejemplo: normas procesales que dicen como acceder a la orden social de la jurisdicción para reclamar contra un despido porque se considera improcedente o nulo).

2.5. <u>Eficacia de las normas jurídicas</u>

El estudio de la eficacia o grado de aplicabilidad y exigibilidad de las normas requiere analizar 3 variantes:

A) Eficacia territorial: las normas se aplican a los sujetos del ámbito geográfico para el cual se han aprobado, en función de la competencia de la autoridad que las aprueba. Por lo tanto, las normas aprobadas por los poderes normativos de las comunidades autónomas solo tendrán efecto en su territorio. En cambio, las aprobadas por los poderes normativos del Estado, tendrán efecto en todo el territorio nacional. Por su parte, las normas internacionales se aplicarán en diversos Estados.

B) Eficacia personal: hace referencia a los destinatarios de la norma, pero hay que distinguir:

- Quién las tiene que cumplir: son los **sujetos obligados** a cumplirla, quienes tienen que realizar o no realizar la conducta que prescribe la norma. En este sentido, debe tenerse en cuenta que el artículo 6.1 del Código Civil que dice que "la ignorancia de las leyes no excusa de su cumplimiento". Por lo tanto, a pesar de que los obligados no conocen la regulación contenida en la norma, se aplicarán sus consecuencias si se da el supuesto de hecho.

- Quién las tiene que aplicar: se refiere a los **funcionarios públicos,** en especial, **jueces y magistrados**. En este caso, sí hay una obligación positiva de conocer las normas jurídicas. Es decir, rige el principio de *iura novit curia* (el juez conoce el Derecho). Este principio no afecta ni al Derecho consuetudinario ni al Derecho extranjero (Tratados Internacionales no ratificados por España).

C) Eficacia temporal o vigencia: hace referencia al momento en que la norma es válida y exigible, que va desde su nacimiento o entrada en vigor hasta que pierda vigencia o es derogada. Es una cuestión de gran trascendencia, puesto que las normas únicamente se aplican a los hechos y situaciones que tienen lugar durante su vigencia, lo que hace que sea necesario establecer claramente los momentos de inicio y fin de vigencia.

- **Entrada en vigor**: se produce desde su publicación en el Boletín Oficial que corresponda en virtud del arte. 9.3 CE que garantiza la publicidad de las normas (***principio formal de publicidad***). En este sentido, el art. 2.2 del Código Civil establece que "las leyes entrarán en vigor a los veinte días de su completa publicación en el «Boletín Oficial del Estado», si en ellas no se dispone otra cosa". Normalmente, la entrada en vigor viene regulada en una Disposición Final de la norma. Pero, en cualquier caso, se podrán dar las siguientes situaciones:
    - Que no diga nada: entra en vigor a los 20 días, en un momento posterior a la publicación.
    - Que regule expresamente la entrada en vigor, pero en todo caso, sea un momento posterior a la publicación (ejemplo, a partir del 1 de enero o a los 3 meses de la publicación).

Tanto en el primer como segundo caso, el periodo existente entre la publicación y la entrada en vigor se denomina ***vacatio legis***.
    - Que regule expresamente la entrada en vigor y esta se produzca el mismo día de la publicación.
    - Que regule expresamente la entrada en vigor y sus efectos se proyectan en un momento anterior a la publicación. Es el que se denomina ***efecto retroactivo***. En este caso deben tener en cuenta varias cosas:
        - ✓ El art. 2.3 del Código Civil establece que "las leyes no tendrán efecto retroactivo si no se dispone lo contrario". Es una norma general para garantizar el principio de seguridad jurídica, pero tiene carácter supletorio.
        - ✓ El art. 9.3 CE garantiza "la irretroactividad de las disposiciones sancionadoras no favorables o restrictivas de derechos individuales". Es decir, está prohibido aprobar normas con carácter retroactivo, pero solo en dos casos:
            - Disposiciones sancionadoras no favorables: ha de ponerse en relación con el art. 25.1 CE: "Nadie puede ser condenado o sancionado por acciones u omisiones que en el momento de producirse no

constituyan delito, falta o infracción administrativa, según la legislación vigente en aquel momento".
- Que supriman o restrinjan derechos.

- **Pérdida de vigencia**: las normas jurídicas que no tienen carácter temporal o transitorio rigen de forma indefinida hasta que sean derogadas, lo cual puede producirse (art. 2.2 Código Civil):
  - **Expresamente**: mediante otra **norma jurídica posterior de igual o superior rango**. En este sentido, el art. 2.2. CC señala en su inciso inicial: "Las leyes solo se derogan por otras posteriores. La derogación tendrá el alcance que expresamente se disponga...". Es decir, puede ser una **derogación**:
    - ✓ Total: la nueva disposición priva de todos los efectos a la anterior (deroga la totalidad de normas que contiene)
    - ✓ Parcial: si mantiene la vigencia de determinadas normas.

  - **Tácitamente**: aunque no haya sido derogada de forma expresa, resultará desplazada en todo el que resulte incompatible con la nueva norma jurídica, posterior y de igual o superior rango. El mismo art. 2.2 C.C. continúa diciendo: "... y se extenderá [la derogación] siempre a todo aquello que en la Ley nueva, sobre la misma materia, sea incompatible con el anterior".

Además, el mencionado artículo finaliza diciendo que "por la simple derogación de una ley no recobran vigencia las que esta haya derogado".

BIBLIOGRAFÍA

AA.VV. (1997), *Introducción a la Teoría del Derecho* (Coord. De Lucas, Javier), 3ª edición, Valencia: Ed. Tirant lo Blanch.

AA.VV. (2010), *Introducción a la Teoría del Derecho* (Coord. Gayo Santa Cecilia, M.ª Eugenia. y Muñoz de Baena Simón, José L.), Madrid: Ed. UNED.

AA.VV. (2013), *Técnicas y habilidades jurídicas básicas* (Ed. Altés Tárrega, Juan A.), València: Ed. Tirant lo Blanch.

AA.VV. (2015), *Curso de Derecho Privado* (Dirs. Orduña, Francisco J. y Campuzano, Ana B.), 18ª edición, València: Ed. Tirant lo Blanch.

ARNAU MOYA, Federico (2009), *Lecciones de Derecho Civil I,* Castellón: Universitat Jaume I, pp. 11-19, recuperado el 15/09/23 de https://repositori.uji.es/xmlui/bitstream/handle/10234/24162/s6.pdf

FABRA ABAT, Pere (2017), "Què és el Dret?", en AA.VV. *Introducció al Dret,* Barcelona: FUOC, recurso electrónico recuperado el 15-09-23 de http://cv.uoc.edu/annotation/cbcad386b1dbde033f3c0e77fd6c9997/57204 1/PID_00242838/index.html

FREIXES SANJUÁN, Teresa y REMOTTI CARBONELL, José C. (1992), "Los valores y principios en la interpretación constitucional", *Revista Española de Derecho Constitucional,* n.º 35.

GARRIDO FALLA, Fernando (1985), *Tratado de Derecho Administrativo, Vol. 1,* Madrid: Centro de Estudios Constitucionales.

PECES-BARBA, Gregorio (1984), *Los valores superiores,* Madrid: Tecnos.

THOMÀS PUIG, Petra M.ª (2001), "Valores y principios constitucionales", *Parlamento y Constitución, Anuario,* n.º 5.

VILLALBA ZABALA, Agustín. (2011), *Introducción al Derecho,* Cantabria: Universidad de Cantabria. Open Course Ware, recurso electrónico recuperado el 15-09-23 de https://ocw.unican.es/course/view.php?id=106#section-3

OTRAS FUENTES

Resolución de 28 de julio de 2005, de la Subsecretaría, por la que se da publicidad al Acuerdo del Consejo de Ministros, de 22 de julio de 2005, por el que se aprueban las Directrices de Técnica normativa (BOE n.º 180 de 29/07/05).

Tema 2. El Estado

Sergio Yagüe Blanco

1.- La organización política de la Estado. Los poderes del Estado: poder legislativo, poder ejecutivo y poder judicial.
2.- La organización territorial del Estado

Introducción

Hemos señalado que una de las características más relevantes del Derecho es su coercitividad u obligatoriedad, y esto se debe a que su cumplimiento está garantizado por el Estado. Podemos decir que el Estado concentra y monopoliza el poder político a través del Derecho, puesto que es el principal productor de normas jurídicas y, además, garantiza su cumplimiento. Pero al mismo tiempo necesita el Derecho para legitimar su propio poder. El poder del Estado solo se puede considerar legítimo en tanto en cuanto sea un poder sometido también a la Ley.

Un **Estado** es una comunidad establecida en un territorio y dotada de una **organización política soberana y legítima**. Es decir, requiere de 3 elementos: 1) un territorio o espacio físico delimitado por fronteras; 2) un pueblo o comunidad social que reside de manera estable, unidos por vínculos de nacionalidad (vínculos tanto culturales como materiales que hacen que los miembros se consideran diferentes de otras agrupaciones similares); y 3) un poder político soberano y legítimo para organizar la convivencia de sus miembros. La **soberanía** es la cualidad de una organización política de ejercer el poder dentro de su territorio para mantener la paz y la orden a través de los medios que proporciona el ordenamiento jurídico (perspectiva interna), sin que esté sometido a ningún otro poder extranjero superior, es decir, es independiente (perspectiva externa). Y la **legitimidad** significa que, además de disponer del poder para obligar a sus miembros (ciudadanía), estos reconocen y aceptan voluntariamente su poder porque lo consideran justificado y necesario. De forma que, quién lo ejerce, lo hace en nombre y representación del pueblo, con el fin de garantizar sus derechos y libertades y para lograr el interés común. Ahora bien, hoy en día se considera que para que el poder político sea legítimo, tiene que ser también democrático.

La norma por la cual los ciudadanos se constituyen en comunidad jurídico-política, es decir, en Estado, y acuerdan regular su convivencia siguiendo unos determinados principios o valores se denomina **Constitución**. Podemos definir una Constitución como un conjunto de normas escritas o consuetudinarias con dos objetivos: 1) regular y definir las instituciones o poderes del Estado, y 2) garantizar los derechos y deberes de los ciudadanos.

Ahora bien, desde la Revolución francesa, se propagó la idea, por un lado, de que las Constituciones tenían que ser escritas, aunque también hay costumbres que permiten completarlas e interpretarlas. Y, por otro lado, de que tenía que establecerse una **separación de poderes**, basada en la **supremacía de la Ley**, para evitar abusos que se daban en el Estado absolutista, en el cual el monarca concentraba todos los poderes del Estado y no estaba sometido al Derecho que él mismo creaba y aplicaba.

Además, las **Constituciones son un marco jurídico normativo** que establecen unos límites de actuación dentro del ordenamiento jurídico.
   ✓ Regulan cómo se tienen que producir todas las normas jurídicas.
   ✓ Otorgan la competencia para su creación a diferentes instituciones.
   ✓ Establecen los procedimientos de elaboración y aprobación.
   ✓ Delimitan, según el principio de división de poderes, las funciones de los órganos del Estado con relación a la creación y aplicación del Derecho.

Por eso, tiene el carácter de **Norma Suprema**, se encuentra en la cima del ordenamiento jurídico, y se considera la *norma de normas*. Su carácter fundamental o posición superior respecto al resto de normas se debe a que es la expresión directa de la voluntad de los ciudadanos respecto al **modelo de Estado** que quieren, en los cuales reside el **poder constituyente**.

Nuestra **Constitución Española** (en lo sucesivo, CE) de 27 de diciembre de 1978, fue aprobada el 31 de octubre por Congreso y Senado, ratificada en referéndum 6 de diciembre, y publicada al BOE el 29 de diciembre de 1978.

1. LA ORGANIZACIÓN POLÍTICA DEL ESTADO. LOS PODERES DEL ESTADO

Como se ha dicho, uno de los objetivos de la CE es regular las instituciones que tienen que intervenir en el ejercicio del poder político. Es decir, las que intervienen en la regulación de la vida social creando y aplicando del Derecho.

1.1. Modelo de Estado

La definición del modelo de Estado la encontramos en el art. 1.1 CE.

> **Artículo 1 CE**
>
> **1.** *España se constituye en un Estado <u>social</u> y <u>democrático</u> de <u>Derecho</u>, que propugna como valores superiores de su ordenamiento jurídico la libertad, la justicia, la igualdad y el pluralismo político.*

Estas tres palabras tienen un significado concreto e implican la aplicación de determinados principios que configuran el Estado y sus poderes:

A) Un **<u>Estado de Derecho</u>** es aquel en el que todos los poderes y sus actuaciones públicas son regulados y controlados por medio de leyes creadas según procedimientos democráticos, y en el cual se respetan los derechos y las libertades de los ciudadanos. Es decir, la Ley es un instrumento para ejercer el poder público, y al mismo tiempo, también crea, organiza y limita el poder de las instituciones que tienen que ejercerlo.

Características principales de un Estado de Derecho:

- **Imperio de la Ley** → implica el sometimiento de todos los poderes públicos y sus actuaciones a la misma CE y al ordenamiento jurídico, formado por normas jurídicas creadas por órganos democráticos y representativos que expresan la voluntad general. Fundamento jurídico:

> **Artículo 9 CE:**
> **1.** *Los ciudadanos y los poderes públicos están sujetos a la Constitución y al resto del ordenamiento jurídico.*

- **División de poderes** → Para garantizar un equilibrio de poderes y evitar abusos —es decir, que todos estén sujetos a la Ley—, el poder político se divide en varias esferas que son atribuidas a diferentes órganos e instituciones, permitiendo que se controlan entre ellos. Es una concepción del modelo de Estado ideada por el filósofo y jurista francés *Montesquieu*: el **poder legislativo** (parlamento) crea las leyes; el **poder ejecutivo** (gobierno y administración) hace efectiva la acción política poniendo en práctica las leyes aprobadas; y, el **poder judicial** (jueces y magistrados) las aplica a los casos concretos para resolver conflictos y restablecer la legalidad cuando se vulnera.

  Aunque este principio no figura de forma expresa en la CE, la división es evidente por su propia regulación, separada en varios Títulos (II a VI: corona, legislativo, gobierno y administración, judicial).

- **Reconocimiento de derechos y libertades fundamentales de los ciudadanos** → Implica la protección y defensa de las facultades jurídicas reconocidas a los ciudadanos por los poderes públicos. Estos, además, tienen que satisfacer con su actuación determinadas necesidades y no pueden llevar a cabo actuaciones que pongan en peligro estos derechos.

- **Control de la legalidad de la Administración por los tribunales** → Se controla la actuación del Poder Ejecutivo por el Poder Judicial. Por esta razón es un órgano independiente de los otros dos poderes estatales.

B) Por su parte, un **Estado democrático** debe permitir que los ciudadanos participen en la vida pública y política, así como que puedan decidir qué modelo de convivencia quieren a través de la participación democrática. Principios sobre los cuales se fundamenta:

- **Soberanía popular** → el poder político reside en última instancia en la ciudadanía constituida en una comunidad jurídica (Estado), por lo que los y las gobernantes ejercen el poder en representación de aquella. Es un poder delegado que puede ser retirado si se pierde la confianza. Fundamento jurídico:

> **Artículo 1 CE**
>
> **2.** *La soberanía nacional reside en el pueblo español, del que emanan los poderes del Estado.*

- **Democracia representativa** → La voluntad popular se ejerce a través de representantes que se eligen democráticamente, mediante el sufragio universal (derecho a votar de toda persona mayor de edad, sin exclusiones). Fundamento jurídico:

> **Artículo 23 CE**
>
> **1.** *Los ciudadanos tienen el derecho a participar en los asuntos públicos, directamente o por medio de representantes, libremente elegidos en elecciones periódicas por sufragio universal.*

- **Democracia pluralista** → dice el art. 1.1 CE que se reconoce como valor superior *el pluralismo político*. Así pues, los partidos políticos tienen un papel fundamental en la medida en que son el instrumento para la participación política (art. 6 CE).

> **Artículo 6 CE**
>
> *Los partidos políticos expresan el pluralismo político, concurren a la formación y manifestación de la voluntad popular y son instrumento fundamental para la participación política. Su creación y el ejercicio de su actividad son libres dentro del respeto a la Constitución y a la ley. Su estructura interna y funcionamiento deberán ser democráticos.*

C) En fin, un **Estado social** se basa en el reconocimiento de unos derechos sociales, económicos y culturales que hacen que el Estado adquiera un papel intervencionista. Es decir, tiene capacidad para influir en los procesos productivos y de redistribución de riqueza para conseguir una sociedad más justa y equitativa. Por eso, interviene en la regulación de relaciones estrictamente privadas (ej. el Derecho del Trabajo) y establece servicios públicos y prestaciones sociales (educación, sanidad, servicios públicos, etc.) con el objetivo de conseguir la igualdad entre sus ciudadanos.

1.2. Forma política del Estado: Monarquía parlamentaria

Respecto a la forma política del Estado, el art. 1.3 CE establece que España es una **Monarquía parlamentaria**. Significa que la **Jefatura del Estado**, uno de los órganos del Estado, es un Rey. Sabemos que es un cargo hereditario y vitalicio. Pero conviene prestar atención brevemente a su regulación solo para entender porque no forma parte de los poderes estatales que crean y aplican el derecho (regulación constitucional de la Corona: título II, art. 56 -65 CE)

> **Artículo 56 CE**
>
> *1. El rey es el jefe del Estado, <u>símbolo de su unidad y permanencia, arbitra y modera el funcionamiento regular de las instituciones,</u> asume la <u>más alta representación del Estado español en las relaciones internacionales,</u> especialmente con las naciones de su comunidad histórica, y ejerce <u>las funciones que le atribuyen expresamente la Constitución y las leyes.</u>*

Es decir, **no tiene ningún poder decisorio** en ámbito jurídico, ni a nivel ejecutivo ni legislativo. Es una figura casi honorífica: un Rey que reina, pero no gobierna. De hecho, todos sus actos tienen que ser **refrendados** por otras instituciones (presidencia del Gobierno, ministros/as y presidencia del Congreso), que asumen la responsabilidad por él (arts. 56.3 y 64 CE). Ahora bien, es una institución social y políticamente relevante, por sus funciones simbólicas de representación, arbitrio y moderación (arts. 62 y 63 CE).

1.3. <u>El Poder Legislativo: Las Cortes Generales</u>

1.3.1. Regulación constitucional: Título III CE (arts. 66-96 CE).

> **Artículo 66 CE**
>
> ***1.*** *Las Cortes Generales representan el pueblo español y están formadas por el Congreso de los Diputados y el Senado.*

Las *Cortes Generales* es el nombre que identifica el Parlamento estatal en el sistema institucional español. Características:

- **Órgano representativo** → Tienen un carácter electivo, actúa en nombre y representación del pueblo, que es el titular de la soberanía. Sus decisiones, se supone, son una manifestación de la voluntad popular.

- **Órgano bicameral** → Está formado por dos cámaras: el **Congreso de los Diputados** y el **Senado** que, en principio, tienen similares funciones. Ahora bien, como veremos, el Congreso tiene cierta preeminencia y un papel más decisivo que el Senado en ciertos aspectos (*bicameralismo imperfecto*). Por ejemplo, en la aprobación de las leyes tiene la última palabra, puesto que puede rechazar las enmiendas del Senado. Además, es la única cámara que interviene en los procesos de otorgar o retirar confianza al Gobierno.

1.3.2. Composición

A) Congreso de los Diputados o Cámara Baja (art. 68 CE)

> **Artículo 68 CE**

1. El Congreso se compone de un <u>mínimo de 300 y un máximo de 400 Diputados</u>, elegidos por <u>sufragio universal, libre, igual, directo y secreto</u>, en los términos que establezca la ley[1].

2. La <u>circunscripción electoral es la provincia</u>. Las poblaciones de <u>Ceuta y Melilla</u> estarán representadas cada una de ellas por <u>un Diputado</u>. La ley distribuirá el número total de Diputados, asignando una <u>representación mínima inicial</u> a cada circunscripción y distribuyendo <u>los demás en proporción a la población</u>[2].

[...]

4. El Congreso <u>es elegido por cuatro años</u>. El mandato de los Diputados termina cuatro años después de su elección o el día de la disolución de la Cámara.

5. Son <u>electores y elegibles</u> todos los españoles que estén en pleno uso de sus derechos políticos. [...]

B) Senado o Cámara Alta (art. 69 CE).

Artículo 69

1. El Senado es la <u>Cámara de representación territorial</u>.

2. En <u>cada provincia se elegirán cuatro Senadores</u> por <u>sufragio universal, libre, igual, directo y secreto</u> por los votantes de cada una de ellas, en los términos que señale una ley orgánica.

3. En las <u>provincias insulares</u>, <u>cada isla o agrupación de ellas, con Cabildo o Consejo Insular, constituirá una circunscripción</u> a efectos de elección de Senadores, correspondiendo <u>tres a cada una de las islas mayores</u> –Gran Canaria, Mallorca y Tenerife– y <u>uno</u> a cada una de las siguientes islas o agrupaciones: Ibiza-Formentera, Menorca, Fuerteventura, Gomera, Hierro, Lanzarote y La Palma.

4. Las poblaciones de <u>Ceuta</u> y <u>Melilla</u> elegirán cada una de ellas <u>dos Senadores</u>.

5. Las <u>Comunidades Autónomas designarán además un Senador</u> y <u>otro más por cada millón de habitantes de su respectivo territorio</u>. La designación corresponderá a la Asamblea legislativa o, en su defecto, al órgano colegiado superior de la Comunidad Autónoma, de acuerdo con lo que establezcan los Estatutos, que asegurarán, en todo caso, la adecuada representación proporcional.

6. El Senado es <u>elegido por cuatro años</u>. El <u>mandato de los Senadores termina</u> cuatro años después de su elección o el día de la disolución de la Cámara.

1.3.3. Estatuto jurídico del parlamentario (art. 71 CE): inviolabilidad, inmunidad y aforamiento

Artículo 71

1. Los Diputados y Senadores gozarán de **inviolabilidad** <u>por las opiniones manifestadas en el ejercicio de sus funciones</u>[3].

2. Durante el período de su mandato los Diputados y Senadores gozarán asimismo de **inmunidad** y <u>sólo podrán ser detenidos en caso de flagrante delito</u>[4]. No podrán ser <u>inculpados ni procesados sin la previa autorización de la Cámara respectiva</u>.

---

[1] *Ley Orgánica 5/1985, de 19 de junio, del Régimen Electoral General* (en adelante, LOREG).

[2] Art. 162.2 LOREG "*a cada provincia le corresponde un mínimo inicial de dos Diputados*".

[3] Finalidad: garantizar la libre formación de la voluntad en el seno de las Cámaras.

[4] Finalidad: impedir que sea privado de su libertad a causa de persecuciones políticas y que le impidan concurrir a la formación de la voluntad de la Cámara

> **3.** En las <u>causas contra Diputados y Senadores</u> será **competente** la Sala de lo Penal del Tribunal Supremo[5].

1.3.4. Incompatibilidades (art. 70 CE)

> **Artículo 70 CE**
>
> **1.** La ley electoral determinará las **causas de inelegibilidad e incompatibilidad** de los Diputados y Senadores, que comprenderán, en todo caso:
>
> a) A los componentes del Tribunal Constitucional.
>
> b) A los altos cargos de la Administración del Estado que determine la ley, con la excepción de los miembros del Gobierno.
>
> c) Al Defensor del Pueblo.
>
> d) A los Magistrados, Jueces y Fiscales en activo.
>
> e) A los militares profesionales y miembros de las Fuerzas y Cuerpos de Seguridad y Policía en activo.
>
> f) A los miembros de las Juntas Electorales.

1.3.5. Funcionamiento y organización de las cámaras:

- Funcionan de acuerdo con un **Reglamento interno** de cada una (art. 72).

- Tienen **órganos propios de gobierno**. En cada cámara hay:
  - ✓ **Presidenta/e:** dirige la actividad parlamentaria (modera debates, concede o leva el turno de palabra) e interpreta el reglamento.
  - ✓ **Mesa:** órgano colegiado elegido por la cámara que asesora y colabora en la dirección de la cámara.
  - ✓ **Junta de portavoces:** órgano de representación de los grupos parlamentarios.

- **Órganos de trabajo** (art. 75 CE). Las cámaras pueden funcionar:
  - ✓ **En pleno:** es la reunión de todos los miembros y es el órgano al cual se encomiendan las funciones más relevantes.
  - ✓ **Por comisiones:** son órganos colegiados formados por miembros designados por los diferentes grupos parlamentarios. Especialmente relevantes son las **comisiones legislativas**, aquellas que intervienen en el proceso de elaboración de las leyes y que se organizan por razón de la materia.

- **Duración del mandato:** lo que dure la legislatura

- Periodo de reuniones (art. 73 CE) y diputaciones permanentes (art. 78).

1.3.6. Adopción acuerdos

> **Artículo 79 CE**

---

[5] Finalidad: garantizar que el proceso cuente con las máximas garantías (STC n.º 51/1985).

> **1.** *Para adoptar acuerdos, las Cámaras tienen que estar <u>reunidas reglamentariamente y contar con la asistencia de la mayoría de los miembros</u>.*
>
> **2.** *Dichos acuerdos, <u>para ser válidos</u>, deberán ser<u> aprobados por la mayoría de los miembros presentes</u>, <u>sin perjuicio de las mayorías especiales</u> que establezcan la Constitución o las leyes orgánicas y las que para elección de personas establezcan los Reglamentos de las Cámaras.*
>
> **3.** *El <u>voto</u> de los Senadores y Diputados es <u>personal e indelegable</u>.*

Es decir, requiere un *cuórum de presencia* (número individuos necesarios para que la reunión sea válida: «la mayoría de los miembros») y un *cuórum de votación* (mayoría simple o más votos a favor que en contra). Desde la perspectiva que nos interesa, la **aprobación de las leyes** se ha de tener en cuenta que, quitadas las excepciones del art. 79.2 CE (leyes orgánicas y nombramiento de ciertos miembros y cargos), el resto de las normas de rango legal se aprobarán por la mayoría previstas en este precepto constitucional.

1.3.7. Funciones:

> **Artículo 66 CE**
>
> **2.** *Las Cortes Generales ejercen la <u>potestad legislativa del Estado</u>, <u>aprueban los presupuestos</u>, <u>controlan la acción del Gobierno</u> y tienen las <u>otras competencias que les atribuya la Constitución</u>.*

A) **Potestad legislativa** → es la principal función. Consiste a discutir, elaborar y aprobar las leyes. Es un órgano deliberativo y colegislador, en la medida en que se requiere una participación conjunta de ambas cámaras. En los Estados democráticos y de Derecho las leyes solo pueden ser aprobadas por los Parlamentos (a excepción del que veremos en el tema 4 sobre la coparticipación con el Gobierno en la elaboración de determinadas disposiciones con rango legal; igualmente, en este tema, veremos el procedimiento o fases de elaboración de las leyes).

B) **Función financiera o presupuestaria** → Los corresponde el examen, discusión y aprobación de los **Presupuestos Generales del Estado**, elaborados anualmente por el Gobierno (procedimiento: art. 134 CE). Es una Ley en la cual se plasman la totalidad de ingresos y gastos del sector público en un año. Tiene una importancia relevante porque determina los objetivos políticos y económicos que se desarrollarán en el año siguiente a su aprobación (sanidad, educación, ocupación pública, defensa, obras públicas, etc.) y la política fiscal necesaria para conseguir los objetivos fijados.

C) **Función de control del gobierno** → Controla la composición y la actividad del Gobierno. En este caso, es una función que desarrolla en exclusiva el Congreso de los Diputados, sin la participación del Senado. Comprende las siguientes competencias de control ejercidas en diferentes momentos:

- **Influye en la composición Gobierno** mediante el **voto de investidura**: es la primera fórmula de control que ejerce el Parlamento sobre el Gobierno, puesto que <u>decide quién tiene que ser el presidente o la presidenta del Gobierno</u> (art. 99 CE). Una vez elegido/a, será este/a quien decida la elección del resto de miembros del gobierno, que serán nombrados por el Rey a propuesta suya (art. 100 CE).

- **Decide su continuidad a través de dos importantes mecanismos**:

  - La **moción de censura** (art. 113 CE): es un mecanismo para exigir responsabilidad política en el Gobierno cuya iniciativa la adoptan las diputadas y diputados y que puede acabar con la destitución del Ejecutivo y con la investidura de un nuevo Presidente o Presidenta.

  - La **cuestión de confianza** (art. 112 CE): es un instrumento utilizado por los gobiernos cuando atraviesan ciertas dificultades para ejercer sus funciones, por ejemplo, cuando gobiernan en minoría y no pueden sacar adelante sus proyectos y proposiciones porque la cámara no los apoya; o cuando cambian las circunstancias políticas y se ve obligado a cambiar el programa político que recibió el apoyo de la cámara a través del voto de investidura, etc. La iniciativa corresponde en el mismo Gobierno (al Presidente o Presidenta, previa deliberación en el Consejo de Ministras/os) para obtener un refuerzo de su posición política, es decir, una renovación de la confianza que recibió.

C) **Funciones de control parlamentario ordinario:** tienen por objeto conocer la actuación del Gobierno y fiscalizarla para trasladar el resultado a la opinión pública. Comprende tareas de diversa índole:
- ✓ Solicitud de información y documentación sobre cualquier actuación del Gobierno o de las Administraciones Públicas (art. 109 CE).
- ✓ Solicitud de comparecencia de los miembros del Gobierno para informar en profundidad sobre determinados asuntos de su competencia (art. 110.1 CE).
- ✓ Interpelaciones y preguntas (art. 111 CE).

D) **Otras funciones** atribuidas a lo largo de la CE: nombramiento de miembros y autoridades del Estado (Defensor del Pueblo, vocales del Consejo General del Poder Judicial, Tribunal de Cuentas, magistrados del Tribunal Constitucional, etc.); suscripción tratados internacionales, etc.

1.4. <u>Poder Ejecutivo: El Gobierno y la Administración.</u>

1.4.1. Regulación constitucional: Título IV CE, arts. 97 a 107.

El poder ejecutivo está formado por dos instituciones: el Gobierno y la Administración Pública.

1.4.2. El Gobierno

A) Características: El Gobierno es un órgano colegiado y pluripersonal.

- **Colegiado** → adopta sus decisiones por acuerdo entre sus miembros, es decir, delibera y decide sobre los asuntos en el Consejo de Ministros. Actúa conjuntamente, aunque esté dirigido por su Presidente.

- **Pluripersonal** → porque está formado por varios miembros:

Artículo 98 CE

1. El Gobierno se compone del Presidente, los Vicepresidentes en su caso, los Ministros y los otros miembros que establezca la ley.

- ✓ **Presidenta/e** → Quien dirige y coordina la labor del resto de miembros. Por tanto, aunque es un órgano colegiado, la relación entre sus miembros no es totalmente igualitaria, ya que el Presidente/a tiene la potestad de proponer el nombramiento y cese de estos, así como la facultad de dirigir y coordinar la actuación de todos (art. 98.2 CE).

- ✓ **Vicepresidentas/es** → Son órganos de **carácter potestativo** del presidente, puesto que puede nombrarlos o no, y en caso de que haya, pueden ser uno o más. Sus principales funciones son las encomendadas por el/la presidente/a, es decir, ejercen funciones por delegación. Así como por suplencia de este cuando no puede atender los asuntos que le corresponden (por ausencia, enfermedad, etc.). Es un cargo compatible con el de Ministra/o.

- ✓ **Ministras/os** → Son directores de departamento ministerial, es decir, son los máximos mandatarios de una sección de la Administración Pública que desarrolla competencias o funciones más o menos homogéneas.

B) Incompatibilidades: para evitar conflictos de interés.

Artículo 98 CE

3. Los miembros del Gobierno no podrán ejercer otras funciones representativas que las propias del mandato parlamentario, ni cualquier otra función pública que no derive de su cargo, ni actividad profesional o mercantil alguna.

C) Formación y cese

Elección del/ de la presidente/a (art. 99 CE) y del resto de miembros (art. 100 CE). Como ya se ha visto, mientras que la figura de la presidencia deriva directamente de la confianza de la cámara, la del resto de miembros del Gobierno, deriva de la confianza de su presidente/a.

Su mandato empieza con la renovación del Congreso (art. 99 CE, al principio) y acaba en los supuestos regulados al art. 101 CE:

Artículo 101 CE

1. El Gobierno cesa <u>tras la celebración de elecciones generales,</u> en los casos de <u>pérdida de la confianza</u> parlamentaria previstos en la Constitución, o <u>por dimisión</u> o <u>defunción de su Presidente.</u>

2. El <u>Gobierno cesante continuará en funciones</u> hasta la toma de posesión del nuevo Gobierno.

D) Funciones:

Artículo 97 CE

El Gobierno <u>dirige la política interior y exterior, la Administración Civil y militar y la defensa del Estado.</u> Ejerce la <u>función ejecutiva</u> y la <u>potestad reglamentaria</u> de acuerdo con la Constitución y con las leyes.

Además de dirigir la política interior y exterior, y dirigir la Administración Civil y militar y la defensa del Estado, el Gobierno tiene encomendadas dos funciones esenciales relacionadas con el Derecho:

- **Ejercer la función ejecutiva**: incluye una serie de potestades y tareas administrativas que permiten el cumplimiento y la aplicación de las normas. Por ejemplo, el control, inspección y sanción sobre los incumplimientos; las autorizaciones otorgadas para llevar a cabo diferentes actividades; el fomento de una actuación correcta por los particulares a través de incentivos como subvenciones; la organización y gestión de los servicios públicos, etc. Es decir, las disposiciones legislativas solo pueden hacerse realidad si son ejecutadas por el poder gubernativo.

- **Ejercer la potestad reglamentaria**: es la potestad normativa exclusiva del Gobierno, caracterizada por su rapidez y agilidad en la aprobación de normas, aunque tienen que estar sometidas al contenido de las leyes. Estas normas son los Reglamentos (tema 4).

1.4.3. La Administración Pública (AP)

La AP, regulada constitucionalmente entre los art. 103 y 107 CE, es la organización instrumental que utiliza el Gobierno para cumplir las funciones atribuidas por la CE. Es una organización con personalidad jurídica propia, lo que le confiere un notable poder y autonomía.

Se caracteriza también por su continuidad frente a la alternancia política de los grupos políticos que ocupan el Gobierno. Por lo tanto, es el elemento no político del Poder ejecutivo. Está formada por organismos e instituciones públicas, y funciona gracias al trabajo de las y los empleados públicos, especialmente los funcionarios y funcionarias, que acceden a su puesto de trabajo a través de procedimientos selectivos reglados basados en los principios de igualdad, mérito y capacidad (art. 103.3 CE).

De acuerdo con el art. 103.1 CE, la AP debe observar una serie de principios en su actuación: sirve con objetividad al interés general y actúa de acuerdo con los principios de eficacia, jerarquía, descentralización, desconcentración y coordinación, con pleno sometimiento a la Ley y al Derecho.

Además de la Administración Civil, el art. 104 CE también regula la Administración Militar: las Fuerzas y Cuerpos de Seguridad del Estado.

1.5. Poder Judicial

1.5.1. Regulación constitucional: título VI, art. 117 a 127.

1.5.2. Función:

> **Artículo 117 CE**
>
> **3**. El ejercicio de la _potestad jurisdiccional_ en todo tipo de procesos, _juzgando y haciendo ejecutar lo juzgado_, _corresponde exclusivamente a los Juzgados y Tribunales_ determinados por las leyes, según las normas de competencia y procedimiento que las mismas establezcan.

El desarrollo legal del Poder Judicial se lleva a cabo mediante la _Ley Orgánica 6/1985, de 1 de julio, del Poder Judicial_ (en adelante, LOPJ).

- Ejercer la **potestad jurisdiccional** significa juzgar y hacer cumplir aquello que haya sido juzgado.

  o Comprende la **resolución de conflictos** entre ciudadanos o entre ciudadanos y poderes públicos, mediante la **aplicación y la interpretación del Derecho**. Es decir, en su labor de juzgar, los órganos judiciales tienen que conocer y pronunciarse sobre asuntos planteados por las partes, sean particulares o autoridades públicas (**fase declarativa de un proceso judicial**).

  o Y, además, tienen que **hacer cumplir las resoluciones judiciales (sentencias)**, que son de cumplimiento obligatorio (art. 118 CE), mediante mecanismos coactivos cuando no sean acatadas voluntariamente por sus destinatarios (**fase ejecutiva**).

- **Los titulares de la potestad jurisdiccional** son los órganos judiciales, que son de dos tipos:

  o Los **Juzgados** son órganos unipersonales integrados por un **Juez o Jueza**, asistido por un secretario o secretaria judicial por y personal auxiliar. Generalmente, les corresponde conocer los procesos en primera instancia.

- Los **Tribunales** son órganos jurisdiccionales **colegiados**. A los miembros de estos se los denomina **magistradas y/o magistrados**. Generalmente, los tribunales son órganos de segundo o tercer grado, es decir, que conocen los asuntos en la fase de impugnación o recurso de las sentencias dictadas en primera instancia (aunque también pueden actuar como órganos de primera instancia).

- El **carácter exclusivo de la potestad jurisdiccional,** que corresponde a juezas y magistradas, tiene 2 significados:

  - En sentido positivo, quiere decir que hay un monopolio de la administración de justicia en el ejercicio de la potestad jurisdiccional frente al resto de poderes. Solo puede ser ejercida por los órganos judiciales previstos: las juezas/ces y magistradas/os son las únicas que puedan juzgar y ejecutar lo que se haya juzgado.

  - En sentido negativo, que los órganos judiciales no pueden ejercer más funciones que las jurisdiccionales.

> **Artículo. 117 CE**
>
> **4.** Los Juzgados y Tribunales _no ejercerán más funciones que las señaladas en el apartado anterior_ y las que expresamente les sean atribuidas por ley en garantía de cualquier derecho.

1.5.3. Características de la potestad jurisdiccional

> **Artículo 117 CE**
>
> **1.** La _justicia emana del pueblo y se administra_ en nombre del Rey _por Jueces y Magistrados_ integrantes del poder judicial, _independientes, inamovibles, responsables y sometidos únicamente al imperio de la ley_.

De un lado, este precepto hace referencia a la legitimidad de este poder del Estado. No se trata de una legitimidad por elección democrática de sus miembros, sino más bien de una **legitimidad funcional**. Es decir, los jueces/zas y magistrados/as actúan en el ejercicio de su función sometidos/as solo a la Ley, y sabemos que esta es la expresión de la voluntad del pueblo manifestada en el Parlamento. Por eso, "_la justicia emana del pueblo_". Es una concreción del art. 1.2 CE específica para el Poder judicial.

De otro lado, declara el **principio de independencia judicial**. Es decir, la ausencia de subordinación del Juez/a respecto de otras autoridades o instituciones del Estado. De este modo queda únicamente sometido al imperio de la Ley, teniendo que aplicar la CE y el resto de las normas del ordenamiento jurídico, sin sujeción a presiones externas. Para asegurar la independencia, se establecen las siguientes **garantías**:

- Una **garantía institucional**: disponer de un **órgano de gobierno propio**, el **Consejo General del Poder Judicial (CGPJ),** que asume, entre otras funciones, las de selección y formación de sus miembros, la regulación de los ascensos, el régimen disciplinario, etc. De esta forma, mantiene una separación más estricta del resto de poderes, que la que mantienen aquellos entre sí (ej. el Parlamento nombra al Gobierno).

- Un **estatuto jurídico de sus miembros** singular que les otorga la independencia en el desarrollo de su función:
  - ✓ **Acceso a la carrera judicial** mediante pruebas de selección basadas en el mérito y la capacidad (no son designados/as por ninguna autoridad).
  - ✓ **Inamovilidad**: pretende garantizar la independencia frente a posibles abusos del Ejecutivo y para que no cedan a presiones externas.

Artículo 117 CE

2. Los Jueces y Magistrados _no podrán ser separados, suspendidos, trasladados ni jubilados,_ sino por alguna de las causas y con las garantías previstas en la ley.

  - ✓ **Imparcialidad**, en el sentido de que son independientes respecto a las partes del conflicto judicial. Se tiene que garantizar la ausencia de interés del juez en la resolución de la controversia que examina. De este modo, se prohíbe su intervención en el conocimiento y la decisión de asuntos en los cuales puedan tener un interés como parte del conflicto, bien directamente a título personal o bien como representante otras personas, por motivos como la amistad o enemistad manifiesta con las partes o sus abogados, peritos, procuradores o testigos; determinado grado de parentesco, etc. En estos casos el ordenamiento jurídico prevé dos mecanismos para preservar la independencia del juez: la **abstención** y la **recusación**.

  - ✓ Regulación de un **conjunto de incapacidades, incompatibilidades y prohibiciones** (ej. no estar afiliados a partidos políticos o sindicatos, incompatibilidades con otras ocupaciones o cargos públicos, etc.).

  - ✓ Existencia de un _régimen de responsabilidades penales, patrimoniales y disciplinarias_ (por parte del CGPJ) en el ejercicio de sus funciones si actúan de forma contraria a la ley.

1.5.4. Estructura y organización del Poder Judicial

Artículo 117 CE

5. El principio de unidad jurisdiccional es la base de la organización y del funcionamiento de los tribunales. [...]

Por exigencias del principio de igualdad ante la ley, el principio de unidad jurisdiccional significa que todos los ciudadanos tienen que ser sometidos al mismo orden de tribunales, y esto conlleva las siguientes implicaciones:

- Una **prohibición de jurisdicciones especiales**: no pueden existir fueros privilegiados por razón de las circunstancias personales o sociales. Así, quedan prohibidos los tribunales de honor (art. 26 CE) y de excepción (117.6 CE). No implica que no pueda haber tribunales especializados por razón de la materia, de hecho, hay, como se verá a continuación.

- Aunque exista una distribución o **descentralización territorial**, el **Poder judicial es único para todo el Estado**. **No hay poderes judiciales autonómicos**. La Administración de Justicia es competencia exclusiva del Estado (149.1.5 CE), y el cuerpo de Juezas/ces y Magistradas/os depende directamente de este. Por tanto, **la existencia de órganos judiciales radicados en territorios de las Comunidades Autónomas (CCAA) no implica que sean órganos de las CCAA**.

De acuerdo con estos principios y reglas, la estructura del Poder judicial se organiza en virtud de los siguientes criterios:

- **Criterio material** → se divide en **cuatro grandes órdenes jurisdiccionales** por razón de la materia (art. 9 LOPJ):
  - ✓ **Civil** → Los tribunales y juzgados de este orden conocerán, además de las materias que los son propias, de todas aquellas que no sean atribuidas a otro orden jurisdiccional.

  - ✓ **Penal** → Tienen atribuido el conocimiento de las causas y los juicios criminales, con excepción de los que correspondan a cuestiones militares.

  - ✓ **Contencioso–administrativo** → Conocen de las pretensiones que se deduzcan en relación con la actuación de las AAPP, sujetas al Derecho Administrativo. También, los recursos contra la inactividad de la Administración y contra sus actuaciones materiales, y las pretensiones en relación con la responsabilidad patrimonial de las AAPP y del personal a su servicio.

  - ✓ **Social** → Conocen de las pretensiones que se promuevan dentro de la rama social del Derecho del Trabajo, tanto en conflictos individuales como colectivos, así como las reclamaciones en materia de Seguridad Social o contra el Estado cuando le atribuye una responsabilidad específica la legislación laboral.

Aun así, hay otros juzgados especializados dentro de alguno de estos grandes órdenes: los juzgados de menores, de vigilancia penitenciaria, de violencia de género, de lo mercantil o de marca comunitaria. Así como una sala específica en el Tribunal Supremo (TS) que conocerá de cuestiones militares.

- **Criterio territorial** → el territorio nacional se divide en zonas o demarcaciones para una organización más eficiente (municipios, partidos judiciales, provincias y CCAA).

- **Criterio jerárquico** → en realidad, más que jerarquía, significa que hay una atribución de competencias para examinar los recursos contra resoluciones de órganos de instancias inferiores (puesto que jerarquía propiamente dicha podría significar que los Jueces/zas y Magistrados/as quedan sometidos a órdenes e indicaciones de órganos superiores, cuestión que es incompatible con la independencia). El **Tribunal Supremo** es el órgano jurisdiccional superior de todos los órdenes, excepto en materia de garantías constitucionales (123 CE). Su presidente/a es nombrado/a por el Rey, a propuesta del CGPJ.

Representación de la combinación de los 3 criterios de estructura:

TRIBUNAL SUPREMO (con jurisdicción en todo el territorio nacional)				
Sala 1ª: Civil	Sala 2ª: Penal	Sala 3ª: Contencioso–administrativo	Sala 4ª: Social	Sala 5ª: Militar
AUDIENCIA NACIONAL (con jurisdicción en todo el territorio nacional)				
Sala de lo penal		Sala Contencioso-Administrativo		Sala de lo social
TRIBUNALES SUPERIORES DE JUSTICIA (con jurisdicción en el territorio de las CCAA)				
Sala de lo Civil y Penal		Sala Contencioso-Administrativo		Sala de lo social
AUDIENCIAS PROVINCIALES (con jurisdicción en el territorio de la Provincia)				
Sección Civil			Sección Penal	
JUZGADOS (con jurisdicción en todo el territorio nacional)				
Juzgados Centrales de instrucción Juzgados Centrales de lo Penal Juzgados centrales de vigilancia penitenciaria Juzgados centrales de Menores			Juzgados Centrales Contencioso–administrativo	
(con jurisdicción en uno o más partidos judiciales o en una o más Provincias)				
Juzgados de Primera Instancia e instrucción Juzgados de lo Mercantil Juzgados de Marca Comuniatia	Juzgados de Vigilancia Penitenciaria Juzgados de Menores Juzgados de Violencia de género		Juzgados Contencioso–administrativo	Juzgados Social
JUZGADOS DE PAZ (con jurisdicción en el municipio)				

1.5.5. El Consejo General del Poder Judicial

> **Artículo 122 CE**
>
> **1**. *La ley orgánica del poder judicial determinará la constitución, funcionamiento y gobierno de los Juzgados y Tribunales, así como el estatuto jurídico de los Jueces y Magistrados de carrera, que formarán un Cuerpo único, y del personal al servicio de la Administración de Justicia.*
>
> **2**. *El **Consejo General del Poder Judicial** es el órgano de gobierno del mismo. La ley orgánica establecerá su estatuto y el régimen de incompatibilidades de sus miembros y sus funciones, en particular en materia de nombramientos, ascensos, inspección y régimen disciplinario.*

Debe su existencia a la finalidad de evitar que sea el Gobierno quien adopte decisiones sobre el estatuto jurídico de Jueces y Juezas y así impedir que existan presiones externas sobre su actuación, para garantizar la independencia judicial. Sus funciones principales son los nombramientos, ascensos, suspensiones, etc. No ejerce funciones jurisdiccionales.

> **3**. *El Consejo General del Poder Judicial estará integrado por el Presidente del Tribunal Supremo, que lo presidirá, y por veinte miembros nombrados por el Rey por un período de cinco años. De éstos, doce entre Jueces y Magistrados de todas las categorías judiciales, en los términos que establezca la ley orgánica; cuatro a propuesta del Congreso de los Diputados, y cuatro a propuesta del Senado, elegidos en ambos casos por mayoría de tres quintos de sus miembros, entre abogados y otros juristas, todos ellos de reconocida competencia y con más de quince años de ejercicio en su profesión.*

1.6. El Ministerio Fiscal

Es un órgano constitucional con personalidad jurídica propia y autonomía funcional que no ejerce la potestad jurisdiccional. Su función es:

> **Artículo 124**
>
> **1**. *El Ministerio Fiscal, sin perjuicio de las funciones encomendadas a otros órganos, tiene por misión promover la acción de la justicia en defensa de la legalidad, de los derechos de los ciudadanos y del interés público tutelado por la ley, de oficio o a petición de los interesados, así como velar por la independencia de los Tribunales y procurar ante éstos la satisfacción del interés social.*
>
> **2**. *El Ministerio Fiscal ejerce sus funciones por medio de órganos propios conforme a los principios de unidad de actuación y dependencia jerárquica y con sujeción, en todo caso, a los de legalidad e imparcialidad.*

Es un órgano único para todo el Estado y sus miembros son autoridades a todos los efectos, actuando siempre en representación de toda la institución.

> **4**. *El **Fiscal General del Estado** será nombrado por el Rey, a propuesta del Gobierno, oído el Consejo General del Poder Judicial.*

1.7. Tribunal Constitucional (TC)

1.7.1. Regulación constitucional: Título IX. Arts. 159-165 CE

Es un tribunal especial creado por la CE que no forma parte de ningún poder del Estado, incluido el Poder Judicial. Por lo tanto, es independiente del resto de órganos judiciales, no está gobernado por el CGPJ y actúa sometido únicamente a la CE y a su Ley Orgánica (*Ley Orgánica 2/1979, de 3 de octubre, del Tribunal Constitucional*; en adelante, LOTC).

Es el intérprete supremo de la CE, único para todo el Estado y con jurisdicción en todo su territorio. Su función es garantizar el respeto a la CE por parte de todos los poderes públicos.

Artículo 159 CE

1. El Tribunal Constitucional se compone de 12 miembros nombrados por el Rey; de ellos, cuatro a propuesta del Congreso por mayoría de tres quintos de sus miembros; cuatro a propuesta del Senado, con idéntica mayoría; dos a propuesta del Gobierno, y dos a propuesta del Consejo General del Poder Judicial.

2. Los miembros del Tribunal Constitucional deberán ser nombrados entre Magistrados y Fiscales, Profesores de Universidad, funcionarios públicos y Abogados, todos ellos juristas de reconocida competencia con más de quince años de ejercicio profesional.

3. Los miembros del Tribunal Constitucional serán designados por un período de nueve años y se renovarán por terceras partes cada tres[6].

4. La condición de miembro del Tribunal Constitucional es incompatible: con todo mandato representativo; con los cargos políticos o administrativos; con el desempeño de funciones directivas en un partido político o en un sindicato y con el empleo al servicio de los mismos; con el ejercicio de las carreras judicial y fiscal, y con cualquier actividad profesional o mercantil.

En lo demás los miembros del Tribunal Constitucional tendrán las incompatibilidades propias de los miembros del poder judicial.

5. Los miembros del Tribunal Constitucional serán independientes e inamovibles en el ejercicio de su mandato.

Su presidente/a es nombrado/a entre sus miembros por el rey, a propuesta del pleno del TC por un periodo de 3 años (art. 160 CE).

1.7.2. Funciones:

A) Control de constitucionalidad de las normas con rango de Ley. Ostenta el monopolio de la anulación de leyes, expulsándolas fuera del ordenamiento jurídico cuando vulneran la CE (por eso se le llama el "legislador negativo").
  ✓ **Recurso de Inconstitucionalidad** (art. 161.1.a CE).
  ✓ **Cuestión de inconstitucionalidad** (art. 163 CE).

---

[6] Para que no coincida el nombramiento de todo el TC con las mayorías parlamentarias de una única legislatura.

✓ **Control previo de tratados internacionales** (art. 95 CE).

B) Protección y tutela de los derechos fundamentales y las libertades públicas mediante el **Recurso de amparo constitucional** (art. 161.1.b CE).

C) Resolución de conflictos **de competencia** y control de la distribución de poder:

    ✓ **Conflictos territoriales de competencia**: entre Estado y CCAA o de estas entre sí (art. 161.1.c CE) e impugnación por el Gobierno central de las disposiciones y resoluciones adoptadas por órganos de las CCAA (art. 161.2 CE).

    ✓ **Conflictos entre los distintos poderes estatales**, controversias relativas al reparto competencial entre los órganos constitucionales (legitimados: Congreso, Senado, Gobierno y CGPJ).

2. LA ORGANIZACIÓN TERRITORIAL DEL ESTADO

La organización política y territorial del Estado, está influida por dos factores determinantes: la configuración del Estado de las autonomías y la integración de España en la Unión Europea.

2.1. El Estado de las Autonomías

2.1.1. Regulación constitucional: art. 2 y Título VIII

2.1.2. El modelo territorial de Estado en la CE

Uno de los asuntos más problemáticos que tuvo que abordar el legislador constituyente fue la organización territorial del Estado. Fue problemático por la existencia de regiones con particularidades históricas, culturales y lingüísticas que reivindicaban un modelo descentralizado y de autogobierno –especialmente, Cataluña y País Vasco– desde finales de la dictadura franquista, cuando el Estado era centralizado y autoritario. Y también, porque no existe una forma territorial de Estado que sea totalmente pacífica (centralizado-unitario, descentralizado-regional o federal).

La CE no define de forma precisa el modelo territorial de Estado. Sabemos que es un Estado Social y Democrático de Derecho (1.1 CC) y que su forma política es la Monarquía Parlamentaria (1.3 CE), pero no define explícitamente nuestra estructura territorial. Además, tampoco se acomoda totalmente a las fórmulas de Estado descentralizado (regional o federal), porque introduce un nuevo ente diferente a la provincia y el municipio y que se superpone a estos: las comunidades autónomas. Por eso, nuestro modelo tiene un carácter atípico, con una regulación ambigua, consecuencia de la necesidad de alcanzar el consenso durante la redacción de la CE.

En lugar de definir el modelo, la regulación constitucional se limita a establecer unos **principios que deben regir en su configuración** y un **reparto de competencias**. Por tanto, la jurisprudencia del TC ha sido muy importante en la configuración y delimitación del alcance del modelo de Estado, que ha sido definido por este como el "**Estado de las Autonomías**".

Artículo 2 CE

La Constitución se fundamenta en la <u>indisoluble unidad</u> de la Nación española, <u>patria común e indivisible</u> de todos los españoles, y reconoce y <u>garantiza el derecho a la autonomía de las nacionalidades y regiones</u> que la integran <u>y la solidaridad entre todas ellas.</u>

Para diseñar el modelo de organización territorial el constituyente se basó en el cumplimiento de una doble exigencia, no necesariamente antagónica, pero sí de difícil armonización: la **preservación de la unidad de la nación** y el **simultáneo reconocimiento y garantía de que las regiones que la integran disfrutan de un derecho a la autonomía.**

El TC ha interpretado la relación entre autonomía y unidad (STC 4/1981, de 2 de febrero, FJ3; doctrina reiterada por STC 247/2007, de 12 de diciembre, FJ 4) de la siguiente manera: "La Constitución Española parte de la unidad de la nación española, que se constituye en Estado social y democrático de Derecho, los poderes emanan del pueblo español, en el cual reside la soberanía nacional. <u>Esta unidad se traduce así en una organización —el Estado— por todo el territorio nacional. Pero los órganos generales del Estado no ejercen la totalidad del poder público, porque la CE prevé, conformemente con una distribución vertical de poderes, la participación en el ejercicio del poder de entidades territoriales de diferente rango, tal como se expresa en el art. 137 CE."</u>

Artículo 137 CE

El Estado se organiza territorialmente en <u>municipios,</u> en <u>provincias</u> y en las <u>Comunidades Autónomas</u> que se constituyan. Todas estas entidades gozan de autonomía para la gestión de sus respectivos intereses.

La organización territorial distingue 3 tipos de administraciones territoriales:

- **Municipios** (art. 140 CE): entidades con personalidad jurídica plena. Su gobierno y administración corresponde al **Ayuntamiento** (alcaldes y regidores/concejales).

- **Provincias** (art. 141 CE): entidad local con personalidad jurídica propia formada por una agrupación de municipios. Su gobierno corresponde a las **Diputaciones**. La regulación tiene especialidades, porque se pueden crear otras agrupaciones diferentes por encima del municipio, pero inferior a las CCAA (**mancomunidades**) e **Islas (Cabildos Insulares)**.

- **Comunidades Autónomas** (CCAA; art. 143 CE y ss.): son las principales titulares del **derecho a la autonomía**, pero la CE no las define. Solo empieza a regular el derecho de constituirse en CCAA por parte de las regiones. En el art. 2 habla de regiones y nacionalidades y después, en el Título VIII ya solo se habla de CCAA.

Evidentemente, la CE hace referencia en un Estado complejo y compuesto, en el que las principales entidades que lo conforman son las CCAA. El concepto "comunidad" implica un alto grado de integración de los miembros dentro de un "todo". El Estado se organiza como una especie de "comunidad de comunidades" que tiene una estructura de carácter dinámico que implica acoplamiento y equilibrio entre la integración del Estado y el principio de autonomía de sus comunidades territoriales, que también son Estado. El TC ha descartado la existencia de un Estado federal y habla de un estado descentralizado políticamente:

> "Resulta claro que la <u>autonomía hace referencia a un poder limitado</u>. En efecto, autonomía <u>no es soberanía</u> y como que cada organización territorial es parte de un todo, <u>en ningún caso el principio de autonomía puede oponerse al de unidad,</u> al contrario, es precisamente dentro de este donde consigue su verdadero sentido, como expresa el artículo 2 CE" (STC 4/1881, FJ3).

2.1.3. Principios inspiradores del modelo de Estado

A diferencia del modelo federal, en el que hay un sistema claro de distribución competencial, nuestro sistema es abierto y dinámico, y permite la existencia de singularidades (ej. sistema de financiación vasco o navarro), que serían incompatibles con la uniformidad federal. La constitucionalidad de nuestro sistema depende de que se ajuste a los principios del Estado autonómico:

A) Unidad → la unidad nacional "se traduce en una organización –el Estado– para todo el territorio nacional" (STC 4/81). El Estado está en una "posición de superioridad" tanto en relación con las CCAA como con los entes locales" (STC 76/1983, de 5 de agosto). Es decir, el TC interpreta que hay una **prioridad de la unidad frente a la autonomía**, puesto que la unidad es un principio estructural, mientras que la autonomía es una posibilidad organizativa. La **unidad como principio implica**:

- ✓ **Unidad política**: La soberanía nacional es un atributo exclusivo del pueblo español (1.2 CE y art. 2 CE –*"la CE se fundamenta en la indisoluble unidad de la Nación española, patria común e indivisible de todos los españoles"*–). **Hay un único Estado** y las CCAA, titulares del derecho a la autonomía, tienen que respetar la CE y el reparto de poder previsto (SSTC 4/1981, FJ3 y STC 247/2007, FJ4)[7].

---

[7] Por eso, el TC ha declarado inconstitucional en varias sentencias las resoluciones y normas del Parlamento catalán que reconocía al pueblo catalán el derecho a decidir, así como a celebrar

✓ **Unidad del OJ y unidad jurisdiccional**: el conjunto de normas encabezado por la CE es el mismo en todo el territorio. Además, el poder judicial es único (art. 117.5 CE) y el órgano superior de este es el TS (art. 123 CE), con jurisdicción en todo el territorio nacional.

✓ **Unidad estructural y funcional**: funcionamiento organizado y armónico de los poderes e instituciones en todo el territorio en base a relaciones de colaboración, cooperación y lealtad.

✓ **Unidad en el orden económico**: existencia de criterios básicos del orden económico que tienen que aplicarse con carácter unitario.
  o El Estado es el titular de la ordenación general de la economía y define las líneas de actuación económica (art. 149.1.13 CE)
  o Garantía de libertad de circulación y establecimiento de personas por todo el territorio español (art. 139 CE).

B) Autonomía → El equilibrio territorial del Estado se basa en la capacidad de autogobierno y autorrealización de las CCAA, lo que implica una distribución de poder político entre instancias centrales y territoriales que integran el Estado y la titularidad efectiva de potestades públicas de carácter legislativo, tributario, sancionador, etc. También ha declarado el TC que "las comunidades autónomas disfrutan de una autonomía cualitativamente superior a la administrativa que corresponde a los entes locales, puesto que se añaden **potestades legislativas y gubernamentales** que la configuran como autonomía de naturaleza política" (STC 4/1981) y "pueden orientar su acción de gobierno en función de una política propia" (STC 35/1982).

Se basa en la voluntariedad de su iniciativa y en la asunción de competencias en el marco de la CE; el TC es el máximo intérprete y quien tiene encomendado el control efectivo. El ejercicio del derecho se articula mediante la aprobación de un **Estatuto de Autonomía**, la norma institucional básica de cada comunidad autónoma (art. 147 CE). En definitiva, se trata de una potestad diferente a la soberanía, que comprende:
  ✓ **Autonomía política**: capacidad para adoptar decisiones u opciones políticas diferentes de las del Estado.
  ✓ **Autonomía organizativa**: tiene sus propias instituciones.
  ✓ **Autonomía normativa**: potestades legislativas y reglamentarias propias.
  ✓ **Autonomía financiera**: capacidad económica para ejercer sus competencias a través de la participación en los ingresos del Estado (impuestos y transferencias), así como a través de otros tributos e ingresos propios (arts. 156, 157 y 158 CE).

---

referéndums, porque directa o indirectamente reconoce soberanía en el pueblo catalán (STC 42/2014, de 25 de marzo; STC 90/2017, de 5 de julio).

C) Solidaridad → El art. 2 CE predica una integración equilibrada entre todos los componentes del Estado. La razón del modelo es una distribución económica solidaria de la renta por todo el territorio estatal. Las CCAA no tienen que olvidar que son parte del Estado y que hay intereses comunes, que justifican la cooperación o el auxilio entre los diferentes territorios.

El TC ha relacionado el principio de solidaridad con la cooperación en las relaciones entre el Estado y las CCAA (STC 64/1990, FJ 7) en varias ocasiones: "es un deber de auxilio recíproco" (STC 18/1982), "de recíproco apoyo y mutua lealtad" (STC 96/1986), "concreción, al mismo tiempo, del más amplio deber de fidelidad en la Constitución" (STC 11/1986). Esta lealtad constitucional, que el TC ve reflejada en este principio, "obliga a todos, incluido el Estado" (STC 208/99).

Por eso, el Estado debe velar por el establecimiento de un equilibrio económico, adecuado y justo entre los diversos territorios (art. 138 CE) que se hace efectivo gracias a una financiación redistributiva que permite corregir los desequilibrios económicos interterritoriales mediante un Fondo de Compensación (art. 158 CE).

D) Igualdad → Partiendo de la base de que estamos ante un marco territorial marcado por la diversidad, la igualdad es un límite para evitar los excesos y desequilibrios entre las diferentes autonomías. Con un fundamento constitucional básico en los art. 14 y 9.2 CE, la concreción de la igualdad en la cuestión territorial encuentra su regulación en los siguientes artículos:

Artículo 138 CE
2. Las diferencias entre los Estatutos de las distintas Comunidades Autónomas no podrán implicar, en ningún caso, privilegios económicos o sociales.

No implica la inexistencia de diferencias (de hecho, la misma CE reconoce muchas: lengua, existencia de derecho civil especial, sistemas de financiación particulares, policías autonómicas, etc.), sino que estas no tienen que constituir privilegios por razón del territorio de residencia dentro del Estado.

Artículo 139 CE
1. Todos los españoles tienen los mismos derechos y las mismas obligaciones en cualquier parte del territorio del Estado.

En el mismo sentido, ha reconocido el TC (STC 37/1981) que la igualdad no impone "una rigurosa y monolítica uniformidad" del ordenamiento jurídico. En virtud de las competencias legislativas de las CCAA, puede haber ciertas diferencias respecto de la posición jurídica de los ciudadanos en las diversas partes del territorio. Pero tiene que quedar salvada la igualdad de condiciones básicas de ejercicio de los derechos o posiciones jurídicas fundamentales.

2.1.4. Características del derecho de autonomía

En virtud de lo expuesto, el derecho tiene las siguientes características:

- **Es un derecho y no una obligación (principio dispositivo):** el acceso al autogobierno por parte de las entidades territoriales es un derecho de ejercicio voluntario, que puede ejercitarse o no (art. 143 CE), aunque todas las CCAA lo ejercitaron. La CE no establece cuántas CCAA debería haber ni sus competencias, solo ofrece criterios para determinar qué podían ser las autonomías y el procedimiento para acceder a ella.

Artículo 143 CE

1. *En el ejercicio del derecho a la autonomía reconocido en el artículo 2 de la Constitución, las provincias limítrofes con características históricas, culturales y económicas comunes, los territorios insulares y las provincias con entidad regional histórica <u>podrán acceder a su autogobierno y constituirse en Comunidades Autónomas con arreglo a lo previsto en este Título y en los respectivos Estatutos</u>.*

- **Es un derecho de contenido político** que implica la capacidad de adoptar decisiones políticas sobre las materias de su competencia. Es decir, **pueden aprobar normas propias y ejecutarlas.** Pero es un derecho que otorga un poder limitado.

Cabe recordar que "autonomía no es soberanía". Por tanto "tiene límites establecidos por el constituyente, unas veces en garantía de la unidad, otras en aras a una mínima homogeneidad sin la cual no habría unidad ni integración de las partes en el conjunto estatal, y otros, en función de un interés nacional, que, aunque es compatible en cuanto al interés del todo con el de las partes, puede entrado en colisión con el de una determinada Comunidad" (STC 76/1983, FJ2 y STC 100/1991, FJ3).

Por eso, ni incluye todas las funciones que puede ejercer el Estado soberano, ni puede acceder a todas las competencias de este. Algunas quedarán reservadas en exclusiva al Estado central, como veremos.

- **No es un derecho necesariamente homogéneo**: no tiene por qué ser igual en todas las CCAA, porque estas pueden asumir diferentes competencias (aunque se ha igualado con el paso del tiempo, puede haber ciertas diferencias), y porque cada una tiene capacidad para adoptar decisiones políticas propias. El TC ha dicho que las CCAA se caracterizan a la vez por su homogeneidad y su diversidad.

STC 76/1983, FJ 2: "son iguales en cuanto a su subordinación a la orden constitucional, en cuanto a los principios de su representación en el Senado; en cuanto a su legitimación ante el Tribunal Constitucional o en cuanto que las diferencias entre los diferentes Estatutos no podrán implicar privilegios económicos o sociales, en cambio, <u>pueden ser desiguales</u> en cuanto al **procedimiento de acceso a la autonomía** y a la **determinación concreta del contenido autonómico de su Estatuto** y, por lo tanto, en cuanto a su complejo competencial. El régimen autonómico se caracteriza por un <u>equilibrio entre la homogeneidad y diversidad</u> del estatus jurídico público de las entidades territoriales que lo integran. Sin la primera, no habría unidad ni integración en el conjunto estatal; sin la segunda, no existiría verdadera pluralidad ni capacidad de autogobierno».

2.1.5. Estatutos de Autonomía (EA)

Hemos dicho que la CE no predetermina la identidad de las CCAA, solo establece el procedimiento que tiene que ajustarse a unos principios y límites básicos. El Estatuto de autonomía es la norma a la que remite la CE para concretar buena parte de las decisiones sobre la organización territorial.

Artículo 147 CE

1. *Dentro de los términos de la presente Constitución, los **Estatutos** serán la **norma institucional básica** de cada Comunidad Autónoma y el Estado los reconocerá y amparará como parte integrante de su ordenamiento jurídico.*

2. *Los Estatutos de autonomía deberán contener:*

a) La denominación de la Comunidad que mejor corresponda a su identidad histórica.

b) La delimitación de su territorio.

c) La denominación, organización y sede de las instituciones autónomas propias.

d) Las competencias asumidas dentro del marco establecido en la Constitución y las bases para el traspaso de los servicios correspondientes a las mismas.

3. *La reforma de los Estatutos se ajustará al procedimiento establecido en los mismos y requerirá, en todo caso, la aprobación por las Cortes Generales, mediante ley orgánica.*

➢ Son las normas por la cuales se crean las comunidades autónomas, les da su nombre, las identifica y delimita sus territorios.

➢ Es la **norma institucional básica** de la CA, porque concreta sus instituciones de gobierno y las competencias que asume.

➢ **Es una Ley Orgánica (estatal),** forma jurídica que requiere para su aprobación (art. 81 CE) y reforma (art. 147.3 CE) un procedimiento especial: comporta una **fase interna** por parte de la CCAA y una **externa** de aprobación por el parlamento estatal como Ley Orgánica. Esto le otorga una "superrigidez" a la hora de ser reformada, con el fin de preservar y dar estabilidad a sus contenidos.

➢ Es la norma de cabecera del OJ autonómico. La norma de máximo rango dentro de la CA, pero, por otro lado, "el Estado los reconocerá y los amparará como parte integrante de su ordenamiento jurídico". Por tanto, **¿qué posición ocupa dentro del OJ general?**

   ✓ Respecto a la CE, subordinado: principio de jerarquía normativa. No es una norma equivalente a la CE, puesto que no es obra de un poder constituyente o soberano, sino que son expresión de la autonomía política. Por lo tanto, está sometido a la CE y puede ser objeto de un control de constitucionalidad.

   ✓ Respecto al resto de leyes estatales: principio de competencia.

✓ Respecto a las normas autonómicas: jerarquía normativa. Además, igual que hace la CE con las normas producidas por el Estado, contiene normas sobre la producción y procedimiento de las normas autonómicas. Ocupa la máxima posición y actúa como parámetro de validez del resto de normas autonómicas.

2.1.6. Instituciones autonómicas

Forma parte del contenido de los EA (art. 147.2 CE) y es una competencia asumible por las CCAA (art. 148.1.1 CE) que permite su capacidad de autoorganización. Estas instituciones son:

- **Asamblea legislativa**: órgano representativo y unicameral (equivalente al parlamento estatal, pero con una única cámara). Los diputados autonómicos también son elegidos por sufragio. Funciones:
    - ✓ **Función legislativa: aprueban las leyes autonómicas.**
    - ✓ Función presupuestaria: aprueban los presupuestos autonómicos.
    - ✓ Función de control del Gobierno autonómico.
    - ✓ Otras concretadas en los EA y que son concreciones de previsiones constitucionales: designación de senadores; elaboración y aprobación de proposiciones de ley (iniciativa legislativa *ex* art. 87 CE); interposición de recursos de inconstitucionalidad; nombramiento de cargos de las instituciones de la CA; etc.

- **Consejo de Gobierno autonómico**: órgano colegiado y pluripersonal (equivalente al Poder Ejecutivo estatal). Formado por el Presidente/a y los/las Consejeros/as, y la AP Autonómica. Funciones:
    - ✓ Ejecutivas y administrativas.
    - ✓ Dirección de la política de la comunidad autónoma.
    - ✓ **Dictar disposiciones reglamentarias de desarrollo de las leyes autonómicas.**

- **Presidente/a:** elegido/a por la Asamblea mediante una investidura y nombrado/a por el Rey (equivalente al Presidencia del Gobierno estatal). Funciones:
    - ✓ Dirige el Gobierno y coordina las funciones de los consejeros.
    - ✓ Es la suprema representación de la CA. Representa y simboliza la CA en las relaciones con el Estado y con otras CCAA (es un tipo de jefe de Estado autonómico, porque hace funciones similares a las que corresponden al Rey en el ámbito estatal, y lleva a cabo funciones simbólicas como sancionar leyes, convocar elecciones y disolver el parlamento...).
    - ✓ Es la representación ordinaria del Estado en la CA: representa la unidad del Estado en la CA.

- **Tribunales Superiores de Justicia**: a pesar de que la regulación del art. 152 CE puede dar a entender que es un órgano institucional autonómico, no es así. **Es un órgano del Poder Judicial estatal, pero radicado o ubicado en el territorio de la CA.**

2.1.7. El sistema de distribución de competencias

Es una de las cuestiones fundamentales para comprender el funcionamiento del Estado constitucional. En su delimitación ha jugado un papel determinante la jurisprudencia del TC, puesto que a partir de los conflictos de competencias que ha resuelto, se ha ido perfilando esta distribución.

Los artículos 148 y 149 CE contemplan un sistema de doble lista. El primero, se refiere a competencias que "podrán asumir" las CCAA. El segundo, son "competencias exclusivas del Estado". Pero en realidad, responde más a un sistema de lista única, en cuanto que el art. 148.1 CE era el techo de competencias que podían adquirir algunas CCAA que accedieron a la autonomía por una vía lenta, pero pasados 5 años podían ampliar las competencias con el límite del art. 149.1 CE (art. 148.2 CE). En cambio, otras que accedieron por una vía rápida (art. 151 CE: Cataluña, País Vasco, Galicia y Andalucía) solo tenían que respetar la lista del art. 149.1 CE ya que desde el inicio podían ostentar todas las competencias del art. 148.1 CE.

Por tanto, el **art. 148.1 CE carece hoy de funcionalidad**, puesto que todas las CCAA han ampliado sus competencias hasta el límite del art. 149.1.

Por otro lado, aunque el art. 149 CE relaciona una lista de competencias «exclusivas», en realidad, no tienen tal carácter porque hay una **gran variedad de técnicas para compartir competencias** entre Estado y CCAA.

Pero para entender esta cuestión, con carácter previo, hay que definir **competencias como *funciones que se ejercen sobre una determinada materia*.** Es decir, incluye dos elementos, a saber:

- La **materia**: es el objeto de la competencia y hacen referencia a sectores de la realidad (agricultura, industria...), de la actividad económica o administrativa (Hacienda, Seguridad Social...) o del ordenamiento jurídico (Derecho Penal, Laboral...).

- La **función**: son las potestades jurídicas de actuación sobre la materia.
  - ✓ **Potestades normativas (legislativas o reglamentarias)**: capacidad de innovar y renovar el ordenamiento jurídico a través de la aprobación de nuevas disposiciones normativas.
  - ✓ **Potestades ejecutivas (o de gestión)**: tipo de actividades que desarrollan las AAPP para ejecutar o poner en práctica la normativa aprobada (fomento, organización, planificación, inspección, sanción...).

A partir del art. 149 CE, podemos establecer la siguiente clasificación:

- **Competencias exclusivas**: cuando todas las funciones sobre una materia corresponden en el Estado o CA:

  - **Competencias exclusivas del Estado.** Tipo:
    - ✓ Materias que se incluyen por razón del criterio de interés general (ejemplo: art. 149.1.20 y 24 CE).
    - ✓ Aquellas que por su alcance territorial afectan más de una CA (ejemplo: art. 149.1.21 y 22 CE).
    - ✓ Casos en los cuales se refiere a la totalidad de la materia, sin especificar funciones (ejemplo: art. 149.1.2, 3, 4, 5, 10, 14 CE).

  - **Competencias exclusivas de las CCAA**: cuando corresponde a estas las potestades legislativa, reglamentaria y ejecutiva.
    - ✓ Algunas de las atribuidas por el art. 148.1 CE por razón del ámbito territorial (ejemplos: ap. 4, 6, 10) y que no sean de interés general de todo el Estado (ejemplos: ap. 12 y 14).
    - ✓ Las no atribuidas expresamente en el Estado por la CE.
    - ✓ En cualquier caso, respecto de las competencias exclusivas de las CCAA, **solo pueden corresponder a las CCAA si existe una atribución expresa en sus EA** (art. 147.2.d y 149.3 CE).

- **Competencias compartidas**. Hay tres mecanismos que permiten compartir aquellas competencias reguladas por el art. 149 CE, a pesar de que el mismo artículo dice que son exclusivas del Estado:

  - **Títulos competenciales de coordinación** (ej. art. 149.1.13, coordinación de la planificación general de la actividad económica; ap. 15, coordinación de la investigación científica; ap. 16, coordinación general de la Sanidad, etc.).

  - **Competencias compartidas bases-desarrollo**: corresponde al Estado aprobar una legislación básica y a las CCAA el desarrollo normativo (legal y reglamentario) y la ejecución (ej.: art. 149.1.16, Sanidad; ap. 18, régimen jurídico de las AAPP; ap. 23, protección del medio ambiente, etc.).

    La **legislación básica** es una ley estatal que establece los principios necesarios para garantizar una regulación con un mínimo denominador común en todo el territorio estatal. Es decir, **establece las bases**, pero no regula la materia de forma muy concreta, para que las CCAA tengan margen de actuación al aprobar sus propias normas y concretar sus particularidades (el Estatuto básico de los empleados públicos aprobado por el Estado recoge unos principios y normas elementales comunes, por ejemplo, en las reglas de acceso al empleo público, pero permite que cada CA tenga una legislación propia de su función pública que concrete más estas reglas o pueda prever algunas especialidades).

- o **Competencias compartidas legislación-ejecución**: son todas aquellas en las que se utilizan formulas como *"sin perjuicio de su ejecución..."*. En estos casos, el Estado aprueba la legislación y la CA ejerce la potestad ejecutiva (ejemplo: arts. 149.1.6, 7, 9 CE).

  La **competencia estatal de *legislación* incluye**, además de la potestad legislativa, la **facultad de dictar reglamentos de desarrollo normativo**. Por su parte, **las CCAA**, además de la función ejecutiva, **pueden aprobar reglamentos organizativos o internos** (con más detalle, en el tema 4, la competencia sobre la legislación laboral).

- ▪ **Competencias concurrentes**: Estado y CCAA pueden ejercer potestades de la misma naturaleza para conseguir unos objetivos complementarios. Es un grupo casi residual, puesto que expresamente solo se contempla la referida a la cultura (art. 149.2 CE). En cualquier caso, solo pueden corresponder a las CCAA si existe una atribución expresa en sus EA (art. 147.2.d y 149.3 CE).

Ahora bien, en virtud de la denominada **cláusula residual** (art. 149.3 CE):
- ▪ Las competencias **no asumidas por los EA** corresponden en el **Estado**.
- ▪ Pero también permite, como se ha visto, la **asunción de competencias que no correspondan exclusivamente en el Estado**.

2.2. Instituciones de la Unión Europea

La Unión Europea (UE) es una asociación económica y política de Estados que nació con el objetivo de acabar con los frecuentes conflictos entre países vecinos que habían culminado en la Segunda Guerra Mundial. En los años 50, la Comunidad Europea del Carbón y del Acero fue el primer paso de una unión económica y política de los países europeos para conseguir una paz duradera. Sus seis fundadores son Alemania, Bélgica, Francia, Italia, Luxemburgo y los Países Bajos. Estos han sido los Tratados de Fundación que, como se verá en el tema 4, junto con los tratados de adhesión de cada país, constituyen el denominado Derecho Originario de la UE.

> Tratados de constitución y de reforma (año de entrada en vigor):
> 1952. CECA (comunidad europea del carbón y del acero)
> 1958. Tratados de Roma:
>   - CEE (Comunidad Económica Europea)
>   - Euratom (Comunidad Europea de la energía atómica)
> 1987. Acta única europea: Mercado Único.

1993. Tratado de Maastricht: Unión Europea.
1999. Tratado de Ámsterdam.
2003. Tratado de Niza.
2009. Tratado de Lisboa.

Desde el 1 de febrero de 2020, tras la salida del Reino Unido (Brexit; aunque se inició un periodo transitorio que finalizó el 31 de diciembre de 2020), la UE está conformada por 27 Estados miembro (EEMM). España se incorporó en la UE mediante la firma del correspondiente tratado de adhesión en junio de 1985, la entrada en vigor se produjo el 1 de enero de 1986 (aprobado mediante Ley Orgánica, de acuerdo con el art. 93 CE).

2.2.1. Instituciones fundamentales de la UE

A) El **Parlamento Europeo** es el órgano representativo, representa a los ciudadanos de la UE y es elegido directamente por ellos, por sufragio cada 5 años. Principales funciones:

- **Legislativa**: Toma decisiones sobre la legislación europea junto con el Consejo de la UE
- Presupuestaria: aprueba los presupuestos junto con el Consejo de la UE.
- Supervisión y control democrático del resto de instituciones

B) El **Consejo de la Unión Europea** es la principal instancia decisoria y representa a los EEMM a través de sus respectivos gobiernos. Es la institución en la que se reúnen los ministros de las diferentes ramas de cada gobierno (economía, trabajo, sanidad, etc.) para adoptar leyes y coordinar políticas (se requiere mayoría cualificada o incluso unanimidad por adopción de acuerdos; cada país tiene un número de votos en función de su población). Su presidencia es rotatoria, cada 6 meses la ostenta un país. Funciones:

o En el ámbito comunitario:
- **Legislativa**: negocia y adopta decisiones sobre la legislación europea de forma conjunta con el Parlamento Europeo.
- Presupuestaria: aprueba los presupuestos junto con el Parlamento.
- Coordina las políticas económicas de los EEMM
- Celebra acuerdos y tratados internacionales entre la UE y otros países y tratados internacionales.
o De cooperación intergubernamental:
- Define la política exterior y de seguridad
- Coordina la cooperación entre tribunales nacionales y fuerzas policiales.

C) **Comisión Europea** representa los intereses comunes de la Unión en su conjunto. Está compuesta por 27 comisarios, uno designado por cada EM, bajo la dirección del o la Presidenta de la Comisión. Principales funciones:
- Es el principal **órgano ejecutivo**: gestiona las políticas de la UE (excepto algunas materias como la política exterior y de seguridad), el

presupuesto de la UE y vela por que los EEMM apliquen correctamente el Derecho de la Unión.

- **Propone nuevas leyes,** que son estudiadas y adoptadas por el Parlamento Europeo y por el Consejo de la Unión Europea (**derecho de iniciativa legislativa**).

Este **triángulo institucional** elabora las políticas y normativas que se aplican en la UE. La Comisión propone, y el Parlamento y el Consejo adoptan las decisiones.

D) El **Consejo europeo** es el órgano que marca la dirección política general de la UE, pero no tiene ninguna potestad legislativa, ni iniciativa para proponer ni para aprobarlas. Consiste en la reunión mediante cumbres trimestrales de los Presidentes o Primeros Ministros de los Estados para determinar los objetivos políticos y las prioridades de la UE. Tiene un presidente elegido por el propio consejo cada 2,5 años, renovable por una sola vez. No confundir con el Consejo de la UE.

	Consejo Europeo	Consejo de la UE
Función	Define las orientaciones y las prioridades políticas de la UE.	Negocia y adopta la legislación de la UE.
Miembros	Los jefes de Estado o de Gobierno de cada EM de la UE.	Ministros de los gobiernos nacionales de cada Estado miembro, reunidos por ámbitos de actuación.
Presidencia	Elegido cada 2,5 años.	Presidencia rotatoria cada 6 meses por los diferentes EEMM
Reuniones	Mínimo 4/veces año	Entre 70-80 sesiones/año.

Fuente: https://www.consilium.europa.eu/

¡Atención! También existe el **Consejo de Europa** (Estrasburgo): es un organismo intergubernamental con sede en Estrasburgo que **no forma parte de la UE**. Su principal objetivo es la defensa y protección de la democracia, el Estado de Derecho y los derechos humanos, en particular los civiles y políticos. Es una institución que engloba a casi la totalidad de las naciones europeas. Debe destacarse la importancia de uno de sus órganos en nuestra área de conocimiento: el Tribunal Europeo de Derechos Humanos.

E) El **Tribunal de Justicia de la Unión Europea** (TJUE): garantiza el cumplimiento del Derecho de la Unión, su aplicación y correcta interpretación (en este último caso, a través de las **cuestiones prejudiciales** planteadas por los órganos judiciales de los distintos EEMM).

BIBIOGRAFÍA

AA.VV. (1997), *Introducción a la Teoría del Derecho* (Coord. De Lucas, Javier), 3ª edición, Valencia: Ed. Tirant lo Blanch.

AA.VV. (2010), *Introducción a la Teoría del Derecho* (Coord. Gayo Santa Cecilia, M.ª Eugenia. y Muñoz de Baena Simón, José L.), Madrid: Ed. UNED.

AA.VV. (2015), *Curso de Derecho Privado* (Dirs. Orduña, Francisco J. y Campuzano, Ana B.), 18ª edición, València: Ed. Tirant lo Blanch.

AA.VV. (2016), *Derecho Constitucional Básico* (Ed. Castellano Andreu, Josep M.ª), Barcelona: Ed. Huygens.

FABRA ABAT, Pere (2017), "Què és el Dret?", en AA.VV. *Introducció al Dret,* Barcelona: FUOC, recurso electrónico recuperado el 15-09-23 de http://cv.uoc.edu/annotation/cbcad386b1dbde033f3c0e77fd6c9997/572041/PID_00242838/index.html

VILLALBA ZABALA, Agustín (2011), *Introducción al Derecho,* Cantabria: Universidad de Cantabria. Open Course Ware, recurso electrónico recuperado el 15-09-23 de https://ocw.unican.es/course/view.php?id=106#section-3

Tema 3. Las fuentes del Derecho (I)

SERGIO YAGÜE BLANCO

1.- Concepto y enumeración de las fuentes
2.- La Constitución Española de 1978
3.- Los derechos fundamentales de la ciudadanía
4.- Análisis del contenido laboral de la Constitución
    4.1.- Los derechos laborales en la Constitución
    4.2.- La igualdad y no discriminación en la Constitución. La inclusión de la perspectiva de género en el análisis de las fuentes del Derecho
    4.3.- Garantías de los derechos del Título I de la Constitución
5.- El modelo de jurisdicción constitucional. El recurso y la cuestión de inconstitucionalidad. El recurso de amparo.

1. CONCEPTO Y ENUMERACIÓN DE LAS FUENTES

Debe recordarse del tema 1, cuando hablábamos de cómo se organizan las normas dentro del OJ, que puede ser: 1) por la materia, dando lugar a las ramas del OJ (tema 1.1); y 2) por los poderes que las aprueban. Esta distinción hace referencia a las Fuentes del Derecho.

Usualmente se entiende por *fuente* el lugar de donde brota o surge algo. Si lo aplicamos al ámbito jurídico, entendemos como *fuente del derecho*, el lugar de donde surge el Derecho. Tradicionalmente se distinguen dos sentidos de la expresión fuente del derecho:

- En **sentido material** → hace referencia a los poderes públicos y organismos que aprueban las normas. Es decir, aquellos que tienen algún tipo de potestad normativa (el parlamento, el gobierno, instituciones comunitarias, etc.). Trata de responder a la pregunta "¿quién crea el derecho?"

- En **sentido formal** → modo de expresión y exteriorización de las normas. Es decir, el instrumento normativo por el cual se establecen las normas (Ley, Reglamento, Directivas, etc.). Trata de responder a la pregunta "¿qué forma tiene el Derecho o las normas?". Y esta forma está determinada por los poderes que las aprueban (fuentes materiales).

El artículo 1.1 Código Civil (en lo sucesivo, CC), al que acudimos porque sabemos que constituye parte del Derecho Común, establece lo siguiente:

> **Artículo 1 CC**
> **1.** *Las fuentes del ordenamiento jurídico español son la ley, la costumbre y los principios generales del derecho.*

Ahora bien, tenemos que hacer las siguientes precisiones o matizaciones:

➤ Cuando habla de Ley, hace referencia a la misma **en un *sentido amplio*.** Es decir, se refiere a la norma jurídica emanada de una autoridad competente, revestida de solemnidad y fuerza vinculante. Se refiere al conjunto de normas del ordenamiento jurídico. Por ejemplo, cuando escuchamos la expresión «está fuera de la ley o de la legalidad», no se refiere solo a las normas contenidas en Leyes aprobadas por el Parlamento (Leyes en *sentido estricto*) sino al Derecho positivo infraconstitucional.

➤ Hay que tener en cuenta que el Código Civil es de 1889 y este artículo fue reformado por última vez en 1974, es decir, con **anterioridad a la aprobación de la Constitución.** Por tanto, ni la cita ni tiene en cuenta el carácter que tiene de *Fuente de Fuentes* o *Norma de Normas*, que es lo que le permite ocupar la máxima posición jerárquica. Por lo tanto, la CE se tiene que anteponer a la enumeración del Código Civil.

➤ También hemos estudiado que el Derecho civil es Derecho común y, por tanto, tiene carácter supletorio, pero que hay otras ramas del ordenamiento jurídico que son **Derecho especial.** Así pues, estas otras tienen preferencia aplicativa (**principio de especialidad**). Además, cada una tiene su propio sistema de fuentes con sus especialidades, por lo que debemos analizar conjuntamente este artículo con las **fuentes reguladas por la legislación laboral.**

➤ Por último, hemos de tener presente la existencia de **normas autonómicas**, como consecuencia de la distribución de competencias del Estado de las autonomías. Existirán normas producidas por las CCAA que también forman parte del OJ y son fuentes del Derecho.

Pero ahora interesa el análisis de las Fuentes del Derecho laboral. Por tanto, debemos buscar en la norma laboral básica el artículo que enumera las fuentes específicas de esta rama del OJ.

Artículo 3 ET. Fuentes de la relación laboral

1. Los derechos y obligaciones concernientes a la relación laboral se regulan:

a) Por las disposiciones legales y reglamentarias del Estado.

b) Por los convenios colectivos.

c) Por la voluntad de las partes, manifestada en el contrato de trabajo, si su objeto es lícito, y sin que en ningún caso se puedan establecer, en perjuicio del trabajador, condiciones menos favorables o contrarias a las disposiciones legales y convenios colectivos mencionados antes.

d) Por los usos y costumbres locales y profesionales

➤ Es una **enumeración no exhaustiva** porque no contempla ni la Constitución, ni las normas internacionales y supranacionales, ni los Principios Generales del Derecho, ni las normas emanadas de las CCAA. Entonces, lo tendremos que completar con el previsto por el art. 1.1 CC.

➢ Incluye el **contrato de trabajo** como fuente de la relación laboral. Si bien es cierto que las obligaciones que se pactan entre las partes tienen fuerza de Ley (art. 1091 CC) –es decir, son vinculantes para los contratantes–, es una **fuente de obligaciones,** pero no una fuente del Derecho, puesto que **no es una norma jurídica.**

➢ Además, el Derecho laboral, tiene ciertas especialidades respecto a otras ramas del ordenamiento jurídico:

    ✓ La existencia de una **fuente propia** que no existe en otro sector o rama del ordenamiento jurídico: los **Convenios Colectivos.**

    ✓ Una **amplia variedad** de fuentes para regular el contenido de las relaciones laborales (RRLL).

    ✓ Algunas, tienen características peculiares (ej. La Costumbre, además, debe ser local y profesional; tema 5).

    ✓ La usual imperatividad mínima de las diferentes normas para proteger a la parte más débil (la persona trabajadora). Esto plantea problemas y soluciones específicas.

Por tanto, integrando toda la información vista hasta ahora, podemos concluir que las fuentes formales del Derecho laboral son: 1) La Constitución; 2) Las normas comunitarias o supranacionales[8]; 3) Las normas internacionales; 4) Las leyes y otras disposiciones normativas con rango de ley: decreto ley y decreto legislativo; 5) los reglamentos; 6) los convenios colectivos; 7) la costumbre y los principios generales del Derecho.

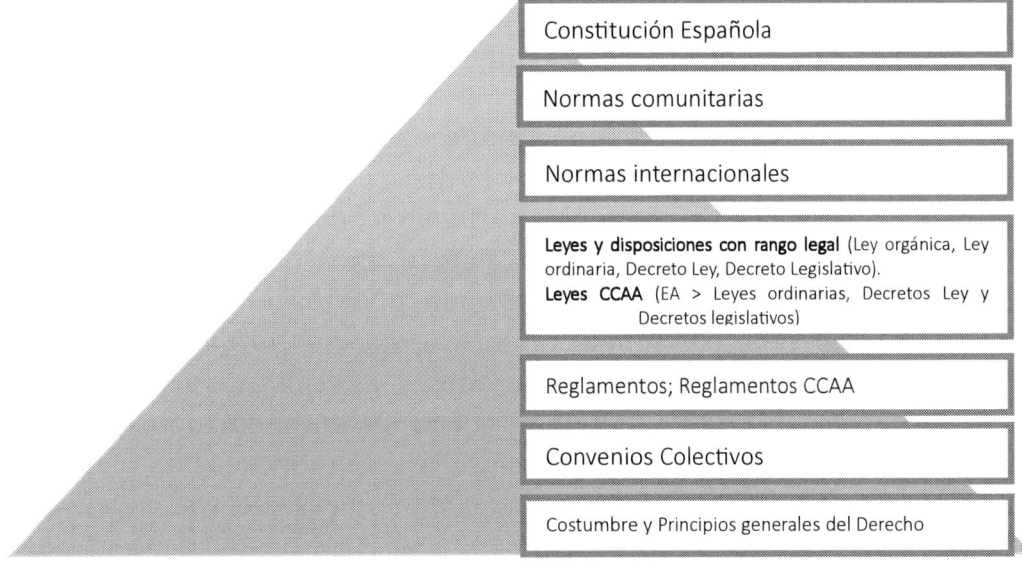

Constitución Española

Normas comunitarias

Normas internacionales

Leyes y disposiciones con rango legal (Ley orgánica, Ley ordinaria, Decreto Ley, Decreto Legislativo).
Leyes CCAA (EA > Leyes ordinarias, Decretos Ley y Decretos legislativos)

Reglamentos; Reglamentos CCAA

Convenios Colectivos

Costumbre y Principios generales del Derecho

---

[8] Hay diferentes teorías sobre la posición que ocupa el Derecho de la Unión Europea respecto de la Constitución. Algunos autores lo sitúan al lado de la Constitución, en la medida en que entre los ordenamientos europeo y nacional hay un reparto competencial previsto en los Tratados de la UE. No obstante, toda vez que un Estado forma parte de la UE, las disposiciones normativas aprobadas por esta priman sobre las normas nacionales, incluida la Constitución. Es por ello que, en muchas obras científicas, se sitúa en un nivel superior a la CE. Con todo, la integración en la UE depende de la soberanía nacional y, de la misma forma que un Estado decide formar parte de ella, puede decidir su retirada a través de los procedimientos constitucionales previstos. Por esta razón, se considera en estos materiales que se encuentra por debajo de la CE.

Nos podemos imaginar el conjunto de normas que componen el ordenamiento jurídico ordenadas de manera jerárquica, como una estructura piramidal. En el vértice está la CE, que es la norma básica de todo el ordenamiento jurídico-político del Estado, y de la cual van derivando el resto.

Por lo que respecta a las **normas autonómicas**, estas no ocupan una posición diferente dentro de esta pirámide, sino que la relación que se establece entre estas y las normas del Estado es de **competencia**. Así, las leyes estatales ocuparán el mismo rango que las autonómicas, pero regularán diferentes materias en función de la distribución competencial entre Estado y CCAA.

El estudio de las fuentes atiende el **proceso de producción de las normas**, que en función del órgano o institución que las aprueba, tienen diferentes categorías y, en consecuencia, determina las relaciones que pueden establecerse entre estas dentro del ordenamiento jurídico.

2. LA CONSTITUCIÓN ESPAÑOLA DE 1978

Cómo se explicó en el tema 2, la CE tiene dos grandes objetivos: 1) regular las instituciones o poderes del Estado (es la disposición normativa por la cual los ciudadanos se *constituyen* en comunidad jurídico-política y acuerdan regular su convivencia de acuerdo con determinados principios y valores); y 2) definir y garantizar los principales derechos y libertades de los ciudadanos.

Por eso, podemos decir que tiene **dos partes**: una **parte orgánica**, que regula los poderes e instituciones del Estado y la distribución territorial de poder, que ya hemos visto (mayormente son *normas secundarias* –tema 1–). Y **una parte normativa** o declarativa, que reconoce unos derechos subjetivos y libertades que vinculan tanto ciudadanos como poderes públicos (art. 9.1 CE). Es decir, sus preceptos contienen auténticas *normas primarias*, reglas de comportamiento, de obligado cumplimiento y aplicables por los poderes públicos, en especial, por los tribunales. Por lo tanto, su inobservancia o infracción puede comportar consecuencias. De este modo, es una fuente más de la ordenación jurídica, de hecho, es la *Primera Fuente* del OJ.

Esta especial posición en el vértice del sistema jurídico, es decir, su carácter como *norma suprema*, se debe a varios motivos:

- Es la **expresión directa de la voluntad de todos los y las ciudadanas** españolas (el «pueblo»), en quienes reside el poder constituyente.

- Disfruta de una **superioridad formal (norma supralegal)**: su elaboración y reforma requieren un procedimiento estricto que impide que pueda ser afectada por cualquier otra norma (Título X CE), lo cual garantiza la estabilidad de sus preceptos.

- Es la **norma de normas**: regula y ordena todas las otras fuentes del OJ: determina los órganos competentes para dictarlas, el concreto procedimiento, las materias que cada uno puede regular, y la eficacia y posición que ocupan dentro del conjunto. En síntesis, **determina la validez del resto de normas**.

- Tiene **fuerza derogatoria**. En este sentido, la DD CE establece que "quedan derogadas cuantas disposiciones se opongan a lo establecido en esta Constitución". Sin embargo, hay que precisar el alcance de esta previsión, porque produce efectos solo respecto a las **normas anteriores** a la CE y que resultan incompatibles con esta.
  - En todo caso, los **tribunales ordinarios pueden no aplicar** una norma anterior a la CE si la consideran inconstitucional.
  - Pero **no pueden declarar su invalidez** y que no sea más aplicada por otro tribunal, puesto que esta tarea corresponde al TC. Cuando este declare la inconstitucionalidad de una Ley, la decisión sobre la inaplicabilidad sí que tendrá efectos para casos posteriores porque supone su anulación parcial o total.

  En caso de **normas posteriores**, aunque un tribunal la considere inconstitucional, **no puede dejar de aplicarla** por decisión propia, sino que tiene proponer una cuestión de inconstitucionalidad para que el TC determine si es o no inconstitucional.

- Disfruta de una **protección específica por parte del TC**, derivada del sistema de control que se establece sobre las leyes, a fin de garantizar la adecuación constitucional.

- Tiene **carácter fundamental**, sus preceptos no pueden ser obviados o ignorados por los poderes públicos, ni por acción ni por omisión (arts. 9.1 y 9.3 CE).

3. LOS DERECHOS FUNDAMENTALES DE LOS CIUDADANOS

3.1. Derechos Humanos y Derechos Fundamentales

> **Artículo 10 CE**
>
> **1.** La dignidad de la persona, los derechos inviolables que le son inherentes, el libre desarrollo de la personalidad, el respeto a la ley y a los derechos de los demás son fundamento del orden político y de la paz social.
>
> **2.** Las normas relativas a los derechos fundamentales y a las libertades que la Constitución reconoce se interpretarán de conformidad con la Declaración Universal de Derechos Humanos y los tratados y acuerdos internacionales sobre las mismas materias ratificados por España.

La **concepción de justicia** hoy imperante se basa en la existencia de unos derechos humanos (DDHH), que significa que toda persona merece poder disfrutar de una serie de derechos básicos y libertades en igualdad de condiciones. Estos, son los reconocidos en la Declaración Universal de Derechos Humanos de 1948 (DUDH).

De este modo, el art. 10.2 CE, hace referencia al hecho de que el **Derecho positivo**, en concreto el Derecho constitucional, incorpora una parte esencial de los DDHH como Derechos Fundamentales (DDFF). A pesar de que hay que tener en cuenta que DDHH y DDFF no son exactamente el mismo concepto.

Los DDHH hacen referencia a los ámbitos de la **moral y la ética** y al **Derecho internacional.** Son un conjunto de valores morales, relacionados con la dignidad de la persona, establecidos por el Derecho internacional y que se supone que los ordenamientos jurídicos tienen que reconocer e incorporar. Aunque explican el origen de los DDFF (porque estos se basan en aquellos), hasta que no se incorporan a una Constitución no adquieren tal carácter.

Por su parte, los DDFF, pueden ser definidos como **derechos subjetivos reconocidos por la Constitución** y, por tanto, tienen dos consecuencias inmediatas: 1) la **tutela judicial** y 2) la **vinculación del legislador** en su actuación. Pero, como se ha dicho, sí que tienen cierta relación en la medida en que los DDFF se inspiran en los DDHH para determinar el catálogo de derechos subjetivos establecido en la CE. Además, los primeros tienen que ser interpretados de acuerdo con los segundos.

Por otro lado, tampoco son lo mismo los DDFF que el resto de derechos subjetivos reconocidos en el OJ (en el resto de normas infraconstitucionales). Los últimos, pueden ser exigibles ante los tribunales, pero no vinculan el legislador. En consecuencia, podrían ser suprimidos en cualquier momento por una Ley, mientras que los DDFF recogidos en la CE no. Además, no disfrutan de la misma protección unos y otros. A pesar de que algunos derechos subjetivos, tienen un núcleo esencial coincidente con algún DF, y de este modo, indirectamente, disfrutan de la protección de los DDFF (ej.: el derecho a la negociación colectiva forma parte del contenido esencial del derecho fundamental a la libertad sindical del art. 28.1 CE).

3.2. Estructura del Título I CE

Aunque el Título I se denomina «De los derechos y deberes fundamentales» —lo cual puede inducir al pensamiento que todos los derechos contenidos tienen tal carácter—, en realidad, el contenido de este apartado constitucional es más complejo y variado.

- El **capítulo 1.º**, «De los españoles y extranjeros» (art. 11, 12 y 13 CE), en realidad, no hay contenidos DDFF, sino que regula las **condiciones**

para su ejercicio. Quién los pueden ejercitar: los españoles por nacionalidad y los extranjeros en virtud de lo que regulan las leyes y de los tratados internacionales.

- En cambio, el **capítulo 2.º**, «Derechos y libertades» (14-38 CE), sí que contiene una declaración efectiva de derechos. Ahora bien, **no todos estos son fundamentales.** En primer lugar, reconoce el derecho de igualdad (art. 14 CE), y después, se divide en dos secciones:

    o **Sección 1.ª**, «De los derechos fundamentales y de las libertades públicas»: aquí están los verdaderos DDFF (art. 15 a 29 CE)

    o **Sección 2.ª**, «De los derechos y deberes de los ciudadanos»: son otros derechos subjetivos constitucionales, pero que no tienen el carácter de fundamental (30-38 CE).

- Por su parte, el **capítulo 3.º**, «De los principios rectores de la política social y económica» (39-52 CE), **no contiene derechos subjetivos** sino **principios o mandatos dirigidos a los poderes públicos** que tienen que guiar sus actuaciones.

- El **capítulo 4.º** «De las garantías de las libertades y derechos fundamentales» (53 y 54 CE), regula las **garantías que permiten asegurar la plena efectividad de los derechos constitucionales** regulados a los capítulos anteriores. Pues no todos tendrán las mismas garantías y nivel de protección.

- Y, en fin, el **capítulo 5.º** «De la suspensión de derechos y libertades» (55 CE): regula los supuestos excepcionales en que se puede suspender el ejercicio de los derechos.

4. ANÁLISIS DEL CONTENIDO LABORAL DE LA CONSTITUCIÓN ESPAÑOLA

Ahora debemos analizar cuáles de estos derechos reconocidos por la CE en los diferentes capítulos y secciones del título I, sean DDFF, otros derechos subjetivos o incluso meros principios, tienen un **carácter directamente laboral** o inciden de forma indirecta sobre las **relaciones laborales**. Además, se estudiarán cuáles son los mecanismos de protección que tienen.

4.1. Los derechos laborales en la Constitución

La CE regula una serie de derechos y principios de contenido específicamente laboral o social. Por eso, se habla de una **constitucionalización del Derecho del Trabajo**. Es decir, la incorporación de determinados derechos y principios propios de la rama laboral en la norma fundamental, que le otorgan, como ya se ha mencionado, un estatus superior al resto de derechos laborales regulados por el resto del ordenamiento laboral.

Pero, como también se ha puesto de manifiesto, no todos estos tendrán la misma protección y grado de aplicabilidad. Por tanto, hay que diferenciarlos en función del apartado del título I en que se encuentran:

4.1.1. Entre los derechos fundamentales (art. 15-29 CE)

De **contenido específicamente laboral** solo son dos y se encuentran regulados en el art. 28 CE: el **derecho a la libertad sindical** y el **derecho de huelga** (ambos se estudiarán en la asignatura Derecho Sindical).

Sin embargo, la mayoría de los DDFF reconocidos en este capítulo tienen importantes repercusiones en las relaciones laborales. Así, por ejemplo, la libertad ideológica (art. 16 CE); la intimidad personal (art. 18 CE); la libertad de expresión e información (art. 20 CE); el derecho de reunión (art. 21 CE); el derecho de participación política (art. 23 CE); o el derecho a la tutela judicial (art. 24 CE). Estos derechos, son conocidos, desde el punto de vista laboral, como **DDFF inespecíficos**, porque, aunque no tienen carácter laboral, tienen relevancia en el ámbito de las relaciones laborales.

En este sentido se ha pronunciado el Tribunal Constitucional, que insiste, reiteradamente, "en la plena efectividad de los derechos fundamentales del trabajador en el marco de la relación laboral, puesto que esta no puede implicar, de ninguna forma, la privación de tales derechos para quienes prestan servicios en las organizaciones productivas, que no son ajenas a los principios y derechos constitucionales que informan el sistema de relaciones laborales" (STC 98/2000, de 10 de abril). Es decir, **la inserción de la persona trabajadora en el ámbito de dirección del empresario no implica en ningún caso la privación de los derechos que la CE le reconoce como ciudadano** (STC 38/1981, de 23 de noviembre).

> Así, por ejemplo, muchos de estos derechos tienen aplicación práctica en diversos ámbitos en el marco de la relación laboral. Por ejemplo, el **derecho a la intimidad de la persona trabajadora** tiene virtualidad respecto a los registros que puede realizar la empresa en su taquilla y efectos personales; o sobre el carácter voluntario o no del reconocimiento médico con ocasión del trabajo y el contenido de la información a la que puede acceder la empresa sobre el estado de salud de la persona trabajadora; o mediante el uso empresarial de dispositivos electrónicos para vigilar y controlar la prestación de servicios.

4.1.2. Entre los derechos y libertades no fundamentales (30-38 CE)

Por un lado, en el art. 35 CE se regula el **deber y el derecho al trabajo**, a la **libre elección de profesión u oficio**, a una **remuneración individual y familiar suficiente** y a la **no discriminación por razón de sexo** (concreción del art. 14 CE). Y por otra, en el art. 37 CE, el **derecho a la negociación colectiva** entre los representantes de las personas trabajadoras y empresarias; y el derecho de las personas trabajadoras y empresarias a la adopción de **medidas de conflicto colectivo** (aparte de la huelga), entre los cuales se incluye el derecho de cierre patronal.

En este grupo también hay otros que, aunque no son específicamente laborales, tienen repercusiones en las RRLL. Esencialmente, la **libertad de empresa** en el marco de una economía de mercado (art. 38 CE).

4.1.3. Entre los principios económicos y sociales

En este caso se tiene que diferenciar: 1) los principios que se encuentran en el capítulo 3.º (art. 39-52 CE), que reciben el nombre de **sistemáticos**; 2) otros ubicados fuera de este capítulo, y por eso se llaman **extrasistemáticos**:

A) **Principios sistemáticos**: constituyen mandatos o exigencias a los poderes públicos para que promuevan o garanticen determinadas actuaciones a favor de los ciudadanos. De estos, tienen un carácter laboral los siguientes:

Artículo 40 CE

1. Los poderes públicos <u>promoverán las condiciones favorables para el progreso social y económico</u> y para una <u>distribución de la renta regional y personal</u> más equitativa, en el marco de una política de estabilidad económica. De manera especial realizarán una <u>política orientada al pleno empleo</u>.

2. Asimismo, los poderes públicos <u>fomentarán una política que garantice la formación y readaptación profesionales</u>; <u>velarán por la seguridad e higiene en el trabajo</u> y <u>garantizarán el descanso necesario, mediante la limitación de la jornada laboral, las vacaciones periódicas retribuidas</u> y la promoción de centros adecuados.

Artículo 41 CE

Los poderes públicos <u>mantendrán un régimen público de Seguridad Social</u> para todos los ciudadanos, <u>que garantice la asistencia y prestaciones sociales suficientes ante situaciones de necesidad</u>, especialmente en caso de <u>desempleo</u>. <u>La asistencia y prestaciones complementarias serán libres.</u>

Artículo 42 CE

El Estado velará especialmente por la <u>salvaguardia</u> de los derechos económicos y sociales de los <u>trabajadores españoles en el extranjero</u> y orientará su política hacia su retorno.

Artículo 43 CE

1. Se reconoce el <u>derecho a la protección de la salud</u>.

Artículo 49 CE [Reforma de 15 de febrero de 2024; BOE n.º 43 de 17-02-24]

1. Las personas con discapacidad ejercen los derechos previstos en este Título en condiciones de libertad e igualdad reales y efectivas. Se regulará por ley la protección especial que sea necesaria para dicho ejercicio.

---

2. Los _poderes públicos impulsarán las políticas que garanticen la plena autonomía personal y la inclusión social de las personas con discapacidad, en entornos universalmente accesibles._ Asimismo, fomentarán la participación de sus organizaciones, en los términos que la ley establezca. Se atenderán particularmente las necesidades específicas de las mujeres y los menores con discapacidad.

Artículo 50 CE

Los _poderes públicos garantizarán, mediante pensiones adecuadas y periódicamente actualizadas, la suficiencia económica a los ciudadanos durante la tercera edad._ Asimismo, y con independencia de las obligaciones familiares, promoverán su bienestar mediante un sistema de servicios sociales que atenderán sus problemas específicos de salud, vivienda, cultura y ocio.

B) **Principios extrasistemáticos** (arts. 129 a 131 CE)

Artículo 129 CE

1. La _ley establecerá las formas de participación de los interesados en la Seguridad Social_ y en la actividad de los organismos públicos cuya función afecte directamente a la calidad de la vida o al bienestar general.

2. Los _poderes públicos promoverán eficazmente las diversas formas de participación en la empresa_ y _fomentarán, mediante una legislación adecuada, las sociedades cooperativas._ También establecerán los medios que faciliten el _acceso de los trabajadores a la propiedad de los medios de producción._

Artículo 131 CE

1. El Estado, mediante ley, podrá _planificar la actividad económica general_ para atender a las necesidades colectivas, equilibrar y armonizar el desarrollo regional y sectorial y estimular el crecimiento de la renta y de la riqueza y su más justa distribución.

2. El Gobierno elaborará los proyectos de planificación, de acuerdo con las previsiones que le sean suministradas por las Comunidades Autónomas y el asesoramiento y _colaboración de los sindicatos y otras organizaciones profesionales, empresariales y económicas._ A tal fin se constituirá un Consejo, cuya composición y funciones se desarrollarán por ley.

4.2. **La igualdad y no discriminación en la Constitución. La inclusión de la perspectiva de género en el análisis de las fuentes del Derecho**

Además de los derechos y principios constitucionales ya señalados existen una serie de principios de carácter general que merece la pena estudiar por su importancia y porque constituyen una garantía del disfrute del resto de derechos previstos en la CE.

4.2.1. Principio de igualdad y prohibición de discriminación

Artículo 14 CE

> *Los españoles son iguales ante la ley, sin que pueda prevalecer discriminación alguna por razón de nacimiento, raza, sexo, religión, opinión o cualquier otra condición o circunstancia personal o social.*

El art. 14 CE proclama el **derecho a la igualdad** y a la **no discriminación**, citando como motivos especialmente rechazables el nacimiento, la raza, el sexo, la religión u opinión, y prohibiendo la discriminación por cualquier otra circunstancia personal o social.

De esta manera, nuestra constitución **recoge dos principios diferenciados**: el derecho a la igualdad y la prohibición de discriminación, que no son exactamente iguales, aunque se complementan. Así pues, tienen un régimen jurídico diferente y se proyectan de forma diferente en las relaciones jurídicas, incluidas las relaciones laborales.

Aunque en este apartado se va a analizar una norma de rango constitucional debemos referirnos a la *Ley 15/2022, de 12 de julio, integral para la igualdad de trato y la no discriminación,* por cuanto que desarrolla de forma integral el art. 14 CE, positivizando numerosos criterios jurisprudenciales dictados por los tribunales y normas contenidas en el Derecho internacional. Esta Ley, que constituye un mínimo común normativo, contiene las definiciones fundamentales del derecho antidiscriminatorio y sus garantías básicas.

> **Artículo 1 Ley 15/2022. Objeto de la ley.**
> **1.** *La presente ley tiene por objeto garantizar y promover el derecho a la igualdad de trato y no discriminación, respetar la igual dignidad de las personas en desarrollo de los artículos 9.2, 10 y 14 de la Constitución.*

A) El derecho a la igualdad: la igualdad formal o igualdad en la Ley y ante la Ley

La conexión del **derecho a la igualdad** con uno de los fundamentos del orden político constitucional como es la dignidad de la persona prevista en el art. 10 CE, refuerza la idea de necesidad de la igualdad como **elemento esencial para la construcción de una sociedad justa** (téngase en cuenta que el art. 1.1 CE propugna como uno de los valores superiores del OJ la igualdad). Así las cosas, se configura como un derecho subjetivo de la ciudadanía a **obtener un trato igualitario ante situaciones comparables.**

Ello significa que su contenido tiene significado siempre respecto de relaciones jurídicas concretas. Para verificar si se ha vulnerado ha de apreciarse en el marco de una concreta relación jurídica que sea comparable.

> Así, el Tribunal Constitucional ha dictaminado que la vulneración del derecho a la igualdad garantizado en el artículo 14 CE "la produce solo aquella desigualdad que introduce una diferencia entre situaciones que pueden considerarse iguales y que carece de una justificación objetiva y razonable, es decir, el principio de igualdad exige que a iguales supuestos de hecho se apliquen iguales consecuencias jurídicas, debiendo considerarse

> iguales dos supuestos cuando la utilización o introducción de elementos diferenciadores sea arbitraria o carezca de fundamento racional" (por todas, STC n.º 134/1996, de 22 de julio).

Por tanto, **la CE no impone una igualdad de trato en sentido absoluto** (STC n.º 34/1984), mediante la cual deba de tratarse todas las situaciones por igual, sino solo aquellas que sean comparables. Además, incluso dentro de aquellas situaciones comparables, se puede introducir **diferencias de trato** siempre y cuando respondan a una **justificación objetiva y razonable**, pero no cuando obedezcan a motivos arbitrarios o caprichosos y, lógicamente, tampoco cuando incurran en causas de discriminación prohibidas.

> Por ejemplo, en el ámbito de las relaciones laborales no sería contrario al principio de igualdad que el Convenio Colectivo estableciera diferentes retribuciones en función de la fecha de ingreso en la empresa de la plantilla, si ello obedece a la finalidad de garantizar la viabilidad de la empresa o evitar despidos de la plantilla entre otras razones que pueden constituir una justificación objetiva y razonable (entre otras, STS de 22 de enero de 1996).

La **observancia del principio de igualdad** es una obligación que **recae sobre los poderes públicos en el ámbito de sus competencias**.

> *Artículo 4 Ley 15/2022. El derecho a la igualdad de trato y no discriminación.*
>
> *3. El derecho a la igualdad de trato y la no discriminación es un principio informador del ordenamiento jurídico y, como tal, se integrará y observará con carácter transversal en la interpretación y aplicación de las normas jurídicas.*

Así, los poderes normativos (legislador y ejecutivo) deben respetarlo en la elaboración de las normas; la administración pública (poder ejecutivo) debe respetarlo en sus relaciones con los administrados; y el poder judicial, debe respetarlo en la aplicación e interpretación del derecho. Por tanto, no pueden establecer tratos desiguales salvo que respondan a una justificación objetiva y razonable. Así lo recoge expresamente la Ley 15/2022:

> *Artículo 2 Ley 15/2022. Ámbito subjetivo de aplicación.*
>
> *2. No obstante lo previsto en el apartado anterior, y de acuerdo con lo establecido en el apartado 2 del artículo 4 de esta ley, podrán establecerse diferencias de trato cuando los criterios para tal diferenciación sean razonables y objetivos y lo que se persiga es lograr un propósito legítimo o así venga autorizado por norma con rango de ley, o cuando resulten de disposiciones normativas o decisiones generales de las administraciones públicas destinadas a proteger a las personas, o a grupos de población necesitados de acciones específicas para mejorar sus condiciones de vida o favorecer su incorporación al trabajo o a distintos bienes y servicios esenciales y garantizar el ejercicio de sus derechos y libertades en condiciones de igualdad.*

No obstante, también vincula a los **Convenios Colectivos estatutarios**, por lo que sus negociadores (sujetos privados) deberán observarlo y aplicarlo al regular las relaciones laborales (tema 5). Así, tienen idéntica obligación que los poderes públicos de aplicar el principio de igualdad, aunque de forma menos estricta, pero sin que tampoco puedan observar más diferencia de trato que aquella que responda a una justificación objetiva y razonable.

En cambio, esta aplicación del principio de igualdad **no recae sobre los sujetos privados**, como son las empresas privadas (STC 34/1984, de 9 de marzo), por lo que pueden hacer diferencias de trato con el único límite de no incurrir en causa discriminatoria.

> Así, no sería contrario a la igualdad que la empresa pacte a título individual con algunas de sus personas trabajadoras mejoras en las condiciones de trabajo (configurando así, **condiciones más beneficiosas de origen contractual** -ver tema 6), siempre y cuando, no responda a causas discriminatorias (ej. que pacte esas mejoras con hombres, pero no con mujeres; o con trabajadoras españolas, pero no con inmigrantes, etc.).

Bien diferente es que la **empleadora laboral sea una Administración Pública**, obligada como poder público, ya lo haga en su relación con la ciudadanía como en su relación con su plantilla (STC 70/2020, de 7 de julio).

B) La prohibición de discriminación

Por su parte, la no discriminación se constituye como un complemento del derecho a la igualdad y como garantía del disfrute de todos los derechos fundamentales y libertades públicas. El art. 14 CE explicita una serie de causas prohibidas de discriminación que no constituye un numerus clausus, puesto que la misma norma remite a "cualquier otra condición y circunstancia social". En este sentido, la jurisprudencia, el derecho internacional y también el marco legal más moderno, ha ido incorporando más causas de discriminación prohibidas. La Ley 15/2022, por su carácter de Ley general e integral, recoge de manera omnicomprensiva todas las causas de discriminación existentes en la legislación anterior e incluye algunas causas nuevas.

> ***Artículo 2 Ley 15/2022. Ámbito subjetivo de aplicación.***
> *__1.__ Se reconoce el derecho de toda persona a la igualdad de trato y no discriminación con independencia de su nacionalidad, de si son menores o mayores de edad o de si disfrutan o no de residencia legal. Nadie podrá ser discriminado por razón de nacimiento, origen racial o étnico, sexo, religión, convicción u opinión, edad, discapacidad, orientación o identidad sexual, expresión de género, enfermedad o condición de salud, estado serológico y/o predisposición genética a sufrir patologías y trastornos, lengua, situación socioeconómica, o cualquier otra condición o circunstancia personal o social.*

Todas estas causas responden a **diferencias históricamente muy arraigadas** y que han situado, tanto por la acción de los poderes públicos como por la práctica social, a sectores de la población en **posiciones desventajosas** e, incluso, **contrarias a la dignidad de la persona**.

A diferencia de lo que ocurre con el principio de igualdad que vincula, generalmente, a los poderes públicos, la prohibición de discriminación **se aplica también entre particulares y sin requerir un término de comparación**. Por ello, se prohíbe que existan o se perpetúen diferencias basadas en motivos especialmente odiosos, vinculados a la segregación y a la marginación social, que vulneran la dignidad de los individuos integrantes del grupo afectado. Por ello, constituye un límite en el ámbito de la empresa que va mucho más allá del principio de igualdad a la hora de tratar a su personal (ej. en la contratación, en la promoción profesional, etc.) y a la hora de pactar condiciones más beneficiosas en el contrato.

Artículo 4 Ley 15/2022. El derecho a la igualdad de trato y no discriminación.

1*. El derecho protegido por la presente ley implica la ausencia de toda discriminación por razón de las causas previstas en el apartado 1 del artículo 2.*

2*. En consecuencia, <u>queda prohibida toda disposición, conducta, acto, criterio o práctica que atente contra el derecho a la igualdad</u>. Se consideran vulneraciones de este derecho la **discriminación, directa o indirecta, por asociación y por error,** la **discriminación múltiple o interseccional**, la denegación de ajustes razonables, el acoso, la inducción, orden o instrucción de discriminar o de cometer una acción de intolerancia, las represalias o el incumplimiento de las medidas de acción positiva derivadas de obligaciones normativas o convencionales, la inacción, dejación de funciones, o incumplimiento de deberes.*

En fin, como se acaba de resaltar en el precepto anterior, las formas de discriminación, independientemente de la causa que tengan, no obedecen a un tipo único, sino que se manifiestan de diversas formas. A estos efectos, la referida Ley 15/2022, recoge de forma omnicomprensiva todos los tipos de manifestación que ya venía reconociendo la jurisprudencia u otras normas internacionales o sectoriales antidiscriminatorias.

Artículo 6 Ley 15/2022. Definiciones.

1. Discriminación directa e indirecta.

*a) La **discriminación directa** es la situación en que se encuentra una persona o grupo en que se integra que sea, haya sido o pudiera ser tratada de manera menos favorable que otras en situación análoga o comparable por razón de las causas previstas en el apartado 1 del artículo 2.*

*b) La **discriminación indirecta** se produce cuando una disposición, criterio o práctica aparentemente neutros ocasiona o puede ocasionar a una o varias personas una desventaja particular con respecto a otras por razón de las causas previstas en el apartado 1 del artículo 2.*

2. Discriminación por asociación y discriminación por error.

*a) Existe **discriminación por asociación** cuando una persona o grupo en que se integra, debido a su relación con otra sobre la que concurra alguna de las causas previstas en el apartado primero del artículo 2 de esta ley, es objeto de un trato discriminatorio.*

*b) La **discriminación por error** es aquella que se funda en una apreciación incorrecta acerca de las características de la persona o personas discriminadas.*

3. Discriminación múltiple e interseccional.

*a) Se produce **discriminación múltiple** cuando una persona es discriminada de manera simultánea o consecutiva por dos o más causas de las previstas en esta ley.*

*b) Se produce **discriminación interseccional** cuando concurren o interactúan diversas causas de las previstas en esta ley, generando una forma específica de discriminación.*

4.2.2. Principio de igualdad real o material

Más allá del art. 14 CE, la Constitución contiene dos referencias, de las que necesariamente se ha de partir, para realizar una interpretación correcta de alcance y contenido técnico-jurídico del principio de igualdad: el art. 1.1. y el art 9.2 CE. El primero, consagra la igualdad como un valor jurídico, hacia el cual debe tender el ordenamiento jurídico. El segundo, constituye un mandato a los poderes públicos de desarrollar la cláusula del Estado Social, cuando ordena a los poderes públicos que promuevan las condiciones para que la libertad y la igualdad del individuo y de los grupos en que se integra sean reales y efectivas, eliminando los obstáculos que impidan o dificulten su plenitud. En definitiva, permite tanto la redistribución de la riqueza como el acceso pleno al disfrute de los derechos constitucionales por parte de la ciudadanía.

> ***Artículo 9 CE***
> *2. Corresponde a los <u>poderes públicos promover las condiciones para que la libertad y la igualdad</u> del individuo y de los grupos en que se integra <u>sean reales y efectivas;</u> <u>remover los obstáculos que impidan o dificulten su plenitud</u> y facilitar la participación de todos los ciudadanos en la vida política, económica, cultural y social.*

> Por tanto, la Constitución acoge tres acepciones distintas del término igualdad:
> ✓ **La igualdad como valor** (art.1.1 CE), que afecta a la integridad del OJ.
> ✓ **La igualdad en la ley y ante la ley** (art.14 CE), que fija un límite a la actuación de los poderes públicos (**principio de igualdad formal**).
> ✓ **La igualdad promocional o material** (art.9.2 CE), que marca un horizonte para la acción de los poderes públicos.

El principio de **igualdad material o real** (art. 9.2 CE) reconoce las desigualdades existentes y vincula los poderes públicos para conseguir una sociedad más equitativa. No basta con tratar a todos los ciudadanos por igual, en algunos casos es necesaria la adopción de algunas medidas adicionales para compensar las desigualdades existentes (ej. Concesión becas, bonificaciones y ayudas para la contratación de personas y colectivos con dificultades de inserción laboral).

Para que haya un acceso igual al reconocimiento y disfrute de los derechos fundamentales por colectivos que están o pueden estar en situación de vulnerabilidad surge el concepto de **medida de acción positiva o afirmativa** para compensar las desventajas resultantes de actitudes, comportamientos y estructuras fácticas existentes. Se trata de un instrumento jurídico para atajar situaciones de desigualdad material debido a la posición socioeconómica o por la pertenencia a determinados colectivos que, en otro caso, no podrían tener un disfrute pleno de los derechos constitucionales, en definitiva, de los derechos humanos (ej. acceso al empleo, a la educación, a la vivienda).

> ***Artículo 6 Ley 15/2022. Definiciones***

> **7. Medidas de acción positiva.**
>
> *Se consideran acciones positivas las diferencias de trato orientadas a prevenir, eliminar y, en su caso, compensar cualquier forma de discriminación o desventaja en su dimensión colectiva o social. Tales medidas serán aplicables en tanto subsistan las situaciones de discriminación o las desventajas que las justifican y habrán de ser razonables y proporcionadas en relación con los medios para su desarrollo y los objetivos que persigan.*

En apariencia, las medidas de acción positiva parecen romper el ideal de igualdad formal en tanto en cuanto suponen la inclusión de una diferencia de trato ventajosa hacia un colectivo, como pueden ser las cuotas de reserva o preferencias. Es por ello que, aunque actualmente no sea un término aceptado, se las ha conocido como medidas de discriminación positiva, ya que introducen un criterio de selección, aunque en lugar de hacerlo para excluir, lo hacen para incluir a un colectivo y permitir la realización del principio de igualdad de oportunidades.

La naturaleza de estas medidas es abierta, pues incluye una amplia variedad de actuaciones bajo su significado, siempre y cuando cumplan con una serie de requisitos, para alcanzar su objetivo esencial: alcanzar la igualdad de oportunidades

> **Requisitos de las medidas de acción positiva:**
> ✓ Que haya una justificación dada por la existencia de una discriminación preexistente
> ✓ Que sirva para alcanzar la igualdad de oportunidades
> ✓ Que la medida sea adecuada a la finalidad que persigue
> ✓ Que sea una medida proporcional y que de su aplicación no resulten más sujetos perjudicados que beneficiados
> ✓ Que su duración sea temporal y se limite a corregir la desigualdad, sin que pueda subsistir más allá de la existencia de esta, pues habría perdido su razón de ser

4.2.3. La igualdad por razón de sexo o género: la perspectiva de género

La discriminación por razón de sexo (parámetro físico o biológico) o por razón de género (diferencias socioculturales, estereotipos o roles tradicionalmente asociados a cada sexo) constituyen una de las causas de discriminación más extendidas tanto desde un punto de vista objetivo (porque afecta a la mitad de la población) como espacial (porque se reproduce en todos los lugares y países) y temporal (porque se ha dado en todas las épocas y arrastra hasta el presente una relación de poder desigual entre hombres y mujeres que todavía hoy persiste). Se trata, además, de una causa de discriminación que es fácilmente acumulable a otras causas, como la etnia, la discapacidad, etc.

La desigualdad de género o sexo se refiere a las diferencias injustas y sistemáticas en el trato, oportunidades y derechos entre hombres y mujeres, así como personas de diferentes identidades de género. Esta desigualdad puede manifestarse en diversos ámbitos, como el acceso desigual a la educación, la distribución desigual de responsabilidades domésticas, la violencia de género, etc.

Es un hecho objetivo que tradicionalmente ha habido una menor participación de las mujeres en los espacios públicos debidos a una combinación de factores culturales, sociales y estructurales. Históricamente, las mujeres han sido relegadas a roles domésticos y se les ha limitado el acceso a espacios públicos debido a normas de género y expectativas tradicionales. Baste con poner como ejemplo la tardía incorporación de la mujer al mundo laboral o la frecuente segregación actual en determinadas profesiones que se asocian a roles o estereotipos considerados tradicionalmente femeninos, como los cuidados, la limpieza, etc. En este contexto, su incorporación no se ha producido en condiciones de igualdad respecto de los varones. Combatir la desigualdad de género es fundamental para lograr una sociedad más justa e inclusiva, donde todas las personas tengan las mismas oportunidades y derechos, independientemente de su género o sexo.

Más concretamente, la desigualdad de género en el ámbito laboral se manifiesta de diversas formas, como la brecha salarial, la segregación ocupacional, la falta de representación en puestos directivos y de liderazgo, la discriminación en la contratación y promoción, la carga desproporcionada de responsabilidades familiares, etc. Estas manifestaciones de desigualdad de género contribuyen a perpetuar la discriminación y limitar las oportunidades de las mujeres en el mercado laboral. Es fundamental abordar estas inequidades sistémicas y promover la igualdad de género en el ámbito laboral para crear entornos laborales más justos e inclusivos. Y por eso son importantes las medidas de conciliación de la vida laboral y familiar en clave de corresponsabilidad, que faciliten que la mujer pueda desligarse de las tareas de cuidados en el ámbito del trabajo reproductivo que socialmente se les ha asignado, para que puedan tener una inserción y desarrollo profesional pleno, en igualdad de condiciones.

A tales efectos, responde la necesidad de incorporar la **perspectiva de género** en la creación de las normas, en su aplicación y en su análisis por parte de todos los operadores jurídicos, públicos y privados. Esto permite observar y entender el impacto diferenciado de las políticas y las normas jurídicas sobre las personas, con el fin de evitar que se reproduzcan situaciones de discriminación y exclusión. Recientemente, el Tribunal Constitucional ha manifestado que la introducción de la perspectiva de género en las políticas antidiscriminatorias **no supone ninguna adhesión ideológica, ni compromete la neutralidad ideológica del Estado ni atenta contra el pluralismo político** (art. 1.1 CE), **sino que constituye un avance en el respeto a los valores constitucionales**, especialmente, los recogidos en los arts. 1.1, 9.2 y 14 CE (STC 34/2023, de 18 de abril).

> **Artículo 4 Ley 15/2022. El derecho a la igualdad de trato y no discriminación.**
>
> **4.** En las políticas contra la discriminación se tendrá en cuenta la perspectiva de género y se prestará especial atención a su impacto en las mujeres y las niñas como obstáculo al acceso a derechos como la educación, el empleo, la salud, el acceso a la justicia y el derecho a una vida libre de violencias, entre otros.

Así pues, con la expresión **perspectiva de género** "se alude a una «categoría de análisis de la realidad desigualitaria entre mujeres y hombres dirigida a alcanzar la igualdad material y efectiva» y a un «enfoque metodológico y un criterio hermenéutico transversal orientado a promover la igualdad entre mujeres y hombres, como parte esencial de una cultura de respeto y promoción de los derechos humanos». Y hemos confirmado que está desprovista de orientación ideológica alguna, más allá del respeto a los valores constitucionales" (SSTC 89/2024, de 5 de junio de 2024; 44/2023, de 9 de mayo).

4.3. Garantías de los derechos del Título I de la Constitución

Aunque todos los derechos y principios vistos tienen carácter constitucional, sus garantías difieren según el tipo. Al hablar de garantías, hay que distinguir 3 aspectos: 1) la **eficacia o aplicabilidad**; 2) Las **garantías normativas**; 3) **protección o tutela ante los tribunales**. La regulación de estas garantías está en el art. 53 CE, aunque otros preceptos de CE también son importantes.

> **Artículo 53 CE**
>
> **1.** Los derechos y libertades reconocidos en el Capítulo segundo del presente Título vinculan a todos los poderes públicos. Sólo por ley, que en todo caso deberá respetar su contenido esencial, podrá regularse el ejercicio de tales derechos y libertades, que se tutelarán de acuerdo con lo previsto en el artículo 161, 1, a).
>
> **2.** Cualquier ciudadano podrá recabar la tutela de las libertades y derechos reconocidos en el artículo 14 y la Sección primera del Capítulo segundo ante los Tribunales ordinarios por un procedimiento basado en los principios de preferencia y sumariedad y, en su caso, a través del recurso de amparo ante el Tribunal Constitucional. Este último recurso será aplicable a la objeción de conciencia reconocida en el artículo 30.
>
> **3.** El reconocimiento, el respeto y la protección de los principios reconocidos en el Capítulo tercero informarán la legislación positiva, la práctica judicial y la actuación de los poderes públicos. Sólo podrán ser alegados ante la Jurisdicción ordinaria de acuerdo con lo que dispongan las leyes que los desarrollen.

4.3.1. Aplicabilidad o eficacia de los derechos del título I

La primera cuestión por determinar es su grado de exigibilidad o aplicación. Hay dos opciones: que pueda exigirse su cumplimiento ante los tribunales sin necesidad de hacer nada más, o que para que puedan cumplirse estos artículos haga falta que una norma infraconstitucional los desarrolle.

A) Derechos y libertades del capítulo 2.º, sean fundamentales o no:

Tienen eficacia directa (art. 53.1 CE), en tanto que "vinculan todos los poderes públicos". Esto quiere decir que, en primer lugar, el poder legislativo los debe tener en cuenta al aprobar leyes. Y, además, también son inmediatamente aplicables y pueden alegarse ante tribunales y frente a la Administración pública (poderes ejecutivo y judicial), sin necesidad que sean desarrollados.

La mayoría de estos derechos constitucionales cuentan con una regulación legal. No obstante, aunque esta no existiera, no sería un obstáculo para pedir su tutela ante los tribunales frente a violaciones tanto por parte de los poderes públicos (**eficacia vertical**), como por sujetos privados, como la empresa o el sindicato (**eficacia horizontal**). Son **auténticos derechos subjetivos vinculantes**.

B) Principios rectores económicos y sociales:

La situación es diferente en cuanto a los principios rectores, puesto que "solo podrán ser alegados ante la jurisdicción <u>ordinaria</u> de acuerdo con el que disponen las leyes que los desarrollan" (art. 53.3 CE). Por tanto, para ser aplicado por un tribunal es necesario que antes una Ley los haya concretado (no constituyen derechos subjetivos perfectos).

Aun así, tienen cierta eficacia o aplicabilidad inmediata, puesto que el art. 53.3 CE prevé que "el reconocimiento, el respeto y la protección de los principios reconocidos en el capítulo III, informarán la legislación positiva, la práctica judicial y la actuación de los poderes públicos". Esto implica que las Cortes como el resto de los poderes están obligados, dentro de sus competencias, a respetarlos y protegerlos, ya sea a través de su desarrollo normativo o de su aplicación. De forma que un principio, incluso sin desarrollar por Ley, podría servir de fundamento para un recurso o una cuestión de inconstitucionalidad o para apoyar a una determinada interpretación de otra Ley en vigor.

4.3.2. Garantías normativas

Todos los derechos, libertades y principios tienen que ser regulados por Ley. En este sentido el art. 53.1 CE establece que "solo por ley, que en todo caso tendrá que respetar el contenido esencial, se podrá regular el ejercicio de estos derechos y de estas libertades". La constitución establece una *reserva legal,* en la medida en que no cualquier norma puede regularlos. Solo una Ley.

Además, el desarrollo de los DDFF propiamente dichos (art. 14-29 CE) solo pueden ser regulados y desarrollados por Ley orgánica (art. 81.1 CE). Por tanto, para los **DDFF hay una reserva de Ley orgánica**.

> El único derecho fundamental que no está actualmente regulado por Ley orgánica es, precisamente, uno de naturaleza laboral: el derecho de huelga (art. 28.2 CE). No obstante, su regulación está en una disposición preconstitucional que ha sido interpretada por el TC, que declaró inconstitucionales algunas partes y dijo como se tenían que interpretar otras.

Por otra parte, hay que recordar que, en virtud de la distribución de competencias, la **regulación de los DDFF es competencia exclusiva del Estado** (art. 149.1.1 CE).

Ahora bien, tanto la Ley orgánica como la Ley ordinaria que los desarrollen, deben respetar su "contenido esencial". El TC ha interpretado (STC 11/81, FJ 10) que el **contenido esencial** de un derecho es el conjunto de facultades o poderes que hacen que se pueda ejercer para que cumpla su función. Sin estas facultades mínimas, el derecho queda desnaturalizado o pierde sentido. Si estas facultades se limitan o se restringen, lo hacen impracticable y le quitan la función que el constituyente les reconoce.

> Por ejemplo, en el caso del Derecho Fundamental laboral de la Libertad Sindical, en su dimensión colectiva, entre las facultades mínimas que reconoce a un sindicato, están la de poder negociar convenios colectivos, declarar una huelga o declarar y gestionar conflictos colectivos. Si un sindicato no pudiera hacer estas funciones, no tendría sentido su existencia. Se desnaturalizaría el derecho en cuestión.

Por otro lado, el TC ha subrayado que **ningún derecho es absoluto**, sino que viene limitado por la existencia otros derechos, bienes o intereses constitucionalmente protegidos. Ahora bien, las posibles limitaciones tienen que respetar el contenido esencial del derecho.

En último lugar, hay que hacer referencia al art. 35.2 CE: "la ley regulará un estatuto de los trabajadores". De este modo la CE establece una **reserva legal**, por la cual la norma que determino el **régimen jurídico específico para un sector de personas trabajadoras** será una norma con rango legal (el ET).

4.3.3. Tutela jurisdiccional:

En cuanto a su protección por los tribunales, también hay que diferenciar:

A) Para **todos los derechos y principios constitucionales** hay dos mecanismos de tutela judicial:

- **Recurso ordinario ante la jurisdicción ordinaria**: el art. 24 CE establece que "todas las personas tienen derecho a obtener la tutela efectiva de jueces y tribunales en el ejercicio de sus derechos e intereses legítimos". En consecuencia, los ciudadanos tienen el derecho de acceder a la justicia cuando consideran que se ha vulnerado alguno de sus derechos para pedir que se reconozca la lesión y el resarcimiento de sus efectos. No obstante, hay que hacer las siguientes precisiones:
  - Los **principios solo** pueden ser alegados ante la jurisdicción ordinaria **si hay una Ley que los desarrolla**.
  - El recurso se llevará a cabo ante el **orden jurisdiccional que corresponda** a través de los varios procedimientos previstos en el Derecho procesal específico de cada uno. En el ámbito laboral,

será a través de los diferentes tipos de procesos previstos por la *Ley 36/2011, de 10 de octubre, reguladora de la jurisdicción social* (BOE n.º 245 del 11-12-11; en adelante, LRJS).

- **Recurso o cuestión de inconstitucionalidad**: en virtud del art. 53.1 CE, "los derechos y libertades reconocidos en el capítulo 2.º... se tutelarán de acuerdo con lo previsto en el art. 161.1.a CE».

B) Para los derechos fundamentales:

Además de estos dos recursos que actúan en la defensa de cualquier derecho constitucional, disfrutan de dos mecanismos adicionales (ver art. 53.2 CE).

Es decir, los derechos reconocidos en los art. 14-29 CE, además del recurso ordinario ante la jurisdicción ordinaria y el recurso o cuestión de inconstitucionalidad, pueden defenderse intermediando:

- **Recurso sumario y preferente ante los tribunales ordinarios**: es una vía especial de protección que está prevista para los órganos judiciales de los cuatro órdenes jurisdiccionales y que se basa en los principios de preferencia y sumariedad. Así, las Leyes procesales del orden civil, penal, contencioso-administrativo y social regulan un procedimiento especial para cuando se vulneren DDFF. El significado de estos dos principios ha sido interpretado por el TC de la siguiente manera: "la **preferencia** *implica prioridad absoluta* por parte de las normas que regulan la competencia funcional o despacho de los asuntos, por **sumariedad**, como ha puesto de relieve la doctrina, no se puede acudir a su sentido técnico (puesto que los procesos de protección jurisdiccional no son sumarios, sino especiales), sino a su significación vulgar como *equivalente a rapidez*" (STC 81/1992).

- La LRJS regula en sus art. 177 a 184 un proceso especial para la tutela de los DDFF y libertades públicas, incluida la prohibición de trato discriminatorio. No obstante, las demandas judiciales sobre ciertas materias (ej. despido, modificaciones sustanciales de condiciones de trabajo, etc.) que comportan vulneración de DDFF, se tienen que tramitar inexcusablemente de acuerdo con la modalidad procesal correspondiente. En todo caso, se debe tener en cuenta que es una opción procesal (el art. 53.2 CE dice "podrá", por lo que es una facultad y no una obligación). De hecho, se puede acudir a la vía ordinaria por medio de recurso ordinario, acumulando la pretensión de defensa de los derechos fundamentales a otros asuntos y se puede optar por el recurso sumario y preferente, pero en este caso solo se podrá alegar la violación de DDFF y no otros asuntos.

- **Recurso de amparo constitucional**: se trata del recurso regulado en el art. 161.1.b CE y que se estudiará en el apartado siguiente, de manera conjunta con todos los recursos ante el TC. Pero hay que tener en cuenta que **algún derecho no fundamental puede constituir un aspecto o contenido de otro derecho fundamental**.

Como se ha puesto de ejemplo antes, la negociación colectiva es parte del contenido esencial del derecho a la Libertad sindical (art. 28.1 CE). Por tanto, aunque no está reconocido en la CE como derecho fundamental (37.1 CE), si se vulnera el derecho a la negociación colectiva de un sindicato (no de otro sujeto que no es titular de la Libertad sindical), indirectamente, se puede lesionar el art. 28.1 CE, por lo que se puede interponer un recurso de amparo.

RESUMEN: los derechos constitucionales pueden ser tutelados judicialmente:
A) Mecanismos de tutela de los derechos fundamentales (artes. 14-29 CE).
    i) Ante el Tribunal Constitucional:
        Recurso de amparo constitucional
        Recurso o cuestión de inconstitucionalidad
    ii) Ante la jurisdicción ordinaria:
        Recurso ordinario
        Recurso sumario y preferente
B) Mecanismos de tutela del resto de derechos constitucionales
    i) Ante el Tribunal Constitucional:
        Recurso o cuestión de inconstitucionalidad
    ii) Ante la jurisdicción ordinaria:
        Recurso ordinario

5. EL MODELO DE JURISDICCIÓN CONSTITUCIONAL

Ya vimos en el tema 2 que el TC es el intérprete supremo de la CE, y que ejerce las competencias o funciones definidas en el art. 161 CE. Ahora estudiaremos los recursos que se pueden emplear para la defensa de los derechos constitucionales que hemos mencionado en el apartado anterior.

5.1. Recurso de Inconstitucionalidad

5.1.1. Regulación:

Art. 161.1.a, 162.1.a y arts. 27 y ss. y *Ley Orgánica 2/1979, de 3 de octubre, del Tribunal Constitucional* (LOTC).

5.1.2. Objeto del recurso ("qué se puede recurrir y con qué finalidad")

Artículo 161 CE

1. El Tribunal Constitucional tiene jurisdicción en todo el territorio español y es competente para conocer:

a) Del <u>recurso de inconstitucionalidad</u> <u>contra leyes y disposiciones normativas con fuerza de ley</u>. La declaración de inconstitucionalidad de una norma jurídica con rango de ley, interpretada por la jurisprudencia, afectará a ésta, si bien la sentencia o sentencias recaídas no perderán el valor de cosa juzgada.

El art. 27.2 LOTC enumera, a modo de aclaración, las normas con rango de Ley susceptibles de impugnación

- Los Estatutos de Autonomía y las otras Leyes orgánicas.
- Las otras Leyes, disposiciones y actos del Estado con fuerza de ley (Decreto ley y Decreto legislativo).
- Los tratados internacionales.
- Los reglamentos de las cámaras y de las Cortes Generales.
- Las leyes, actos y disposiciones con fuerza de ley de las CCAA.
- Los reglamentos de las asambleas legislativas de las CCAA.

La **finalidad del recurso** no es proteger el interés particular de quien lo promueve o interpone, sino tutelar la primacía de la CE sobre una norma legal que contradice alguno de sus preceptos. Dicho con otras palabras, el TC analiza la constitucionalidad de la norma legal desvinculada de su aplicación a un caso concreto.

5.1.3. Sujetos legitimados ("quiénes lo pueden interponer")

Artículo 162 CE

1. Están legitimados:

a) Para interponer el recurso de inconstitucionalidad, el <u>Presidente del Gobierno</u>, el <u>Defensor del Pueblo</u>, <u>50 Diputados</u>, <u>50 Senadores</u>, los <u>órganos colegiados ejecutivos de las Comunidades Autónomas</u> y, en su caso, <u>las Asambleas de las mismas</u>.

5.1.4. Efectos de la declaración de inconstitucionalidad por el TC

Artículo 164 CE

1. Las <u>sentencias del TC se publicarán en el BOE</u> con los votos particulares, si los hubiere. Tienen el <u>valor de cosa juzgada a partir del día siguiente</u> de su publicación y <u>no cabe recurso alguno contra ellas</u>. Las que <u>declaren la inconstitucionalidad</u> de una ley o de una norma con fuerza de ley y todas las que no se limiten a la estimación subjetiva de un derecho, <u>tienen plenos efectos frente a todos</u>.

2. Salvo que en el fallo se disponga otra cosa, subsistirá la vigencia de la ley en la parte no afectada por la inconstitucionalidad.

Cuando la sentencia declare la inconstitucionalidad, tiene que declarar igualmente la nulidad de los preceptos impugnados, así como, si es el caso, la de aquellos otros de la misma Ley o disposición con fuerza de ley a los cuales se tenga que extender por conexión o consecuencia (art. 39 LOTC).

Por otro lado, como dice el art. 161.1.a CE, la declaración de inconstitucionalidad de la norma legal afectará a esta, pero no tendrá efectos retroactivos ("las sentencias recaídas no perderán el valor de cosa juzgada"), salvo respecto de sanciones penales o administrativas que fueran más desfavorables desde la aprobación de la norma declarada inconstitucional.

Se dice que el TC es el legislador negativo porque tiene la facultad de expulsar normas con rango legal del ordenamiento jurídico. Por tanto, la declaración de inconstitucionalidad conllevará la anulación de la norma impugnada y tendrá efectos *erga omnes* (para todos los sujetos a los que resulte aplicable la Ley declarada inconstitucional).

5.2. Cuestión de inconstitucionalidad

5.2.1. Regulación

Arts. 161.1.a y 163 CE y 35 y ss. LOTC

Artículo 163 CE

Cuando <u>un órgano judicial considere</u>, <u>en algún proceso</u>, que <u>una norma con rango de ley,</u> aplicable al caso, de cuya validez dependa el fallo, pueda ser contraria a la Constitución, planteará la cuestión ante el TC en los supuestos, en la forma y con los efectos que establezca la ley, que en ningún caso serán suspensivos.

5.2.2. Objeto

El mismo, norma con rango legal (art 27.2 LOTC). La misma finalidad, defensa de un interés general y no particular.

5.2.3. Sujeto legitimado:

La única diferencia entre el recurso y la cuestión de inconstitucionalidad proviene de los sujetos que los promueven. En este caso, es interpuesto por un órgano judicial, es decir, un juez o un tribunal, que esté resolviendo un caso concreto y considere que la ley aplicable puede ser inconstitucional. Si se da esta situación, tiene que suspender el juicio y plantear la cuestión ante el TC y esperar que este se pronuncie. Puede interponerlo de oficio o a instancia de parte interesada (cuando una de las dos partes del conflicto lo solicite; aunque la petición no es vinculante, el órgano judicial es libre para aceptarla o no).

5.2.4. Efectos de la declaración de inconstitucionalidad por el TC:

Idénticos efectos. Pero en este caso, el órgano judicial que la plantea debe retomar el proceso y resolver el caso particular en función del pronunciamiento del TC.

5.3. Recurso de amparo constitucional

5.3.1. Regulación

Arts. 161.1.b y 162.1.b CE y 41 y ss. LOTC

5.3.2. Objeto

> **Artículo 161 CE**
>
> **1.** El Tribunal Constitucional tiene jurisdicción en todo el territorio español y es competente para conocer:
>
> **b)** Del recurso de amparo por <u>violación de los derechos y libertades referidos en el artículo 53, 2, de esta Constitución,</u> en los casos y formas que la ley establezca.

El objeto del recurso de amparo versa no sobre leyes, sino sobre las **disposiciones, actos jurídicos, omisiones o vías de hecho de los poderes públicos, incluidos los actos u omisiones de los órganos judiciales.**

Es decir, mediante el recurso de amparo **no se pueden impugnar Leyes** (estas, a través del recurso o cuestión de inconstitucionalidad), pero sí otras disposiciones de los poderes públicos (ej. Reglamento) u otros actos de estos (ej. una resolución de una Administración Pública, o una sentencia judicial).

Los **derechos recurribles son solo los DDFF** (art. 14-29 CE). No procede frente a lesiones otros derechos constitucionales, excepto que quedan vinculados por conexión con un derecho fundamental. Por tanto, son dos los **requisitos: 1) que se vulnere un DF; y 2) que la vulneración sea por un acto de los poderes públicos (excepto Leyes).**

De cualquier poder público, ya sea del Estado, de las CCAA y entes territoriales, así como de sus funcionarios o agentes, incluidos los órganos judiciales. La lesión del derecho puede ser por acción o por omisión (la no acción cuando tenían la posibilidad de actuar).

Aunque también se puede acceder al **recurso de amparo de manera indirecta cuando la lesión proviene de un particular.** El TC considera que, si ha habido un conflicto entre particulares y el tribunal ordinario no ha declarado la lesión del DF alegado por el particular, es susceptible de recurso.

> Por ejemplo, una sentencia que no reconoce la vulneración de un derecho fundamental del trabajador por parte del empresario. En este caso, la sentencia sería objeto de recurso de amparo, si bien hay que agotar antes la vía ordinaria (que ya no se pueda recurrir ante una instancia judicial superior).

5.3.3. Sujetos legitimados

> **Artículo 162 CE**
>
> **1.** Están legitimados:
>
> **b)** Para interponer el recurso de amparo, <u>toda persona natural o jurídica que invoque un interés legítimo,</u> así como el <u>Defensor del Pueblo</u> y el <u>Ministerio Fiscal.</u>

5.3.4. Efectos:

Sus efectos son la declaración de nulidad del acto del poder público que se ha impugnado, el reconocimiento del derecho y el restablecimiento al recurrente en el goce de su derecho (art. 14-29 y 30/55 LOTC).

BIBLIOGRAFÍA

AA.VV. (2015), *Curso de Derecho Privado* (Dirs. Orduña, Francisco J. y Campuzano, Ana B.), 18ª edición, València: Ed. Tirant lo Blanch.

AA.VV. (2016), *Derecho Constitucional Básico* (Ed. Castellano Andreu, Josep M.ª), Barcelona: Ed. Huygens.

AA.VV. (2022), *Derecho del Trabajo* (Dir. Goerlich Peset, José M.ª), Valencia: ed. Tirant lo Blanch.

AA.VV. (2022), *Igualdad y diversidad en las relaciones laborales* (Coord. Lousada Arochena, José F.), Valencia: Tirant lo Blanch.

DESDENTADO DAROCA, Elena (2024), "Reflexiones críticas a propósito de la STC 89/2024, de 5 de junio. La necesaria delimitación entre el principio de igualdad y la prohibición de discriminación", *Briefs AEDTSS*, Asociación Española de Derecho del Trabajo y de la Seguridad Social, n.º 64/2024.

FABRA ABAT, Pere (2017), "Què és el Dret?", en AA.VV. *Introducció al Dret*, Barcelona: FUOC, recurso electrónico recuperado el 15-09-23 de http://cv.uoc.edu/annotation/cbcad386b1dbde033f3c0e77fd6c9997/572041/PID_00242838/index.html

GARCIA-PERROTE ESCARTÍN, Ignacio (2017), *Manual de Derecho del Trabajo*, 7ª edición, Valencia: Tirant lo Blanch.

GONZÁLEZ-TREVIJANO SÁNCHEZ, Pedro (2020), *El principio de igualdad y no discriminación. Una perspectiva de derecho comparado*, EPRS-Servicio de Estudios del Parlamento Europeo, recurso electrónico recuperado el 15-07-24 de https://www.europarl.europa.eu/thinktank/en/document/EPRS_STU(2023)739352

SÁNCHEZ OCAÑA, José M. (2023), *La acción positiva interseccional: acceso al empleo público y cláusulas sociolaborales en la contratación pública*, Valencia: Tirant lo Blanch.

SÁNCHEZ-GIRÓN MARTÍNEZ, Beatriz (2023), "El nuevo tratamiento de las medidas de acción positiva en la Ley 15/2022", *Femeris, Vol. 8, n.º 2*, pp. 52-74.

VILLALBA ZABALA, Agustín (2011), *Introducción al Derecho*, Cantabria: Universidad de Cantabria. Open Course Ware, recurso electrónico recuperado el 15-09-23 de https://ocw.unican.es/course/view.php?id=106#section-3

Tema 4. Las fuentes del Derecho (II)

SERGIO YAGÜE BLANCO

1.- Las normas internacionales y supranacionales
    1.1.-Tipología
    1.2.-La Organización Internacional del Trabajo
    1.3.-El Consejo de Europa: normas de carácter laboral
    1.4.-La Unión Europea: normas de carácter laboral
2.- Las normas con rango de ley
3.- Los reglamentos
4.- El poder normativo de las CCAA.

---

1. LAS NORMAS INTERNACIONALES Y SUPRANACIONALES

1.1. Tipología

1.1.1. Existencia de multitud de normas internacionales

Las normas internacionales son aquellas fuentes normativas externas al Estado que reflejan las relaciones que se mantienen entre sujetos de Derecho internacional. De acuerdo con el art. 2 de la *Ley 25/2014, de 27 de noviembre, de tratados y otros acuerdos internacionales* (BOE n.º 288 de 28-11-14), un **sujeto de Derecho Internacional** es "un Estado, una organización internacional u otro ente internacional que goce de capacidad jurídica para celebrar **tratados internacionales**". En ocasiones, estas normas derivan de *acuerdos bilaterales* o *multilaterales* entre dos o más Estados. En otras, las que más nos interesan en este tema, son aprobadas por una organización internacional para que sea potencialmente de aplicación a diferentes Estados. Hay una serie de importantes normas internacionales de contenido no exclusivamente laboral o social, sino que son de alcance general.

✓ Declaración Universal de los Derechos Humanos (**DUDH**), 1948
✓ Pacto Internacional de Derechos Civiles y Políticos, 1966
✓ Pacto Internacional de Derechos Sociales, Económicos y Culturales (PIDESC), 1966
✓ Convenio Europeo para la protección de los Derechos Humanos y de las Libertades Fundamentales (**CEDH**), 1950
✓ Carta Social Europea (**CSE**), 1961-1996
✓ Carta Comunitaria de los Derechos Sociales Fundamentales de los Trabajadores (**CDSFT**), 1989
✓ Carta de Derechos Fundamentales de la Unión Europea (**CDFUE**), 2000-2007.

Y dentro de ellas, hay distintos tipos de eficacias o capacidad de obligar. Algunas son meras declaraciones políticas no obligatorias o *soft law* (ej. Carta Comunitaria de los Derechos Sociales Fundamentales). Otras, establecen una obligación de informar a los organismos que las dictan del cumplimiento por parte de cada Estado a efectos de garantizar su control (ej. Carta Social Europea). Y, en fin, en otros casos, son verdaderas normas obligatorias (*ius cogens*) en las que puede, incluso, que se deriven reclamaciones judiciales contra el Estado infractor por parte de los ciudadanos damnificados (ej. Convenio Europeo de DDHH cuya infracción de derechos puede recurrirse ante el Tribunal Europeo de Derechos Humanos –TEDH–).

Respecto a la **igualdad y no discriminación** existen multitud de normas internacionales que incorporan previsiones similares a las de nuestra Constitución, entre otras:

- La DUDH de Naciones Unida incorpora la no discriminación como un principio básico.
- El PIDESC configura la no discriminación como un derecho de autónomo y general.
- También Naciones Unidas tiene otras Convenciones como la *Convención Internacional para la Eliminación de todas las Formas de Discriminación Racial* (1965); la *Declaración sobre la Eliminación de todas las Formas de Intolerancia y Discriminación fundadas en la Religión o las Convicciones* (1981); la *Convención sobre los Derechos del Niño* (1989) y la *Convención Internacional sobre los derechos de las personas con discapacidad* (2007).
- La Asamblea General de Naciones Unidas adoptó en 1991 los *principios de Naciones Unidas a favor de las personas de edad,* que enumera 18 derechos de las personas mayores, incluido un trato digno.
- El Consejo de Derechos Humanos adoptó también en 2010 la *Resolución 21/23 referente a los derechos humanos de las personas de edad*, en la que hace un llamamiento a todos los Estados para la adopción de medidas para luchar contra la discriminación por edad.
- En el ámbito del Consejo de Europa la no discriminación es un valor esencial, y desde la entrada en vigor del *Protocolo número 12 de la Convención Europea de Derechos Humanos,* la igualdad y la no discriminación constituyen un derecho autónomo.

1.1.2. Normas internacionales y normas supranacionales

Entre las normas que sí que resultan vinculantes, hay que distinguir entre *normas internacionales* y *normas supranacionales*. La diferencia va a residir en el tipo de vinculación que mantenga el Estado con la organización que las aprueba, esto es, si es una **relación de cooperación** o **de integración**. Básicamente, difiere en el grado de implicación y vinculación de los Estados.

Las **normas internacionales** son las que aprueba un organismo internacional, pero, para que vinculen al Estado en cuestión, será necesario un acto jurídico que se denomina **ratificación**. Mediante la ratificación, los Estados prestan su consentimiento para obligarse al cumplimiento de la norma. Una vez ratificada, la norma internacional se incorpora al ordenamiento interno. Normalmente, estas normas se denominan **Tratados** o **Convenios Internacionales** (también Pactos o Acuerdos internacionales)

En cambio, las **normas supranacionales** son normas aprobadas por una organización internacional con la cual el Estado mantiene una relación de integración. Es decir, forma parte de la organización y además le ha cedido a esta parte de su soberanía estatal. Por tanto, dicha organización cuenta con poderes normativos y competencias necesarias para que sus normas, una vez aprobadas por ella, vinculen a los estados que la integran sin necesidad de que adopten ningún acto más o presten su consentimiento. Para llevar a cabo esta cesión previa, también será necesaria la celebración de otro tipo tratado internacional. De hecho, nuestra CE prevé varios tipos de tratados.

Podemos definir un Tratado internacional de la forma prevista en la Ley 25/2014, de 27 de noviembre:

> ***Artículo 2. Definiciones.***
>
> *A los efectos de esta Ley se entiende por:*
>
> *a) «tratado internacional»: acuerdo celebrado por escrito entre España y otro u otros sujetos de Derecho Internacional, y regido por el Derecho Internacional, ya conste en un instrumento único o en dos o más instrumentos conexos y cualquiera que sea su denominación.*

A) Tipo de tratados internacionales

Nuestra CE, al regular los Tratados (arts. 93-96 CE), prevé tres tipos:

- **Tratados que ceden soberanía a una organización internacional:**

> ***Artículo 93 CE***
>
> *Mediante ley orgánica se podrá autorizar la celebración de tratados por los que se atribuya a una organización o institución internacional el ejercicio de competencias derivadas de la Constitución. Corresponde a las Cortes Generales o al Gobierno, según los casos, la garantía del cumplimiento de estos tratados y de las resoluciones emanadas de los organismos internacionales o supranacionales titulares de la cesión.*

   ✓ Requisito: se tiene que tramitar como Ley orgánica.
   ✓ Se cede parte de los poderes legislativo, ejecutivo y judicial.
   ✓ Una vez suscrito, corresponde al Gobierno o al Parlamento, según los casos, su cumplimiento, así como de las posibles resoluciones que dicten estos organismos (ej. resoluciones judiciales o sentencias).

- **Tratados que versan sobre materias especialmente importantes:**

> ***Artículo 94 CE***
>
> ***1.*** *La prestación del consentimiento del Estado para obligarse por medio de tratados o convenios requerirá la previa autorización de las Cortes Generales, en los siguientes casos:*
>
> *a) Tratados de carácter político.*
>
> *b) Tratados o convenios de carácter militar.*
>
> *c) Tratados o convenios que afecten a la integridad territorial del Estado o a los derechos y deberes fundamentales establecidos en el Título I.*
>
> *d) Tratados o convenios que impliquen obligaciones financieras para la Hacienda Pública.*
>
> *e) Tratados o convenios que supongan modificación o derogación de alguna ley o exijan medidas legislativas para su ejecución.*

✓ Son tratados que no implican la cesión de soberanía, pero afectan a una serie de materias importantes.

✓ Requisito: requiere autorización previa del Parlamento, es decir, intervención del legislador, aunque menos estricta que en el caso anterior (solo requiere su votación de acuerdo con el art. 74 CE, pero no que se tramite como Ley orgánica).

- **El resto de los Tratados diferentes a los dos anteriores:**

> ***Artículo 94 CE***
> *2. El Congreso y el Senado serán inmediatamente informados de la conclusión de los restantes tratados o convenios.*

✓ Requisito: informar al Parlamento de su celebración.

En todo caso, la negociación y adopción del texto definitivo del tratado o convenio corresponde al Gobierno, quien dirige la política exterior (art. 97 CE). Pero según la trascendencia de cada uno de los tipos, la intervención del Parlamento puede ser de mayor o menor intensidad: tramitación como Ley orgánica; autorización antes de su adopción o solo información *a posteriori*.

B) Fases de aprobación de los tratados internacionales

Todos los tratados cuentan con una fase internacional y otra interna. En la fase internacional, que es anterior a la firma y ratificación, se negocia el contenido o texto de la norma y la responsabilidad que asume el Estado y las consecuencias de su incumplimiento. La fase interna implica la aceptación de los efectos que tendrá el tratado tanto para los poderes públicos como para los sujetos privados o ciudadanos.

> El art. 11 y ss. de la Ley 25/2014 describe dichas fases. De forma muy resumida, son:
> (**Fase externa**)
> 1) Negociación del texto por el Gobierno.
> 2) Adopción y acuerdo del texto definitivo por los negociadores.
> 3) Firma por parte de los representantes de las partes.
> (**Fase interna**)
> 4) Ratificación o manifestación del consentimiento del Estado. En este punto, las diferentes exigencias expuestas antes. A partir de su ratificación el tratado estará válidamente subscrito y el Estado resultará obligado internacionalmente.
> 5) Publicación oficial, necesaria porque forman parte del ordenamiento jurídico interno.

C) Efectos de la incorporación de los tratados al ordenamiento interno

Para que el tratado surta plenos efectos en el ordenamiento interno, además de su ratificación requiere su publicación en el BOE.

> ***Artículo 96 CE***
> *1. Los tratados internacionales válidamente celebrados, una vez publicados oficialmente en España, formarán parte del ordenamiento interno. [...]*

Es decir, para que formen parte del sistema normativo interno, no hace falta que el Estado lleve a cabo ningún acto normativo especial. Vale con su ratificación y publicación, sin que, en principio, sea necesario adoptar normas adicionales para garantizar su cumplimiento.

D) Eficacia interna. Posición que ocupan en el ordenamiento interno

Una vez incorporado al ordenamiento interno, debe aclararse la posición que ocupan respecto de las normas nacionales. Con relación a la CE, el tratado queda subordinado: tiene una **posición infraconstitucional**. La CE es la norma fundamental que mantiene su supremacía, situación que se desprende claramente del hecho de que no se puede subscribir el tratado sin llevar a cabo un control previo de constitucionalidad.

Y aunque la CE no lo contempla expresamente, también es posible un control *a posteriori*, una vez ratificado y publicado (art. 27.2 LOTC). En este sentido, una declaración de inconstitucionalidad implicaría su nulidad interna y expulsión del ordenamiento jurídico.

Respecto al resto de normas internas, disfrutan de una posición **supralegal**. Y es que los Tratados se consideran "superleyes" porque ni siquiera estas pueden modificarlos o derogarlos.

Además, aquellos tratados en los cuales interviene el legislador (art. 93 y 94.2 CE), pueden suponer la modificación o supresión de leyes nacionales.

> *Las normas jurídicas contenidas en los tratados internacionales válidamente celebrados y publicados oficialmente **prevalecerán** sobre cualquier otra norma del ordenamiento interno en caso de conflicto con ellas, salvo las normas de rango constitucional.*

Es decir, en las relaciones entre el tratado y la ley, no juegan los principios de jerarquía y competencia internos, sino el **principio de prevalencia**. En caso de contradicción entre el Tratado y una norma interna, esta última no será nula, permanecerá vigente, pero se aplicará el Tratado.

1.1.3. Normas internacionales de carácter laboral

La potestad para crear normas laborales actualmente no es exclusiva de los Estados, sino que la comunidad internacional también las aprueba. Asistimos a un fenómeno de *internacionalización del Derecho del trabajo*.

La razón por la que se hizo necesario aprobar normas laborales internacionales es la denominada *cuestión social*. Desde la 1ª Guerra Mundial, y con mayor intensidad desde la 2ª, se extendió la idea de que si se consiguen unos estándares mínimos internacionales de DDHH y laborales se garantizaría la paz social. Además, con estos mínimos se evita el denominado *dumping social*. Es decir, que los Estados tengan diferentes condiciones sociales y laborales que provoquen, entre otros, problemas migratorios.

1.2. La Organización Internacional del Trabajo (OIT)

La OIT es una organización internacional especializada en cuestiones laborales que fue creada en 1919 mediante el *Tratado de Versalles* (por el cual se firmó la paz después de la 1ª Guerra Mundial). Originariamente, formó parte de la *Sociedad de Naciones*, y al desaparecer esta como consecuencia de la 2ª Guerra Mundial, se convirtió en una organización independiente. Desde 1946 es una agencia especializada de las Naciones Unidas (ONU). Por tanto, los países miembros de la ONU son miembros también de la OIT, basta con que acepten la Constitución de la OIT.

En el preámbulo de su actual Constitución, parte de la consideración de que la paz universal solo se puede alcanzar mediante la justicia social. La OIT adoptó como principios los siguientes: que el trabajo no es una mercancía, que la libertad de expresión y de asociación es esencial para el progreso constante, que la pobreza en cualquier lugar constituye un peligro para la prosperidad de todos y que la lucha contra la necesidad se tiene que combatir dentro de cada nación y mediante un esfuerzo internacional (solidaridad internacional).

1.2.1. Composición y estructura:

Su principal característica es que, además de ser una organización especializada en cuestiones laborales, sus órganos tienen una composición tripartita, pues están formados por representantes gubernamentales, sindicales y empresariales.

A) Conferencia Internacional del Trabajo (CIT):

Es el órgano supremo y el titular de la **competencia legislativa** (equivale al parlamento interno) en que se aprueba la normativa de la OIT. Está integrado por **4 delegados/as con voz y voto de cada Estado (2 gubernamentales, 1 sindical y 1 empresarial).** Estos son designados por los gobiernos nacionales, pero tras consultar con las organizaciones sindicales y empresariales más representativas de cada país. La Unión Europea tiene el estatus de observador con derecho a participar sin voto en los debates.

B) Consejo de Administración (CA):

Es el órgano ejecutivo, adoptando decisiones de carácter operativo que implementan las decisiones de la CIT. Además, coordina las actividades de esta y prepara su trabajo (fija el orden del día y prepara la documentación para los acuerdos).

Está formado por **56 consejeros (28 gubernamentales, 14 representantes de empleadoras y 14 de personas trabajadoras)**[9]. Todos ellos son nombrados por la CIT por un periodo de 3 años. Dispone de un presidente, elegido por sus miembros de entre los representantes gubernamentales y dos vicepresidentes, en representación de personas trabajadoras y empresarias.

C) Oficina Internacional del Trabajo (Oficina):

Es el único órgano de naturaleza no tripartita, porque es un organismo técnico, que está formado por funcionarios internacionales. Desarrolla una labor de Secretaría permanente de la OIT, pues se encarga de la aplicación de las políticas y programas adoptados por la CIT y el CA. Además, desarrolla funciones de estudio, documentación y preparación de los temas sometidos a debate y votación en la CIT.

1.2.2. Funciones de la OIT

La OIT ejerce dos grandes bloques de funciones: formativas y normativas.

> Sus **funciones formativas** consisten en:
> ✓ Proporciona asistencia técnica a los Estados a través del **asesoramiento** de expertos.
> ✓ Organiza **conferencias y reuniones** de expertos sobre materias concretas.
> ✓ Desarrolla una notable **actividad editorial** sobre aspectos laborales.

---

[9] También cuenta con **66 miembros adjuntos** (28 miembros gubernamentales, 19 miembros representantes de empleadoras y 19 de personas trabajadores). Estos pueden participar, pero no tienen derecho a voto. Aunque si se produce una ausencia de un miembro titular, puede ser reemplazado por un adjunto.

Sin duda, más importantes son sus **funciones normativas**: aprobación de Convenios y Recomendaciones, las normas emitidas por la OIT.

- **Convenios → crean obligaciones** para los Estados miembros una vez que han sido **ratificados** por estos. Es importante no confundir con los convenios colectivos que negocian y aprueban los representantes de las personas trabajadoras y de las empresas (tema 5).

> En materia de **igualdad y no discriminación**, la OIT, organismo especializado de las Naciones Unidas, ha elaborado importantes normas relativas al derecho a la igualdad y no discriminación, como el *Convenio n.º 100 sobre igualdad de remuneración* de 1951 o el *Convenio n.º 111 sobre discriminación en materia de empleo y ocupación* de 1958.

- **Recomendaciones →** como se desprende de su propio nombre, **no tienen carácter obligatorio**. Hay de diferentes tipos:
  - ✓ Normalmente, establecen los **objetivos** que la OIT persigue en materias concretas para que los Estados los tengan en cuenta como "pautas o criterios" al aprobar su normativa interna.
  - ✓ A veces también realizan una **función de desarrollo normativo** del convenio.
  - ✓ Algunas tratan **materias que no se consideran bastante maduras** para la elaboración de un convenio.
  - ✓ También se utilizan como **criterio interpretativo o aclaratorio** de un Convenio.

1.2.3. Fases del proceso de elaboración de la normativa de la OIT:

- **Inclusión de la cuestión en el orden del día de la CIT**: corresponde al CA, pero también puede ser a propuesta del gobierno de algún Estado o de sus representantes sindicales y empresariales, así como de alguna organización de derecho internacional público. Incluso de la misma CIT por acuerdo de mayoría de 2/3 de esta.

- **Discusión de los textos en la CIT**: normalmente se lleva a cabo mediante el método de **doble discusión**.
  - o Primero, se discute en sesión plenaria **si el acuerdo requiere la elaboración de un convenio o una recomendación** basándose en un informe previo elaborado por la Oficina.
  - o Después del primer debate, la Oficina **redacta el proyecto** de convenio o recomendación, y **se vuelve a debatir en el pleno**.

- **Adopción del acuerdo**: se vota. Para su aprobación es necesaria una mayoría cualificada de 2/3 de la CIT.

- **Ratificación**: cuando la norma aprobada sea un Convenio (y solo en este caso), los países que resultan obligados son solo aquellos que lo hayan ratificado. Es decir, su **ratificación es voluntaria**. Aun así, los

Estados miembros están obligados a someterlo al proceso de ratificación por parte de la autoridad competente en el plazo de un año desde su aprobación. En caso de no ratificarlo, los Estados miembros quedan obligados a informar a la OIT sobre el estado de su legislación interna y las razones que impiden el acto de ratificación. En nuestro caso, ya sabemos que esta se producirá de acuerdo con el art. 94 CE.

1.2.4. Eficacia interna

En cuanto a los **Convenios** de la OIT, hay que remitir a su eficacia interna expuesta en el apartado 1.1.2.D. Una vez ratificados y publicados en el BOE, forma parte del ordenamiento interno y el Estado queda obligado a hacer lo necesario para que resulte aplicable. Hay dos posibilidades.

✓ Que el Convenio sea los suficientemente completo y concreto para que pueda aplicarse directamente. En este caso, se dice que es *autoejecutivo* o *self-executing.* Por tanto, desde su publicación (art. 96 CE), los particulares podrán recurrir ante los tribunales si se vulnera alguna norma o derecho reconocido por el Convenio. Tradicionalmente, la mayor parte los Convenios han correspondido a este tipo.

✓ Que su contenido no esté suficientemente detallado para ser aplicado. En este caso, el propio Convenio interpela a los Estados para que adopten determinadas medidas normativas internas en desarrollo del Convenio, de las cuales dependerá su aplicación.

> ***Artículo 30 Ley 25/2014. Ejecución.***
> ***1.*** *Los tratados internacionales serán de aplicación directa, <u>a menos que de su texto se desprenda que dicha aplicación queda condicionada a la aprobación de las leyes o disposiciones reglamentarias pertinentes.</u>*

Por tanto, hasta que no se dé este desarrollo interno los particulares no podrán reclamar su cumplimiento ante los tribunales.

> En los últimos tiempos, **cada vez son más frecuentes** este tipo de convenios (a veces, un mismo convenio contiene normas autoejecutables y otras que precisan desarrollo), pues, como el grado de desarrollo normativo es diferente entre los distintos países que forman parte de la OIT, se aprueban normas que sean **suficientemente flexibles** y que permitan que cada país la adapte a su legislación interna. **En caso contrario, no se obtendría la mayoría necesaria para ser aprobados en la CIT.** Aun así, en los últimos años, ha descendido mucho el número de Convenios aprobados.

En cualquier caso, los Convenios se configuran como **normas mínimas**, de forma que, en nuestro caso en el que la legislación laboral tiene un estándar de protección elevado, es difícil que en la práctica sean menos favorables que una norma interna. Aun así, en caso de que ocurra esto, la Constitución de la OIT prevé que el Convenio no podría menoscabar ninguna disposición nacional que garantice a las personas trabajadoras condiciones más favorables que las previstas por las normas de la OIT.

Por su parte, las **Recomendaciones** no son obligatorias, por lo que **no quedan integradas en el sistema de fuentes interno**.

1.2.5. Mecanismos de control para su cumplimiento:

En cuanto al control de su aplicación, aparte de la exigibilidad interna ante los tribunales, la OIT establece determinados mecanismos para garantizar y controlar su aplicación. En este caso, hay que distinguir también.

Respecto de los Convenios:

✓ Por un lado, los Estados miembros están obligados a presentar **memorias periódicas sobre las medidas adoptadas** para ponerlos en práctica, y estas son evaluadas por una comisión de expertos que pueden formular observaciones y, en última instancia, considerar que el cumplimiento no es adecuado. Si esta circunstancia se diera, se podría incluir el Estado incumplidor en una *lista especial*, que es considerada como una *sanción moral*.

✓ Por otro lado, sobre los **convenios no ratificados** también se tienen que remitir informes periódicos sobre el estado de su legislación.

✓ Además, las organizaciones sindicales y empresariales pueden formular, cuando consideran que el Estado no está cumpliendo el convenio ratificado, **reclamaciones** ante el CA. Tanto la reclamación como la respuesta formulada por el gobierno del Estado afectado se harán públicas.

✓ También los Estados que hayan ratificado convenios pueden formular **quejas** contra otro Estado incumplidor ante el CA.

En cuanto a las recomendaciones, su aplicación no es obligatoria. Por tanto, el Estado no está obligado a aplicarlas, pero sí que está obligado a informar sobre el Estado de su legislación y prácticas internas sobre la materia de la recomendación a una comisión de expertos, mediante la realización de unas memorias periódicas.

1.3. El Consejo de Europa

El **Consejo de Europa** es un organismo intergubernamental, con sede en Estrasburgo (Francia), y de la que forman parte 46 Estados europeos. El Consejo de Europa **no forma parte de la Unión Europea** y, por tanto, no debe confundirse con instituciones de esta organización supranacional que tienen un nombre similar: El Consejo de la UE y el Consejo europeo.

Según el Tratado de Londres de 5 de mayo de 1949 por el que fue creado, su finalidad es "realizar una unión más estrecha entre sus miembros para salvaguardar y promover los ideales y los principios que constituyen su patrimonio común y favorecer su progreso económico y social". Estos ideales y principios se estructuran en los pilares de los Derechos Humanos, la Democracia y el Estado de derecho. En este contexto, ha aprobado un numeroso cuerpo de tratados internacionales y todo un conjunto de mecanismos orientados a la supervisión y asistencia para el respeto de dichos principios.

El Consejo de Europa tiene, al menos, 3 Tratados Internacionales de vital importancia en nuestro ámbito:

A) Convenio Europeo de Protección de los Derechos Humanos y de las Libertades Fundamentales (CEDH)

Es un **Tratado vinculante** (ratificado por los 46 Estados miembros; España lo hizo en 1979) que incorpora, como su nombre indica, un nutrido grupo de DDHH, en sintonía con otras normas internacionales y nuestra propia CE, pero solo dos de carácter laboral: la **prohibición de trabajos forzosos u obligatorios y esclavitud** (art. 4 CEDH) y la **libertad de reunión y asociación, incluida la sindicación** (art. 11 CEDH).

El **Tribunal Europeo de Derechos Humanos (TEDH)** o **"Tribunal de Estrasburgo"** se encarga de enjuiciar, bajo determinadas circunstancias, las posibles violaciones de los derechos reconocidos en el CEDH y por parte de los Estados parte de dicho Convenio. La ciudadanía puede interponer reclamaciones individuales ante él sobre vulneraciones de derechos reconocidos en el CEDH cuando la persona demandante ya haya agotado los recursos jurisdiccionales existentes en España para la tutela de tales derechos y libertades. Las Sentencias del TEDH son vinculantes para los órganos judiciales nacionales.

B) La Carta Social Europea (CSE)

Por su carácter laboral debe destacarse la Carta Social Europea (CSE), aprobada en 1961, revisada en 1996 y ratificada por España esta última versión en 2021 (en total ratificada por 43 países). De nuevo es un **Tratado internacional vinculante** que establece un conjunto de derechos y libertades sociales, buena parte de ellos relacionados con el trabajo y el empleo y un mecanismo de supervisión que garantiza su respeto por parte de todos los Estados que forman parte del Consejo. Se la ha considerado la "Constitución Social de Europa" (no de la Unión Europea).

Además de otros derechos sociales en los ámbitos de vivienda, educación o salud, entre otros, tiene un importante contenido en materia de empleo, incorporando los siguientes derechos:

Libertad de trabajo:

- Prohibición del trabajo forzoso.
- Prohibición del empleo de niños menores de 15 años.
- Condiciones especiales de trabajo entre 15 y 18 años de edad.
- Derecho a ganarse la vida mediante un trabajo libremente elegido.

Condiciones Justas de trabajo:

- Una política económica y social destinada a garantizar el pleno empleo.
- Acceso al trabajo de las personas con discapacidad.
- Condiciones justas de trabajo en lo que se refiere a salarios y horas de trabajo; la protección en caso de despido.
- Protección frente a la explotación sexual y acoso psicológico.

Derechos Colectivos:

- Libertad de formar sindicatos y organizaciones de empresarios para defender sus intereses económicos y sociales.
- Libertad individual para decidir si unirse o no a ellos.
- Promoción de la consulta conjunta, la negociación colectiva, la conciliación y el arbitraje voluntario.
- Derecho a la huelga.

Junto a ellos, tiene un nutrido grupo de normas destinadas a la igualdad de oportunidades y no discriminación:

- El derecho de mujeres y hombres a igual trato e iguales oportunidades de empleo.
- Una garantía de que todos los derechos establecidos en la Carta son aplicables independientemente de la raza, sexo, edad, color, idioma, religión, opiniones, origen nacional, entorno social, estado de salud o asociación con una minoría nacional.
- Prohibición de la discriminación en base a las responsabilidades de la familia.
- El derecho de las personas con discapacidad a la integración social y a la participación en la vida de la comunidad.

Dentro del Consejo de Europa, el organismo que se encarga del control y aplicación de la CSE es el **Comité Europeo de Derechos Sociales**. Es quien determina si los países han cumplido las obligaciones contraídas bajo la CSE. Así, verifica si la legislación y la práctica en los Estados parte cumplen con lo establecido en la CSE. Para ello, hay dos procedimientos:

- Un **procedimiento de control basado en informes nacionales** que elaboran los Estados anualmente y en el que explican cómo ponen en práctica la CSE en la legislación y práctica judicial. El Comité examina los informes y decide si la situación en los países en cuestión está en conformidad con la CSE. Si el Estado no toma medidas respecto de las conclusiones del Comité para cumplir con la CSE, se le formula una **recomendación** pidiéndole que modifique su legislación y/o práctica. Dicha recomendación es elaborada con la ayuda de representantes de organizaciones empresariales y sindicales.

- Un **procedimiento de reclamaciones colectivas** que puede interponerse por algunas organizaciones internacionales, ONG's y organizaciones sindicales y patronales del país en cuestión. El Comité adopta una decisión sobre el fondo de la reclamación, y la envía a las partes interesadas un informe, que se hace público en los cuatro meses inmediatamente posteriores a su envío. Si se considera apropiado, se puede **recomendar** al estado medidas específicas para una correcta aplicación de la CSE.

C) Convenio del Consejo de Europa sobre prevención y lucha contra la violencia contra la mujer y la violencia doméstica o "Convenio de Estambul"

Fue firmado en Estambul el 11 de mayo de 2011 y ratificado por España en 2014, es otro **Tratado vinculante** que constituye hasta el momento el compromiso más avanzado y completo contra la violencia de género en el ámbito internacional. Aborda el tratamiento de la violencia contra las mujeres en todos los ámbitos de la vida pública, incluido el empleo. Asume en su preámbulo que la violencia contra las mujeres es una manifestación de desequilibrio o desigualdad histórica que ha causado la dominación y la discriminación de la mujer y que la priva de su plena emancipación.

1.4. La Unión Europea (UE)

La peculiaridad de la UE es su forma de funcionamiento, puesto que los países que la constituyen (Estados miembros o EEMM), continúan siendo naciones soberanas independientes, pero que comparten parte de su soberanía para ser más fuertes y conseguir más influencia a escala mundial. La cesión de soberanía implica que los EEMM delegan parte de sus poderes decisorios en las instituciones creadas por ellos, para que, en adelante, las mencionadas instituciones puedan tomar decisiones sobre asuntos de interés común que los Estados deberán acatar y aplicar de forma obligatoria.

Por eso, la UE es una **organización supranacional**, porque cuando un Estado **se integra** a través del correspondiente *Tratado de adhesión* (en nuestro caso, art. 93 CE), cede parte de su soberanía. Es decir, parte de sus poderes legislativo, ejecutivo y judicial, pasan a ser ejercidos directamente por las instituciones comunitarias. Como consecuencia, es posible el establecimiento de **un ordenamiento jurídico para todos los EEMM**, en la medida en que estas instituciones aprueban normas directamente aplicables, sin necesidad de ningún acto de ratificación posterior por el que los EEMM las acepten. Y esta es la principal diferencia respecto a cualquier otra organización internacional, que para que sus normas sean aplicables requieren su ratificación o aprobación por parte de los Estados.

1.4.1. Derecho de la Unión Europea (DUE) o Derecho comunitario

El DUE se divide en Derecho Originario y Derecho derivado:

A) Derecho Originario → está formado por los Tratados constitutivos de la UE (CECA, CEE y EURATOM), sus posteriores modificaciones (Maastricht, Ámsterdam y Niza) y los Tratados de adhesión de cada miembro. En estas normas se diseñan la composición y funcionamiento de las instituciones de la UE. Hoy en día, desde el Tratado de Lisboa (2007), todas ellas están contenidas en el *Tratado de la Unión Europea* **(TUE)** y el *Tratado de Funcionamiento de la Unión Europea* **(TFUE).** Todos están ratificados mediante Ley orgánica por España (art. 93 CE)[10].

C) Carta de Derechos Fundamentales de la Unión Europea (CDFUE)

La CDFUE protege los derechos fundamentales de los que disfrutan las personas en la Unión Europea (UE), que fue aprobada en el año 2000 y tiene carácter vinculante desde 2009, teniendo desde entonces el mismo valor jurídico que los Tratados fundacionales de la UE (Derecho originario).

Es un instrumento moderno y completo de legislación de la UE que recoge derechos derivados de las tradiciones constitucionales de los EEMM de la UE y del Derecho Internacional (DUDH, CEDH, OIT…) para dar mayor visibilidad y claridad a los Derechos Humanos y establecer seguridad jurídica dentro de la Unión Europea. Su aplicación es controlada por el Tribunal de Justicia de la Unión Europea, cuya jurisprudencia es vinculante para los órganos judiciales nacionales.

La Carta consta de un preámbulo y de 54 artículos agrupados en siete capítulos.

Capítulo I: dignidad → dignidad humana, derecho a la vida, derecho a la integridad de la persona, prohibición de la tortura y de las penas o los tratos inhumanos o degradantes, prohibición de la esclavitud y el trabajo forzado.

Capítulo II: libertad → derechos a la libertad y a la seguridad, respeto de la vida privada y familiar, protección de los datos de carácter personal, derecho a contraer matrimonio y derecho a fundar una familia, libertad de pensamiento, de conciencia y de religión, libertad de expresión e información, libertad de reunión y asociación, libertad de las artes y de las ciencias, derecho a la educación, **libertad profesional y derecho a trabajar**, libertad de empresa, derecho a la propiedad, derecho de asilo, protección en caso de devolución, expulsión y extradición).

Capítulo III: igualdad → **igualdad ante la ley, no discriminación, diversidad cultural, religiosa y lingüística, igualdad entre hombres y mujeres, derechos del menor, derechos de las personas mayores, integración de las personas discapacitadas.**

Capítulo IV: solidaridad →**derecho a la información y a la consulta de los trabajadores en la empresa, derecho de negociación y de acción colectiva, derecho de acceso a los servicios de colocación, protección en caso de despido injustificado, condiciones de trabajo justas y equitativas (derecho seguridad y salud, duración máxima del trabajo, descansos semanales y anuales, vacaciones retribuidas), prohibición del trabajo infantil y protección de los jóvenes en el trabajo, vida familiar y vida profesional, seguridad social y ayuda social, protección de la salud, acceso a los servicios de interés económico general, protección del medio ambiente, protección de los consumidores.**

---

[10] Aclaración: en este punto necesitan ratificación porque suponen la aceptación de la cesión de soberanía y de las normas de funcionamiento de la UE. Una vez realizado esto, las normas de Derecho derivado aprobadas por la UE no necesitan ratificación.

Capítulo V: ciudadanía → derecho a ser elector y elegible en las elecciones al Parlamento Europeo y en las elecciones municipales, derecho a una buena administración, derecho de acceso a los documentos, Defensor del Pueblo Europeo, derecho de petición, libertad de circulación y de residencia, protección diplomática y consular.

Capítulo VI: justicia → derecho a la tutela judicial efectiva y a un juez imparcial, presunción de inocencia y derechos de la defensa, principios de legalidad y de proporcionalidad de los delitos y las penas, derecho a no ser acusado o condenado penalmente dos veces por el mismo delito.

Capítulo VII: disposiciones generales.

C) Derecho derivado → el aprobado por las instituciones comunitarias, que es publicado en el **Diario Oficial de la Unión Europea (DOUE)**, y entran en vigor desde el momento que se disponga en la norma o al cabo de 20 días de su publicación. Entre las diferentes normas de Derecho derivado, hay algunas que tienen carácter general y vinculante (Reglamentos y Directivas) y otras normas de menor importancia (Decisiones, Recomendaciones y Dictámenes). De acuerdo con el art. 288 TFUE, estas son:

- **Reglamentos**: son disposiciones de carácter general, obligatorias (vinculantes) y directamente aplicables en los EEMM, sin necesidad de desarrollo ni de publicación por estos en sus boletines oficiales (tienen **efecto directo**). Se publican directamente en el DOUE (serie L). Podríamos decir que son como la Ley comunitaria. Se aplican por igual a todos los EEMM desde su entrada en vigor.

  En caso de que haya una norma interna que se oponga, el Reglamento tiene preferencia aplicativa en virtud del **principio de primacía**. Sus **destinatarios** en cuestiones laborales pueden ser, aparte de las AAPP, las empresas y las y los trabajadores. Su utilización en el ámbito laboral se limita a la regulación de la libre circulación de personas trabajadoras asalariadas y de la Seguridad Social de los y las trabajadoras migrantes.

  Es importante no confundir con el Reglamento interno, el derivado de la potestad reglamentaria del Gobierno.

- **Directivas**: también son disposiciones de carácter general y obligatorias, pero **no son, en principio, directamente aplicables,** sino que requieren un **acto de transposición**. La Directiva establece unos objetivos que los EEMM (sus **destinatarios**) deben lograr, pero estos han de aprobar una normativa interna o modificar la existente para concretar cómo se lograrán los objetivos marcados. Por tanto, los EEMM cuentan con margen de discrecionalidad para alcanzar los objetivos o mínimos fijados por la Directiva, pudiendo concretar los medios que sean necesarios para lograrlos conforme a su legislación interna.

  En materia laboral, normalmente las Directivas se emplean en el ámbito de la **Política social**, que es una competencia compartida entre los

EEMM y la UE (ej. contratación temporal, transmisión de empresas, despidos colectivos, insolvencia de empresas, etc.).

Los EEMM disponen de un periodo de tiempo desde que la Directiva se publica en el DOUE para concretar cómo se van a cumplir internamente las obligaciones que establece y qué medios se van a poner en práctica para lograr el objetivo fijado. A este periodo se le conoce **plazo de transposición**. Ahora bien, que no tengan efecto directo no quiere decir que no sean igualmente obligatorias. Si, una vez **agotado** este plazo, el Estado incumple, el TJUE admite que puedan tener **cierta eficacia directa** bajo determinadas condiciones:

✓ Que **no se haya llevado a cabo la transposición**, o se haya hecho de manera **incorrecta o incompleta**.

✓ Que el **contenido** de la Directiva sea **suficientemente concreto** y su **redacción sea clara, precisa e inequívoca**. No se podrá, en cambio, cuando dé lugar a ambigüedades y tengan un margen de interpretación abierto.

✓ En estos casos, **tal eficacia directa supone**:
  o **Dejarán de ser aplicables las normas internas contrarias** a la Directiva.
  o **Adquieren eficacia vertical,** es decir, frente al Estado. Por tanto, se puede exigir a este su cumplimiento, recurriendo a los tribunales. Puede acabar respondiendo de 2 maneras:
    - **Como poder público que ha omitido sus obligaciones**, mediante responsabilidades e indemnizaciones por los daños causados a sus ciudadanos nacionales.
    - **Como empleador**, pues las AAPP cuentan con personal propio y este puede exigirles el cumplimiento de las obligaciones en materia laboral.
  o Ahora bien, salvo que se traspongan al ordenamiento interno, **no tienen eficacia horizontal**, esto es, entre particulares. Por tanto, una persona trabajadora no podrá reclamar el cumplimiento de una obligación establecida en la Directiva cuando su empleadora sea una empresa privada (y no una AP o empresa pública)[11]. Aunque en el caso que la **Directiva esté relacionada con un derecho previsto en la CDFUE también adquirirá eficacia horizontal,** siempre que este último sea lo

---

[11] Con mayor detalle: https://eur-lex.europa.eu/ES/legal-content/summary/european-union-directives.html

suficientemente preciso e incondicional (STJUE de 6 de noviembre de 2018, Bauer, C-569 y 570/17).

- **Decisiones**. Son disposiciones obligatorias, pero su destinatario es concreto e individual: normalmente un órgano comunitario o un Estado o varios Estados. Se han utilizado a menudo para la regulación y el funcionamiento del Fondo Social Europeo y otros fondos estructurales.

- **Recomendaciones y dictámenes**. Muy similares entre sí, no son vinculantes y difieren en su contenido, más concreto en las recomendaciones. La recomendación consiste en una invitación (no es obligatorio) a un comportamiento, mientras que el dictamen es una opinión o un juicio de valor sobre un asunto concreto.

1.4.2. Eficacia de las normas comunitarias

El reconocimiento a las instituciones europeas de la capacidad para dictar normas vinculantes para los EEMM implica el reconocimiento de la existencia de un ordenamiento jurídico comunitario que es autónomo **(principio de autonomía)** respecto de los ordenamientos de los países que la forman, pero que ambos tienen que quedar integrados y coordinados. De este modo, las relaciones entre normas internas y normas comunitarias se fundamentan en:

- **Principio de efecto directo** → Como ya se ha dicho, las principales normas de derecho derivado de carácter general y vinculando disfrutan de efecto directo, que significa que producen efectos desde su entrada en vigor y durante todo el tiempo que se extienda su vigencia (con la excepción de las directivas durante su plazo de transposición). Así, por un lado, se garantiza una regulación uniforme en todos los Estados y, como consecuencia, los jueces nacionales tienen que aplicar las normas comunitarias. Por otro lado, su aplicación también está garantizada por la existencia de un órgano comunitario judicial: el TJUE.

- **Principio de primacía** → Del mismo modo que los tratados, que se ordenan por el principio de prevalencia, en el caso de las normas comunitarias rige el principio de primacía (efectos similares). No se trata de una relación de supremacía o jerarquía (aplicable entre las normas del ordenamiento interno), sino de una preferencia de aplicación de las normas. Por tanto, en caso de conflicto de normas, el DUE desplaza al derecho nacional, que resultará inaplicable. Así, el **juez nacional no aplicará el derecho interno si considera que contradice al comunitario, incluida la propia CE** (STJUE de 15 de julio de 1974, Costa/ENEL, asunto C-/64; STJUE de 17 de diciembre de 1970, *Internationale Handelsgesellschaft*, asunto C-11/70). Esto no quiere decir que las normas internas inaplicadas sean inválidas o que deban quedar derogadas, que es lo que ocurriría si una norma interna contradice a una inmediatamente superior o a la propia CE en virtud del principio de supremacía.

> **"Primacía y supremacía son categorías que se desarrollan en órdenes diferenciados.** Aquella, en el de la aplicación de normas válidas; esta, en el de los procedimientos de normación. La **supremacía** se sustenta en el **carácter jerárquico superior de una norma** y, por eso, es **fuente de validez** de las que están infraordenadas, con la consecuencia, pues, de la invalidez de estas si contravienen lo dispuesto imperativamente en aquella. La **primacía**, en cambio, no se sustenta necesariamente en la jerarquía, **sino en la distinción entre ámbitos de aplicación de diferentes normas**, en principio válidas, de las cuales, una o unas de ellas tienen capacidad de desplazar otras en virtud de su aplicación preferente o prevaleciendo debida a diferentes razones" (*DECLARACIÓN 1/2004 del TC, de 13 de diciembre de 2004. Requerimiento 6603-2004*).

Ahora bien, esta primacía del DUE no rige sobre todo el Derecho español, sino solo sobre las materias cuya competencia se ha cedido en virtud de los Tratados correspondientes por cada Estado.

1.4.3. Competencias normativas en materia sociolaboral de la UE[12]

Los Tratados de la Unión Europea le atribuyen numerosas competencias de carácter sociolaboral que justifican su actividad normativa. El art. 3 del TUE establece que la UE tiene el deber de aspirar al pleno empleo y al progreso social. El fomento del empleo, la mejora de las condiciones de vida y de trabajo, la protección social, el diálogo entre la dirección de la empresa y la plantilla, el desarrollo de los RRHH para garantizar un nivel de empleo elevado y duradero y la lucha contra la exclusión son objetivos comunes de la UE y sus Estados miembros en materia social y laboral (art. 151 TFUE).

Así las cosas, la UE aprueba normas de Derecho derivado algunas de las cuales son directamente aplicables en España y otras están o deberían estar incorporadas en normas internas mediante transposición, sobre las siguientes materias:

- **Libertad de circulación de personas trabajadoras.**

- **Principio de igualdad y prohibición de discriminación**: la igualdad de trato y no discriminación constituye, desde su origen, uno de los principios básicos y esenciales de la UE que ha dado lugar a un importante acervo en esta materia. Y este desarrollo ha impulsado el avance de las legislaciones nacionales, como es el caso de España que ha desarrollado un importante marco normativo legal toda vez que ha

---

[12] Con mayor detalle: https://www.europarl.europa.eu/factsheets/es/section/191/las-politicas-sociales-y-de-empleo

tenido que transponer las diferentes directivas en materia de igualdad y no discriminación.

> En el ámbito laboral, tienen especial trascendencia las siguientes:
> ✓ *Directiva 2000/43/CE, relativa a la aplicación del principio de igualdad de trato de las personas independientemente de su origen racial o étnico*
> ✓ *Directiva 2000/78/CE, relativa al establecimiento de un marco general para la igualdad de trato en el empleo y la ocupación*
> ✓ *Directiva 2006/54 relativa a la aplicación del principio de igualdad de oportunidades e igualdad de trato entre hombres y mujeres en asuntos de empleo y ocupación*, que vino a refundir el amplio corpus normativo desarrollado en el ámbito de la igualdad entre mujeres y hombres en el ámbito del empleo
> ✓ *Directiva 2010/41/UE, sobre la aplicación del principio de igualdad de trato entre hombres y mujeres que ejercen una actividad autónoma*
> ✓ *Directiva (UE) 2019/1158 del Parlamento Europeo y del Consejo, de 20 de junio de 2019, relativa a la conciliación de la vida familiar y la vida profesional de los progenitores y los cuidadores, y por la que se deroga la Directiva 2010/18/UE del Consejo*
> ✓ *Directiva (UE) 2023/970 del Parlamento Europeo y del Consejo de 10 de mayo de 2023 por la que se refuerza la aplicación del principio de igualdad de retribución entre hombres y mujeres por un mismo trabajo o un trabajo de igual valor a través de medidas de transparencia retributiva y de mecanismos para su cumplimiento*
> ✓ *Directiva (UE) 2024/1500 del Parlamento Europeo y del Consejo, de 14 de mayo de 2024, sobre las normas relativas a los organismos de igualdad en el ámbito de la igualdad de trato y la igualdad de oportunidades entre mujeres y hombres en materia de empleo y ocupación, y por la que se modifican las Directivas 2006/54/CE y 2010/41/UE.*

- **Política de empleo:** con el objetivo de incrementar las oportunidades empleo y movilidad geográfica y profesional de las personas trabajadoras. Actualmente no se lleva a cabo mediante una labor normativa sino mediante la coordinación de las políticas nacionales (**Estrategia Coordinada de Empleo**). Para incentivar la estrategia se disponen de diversos programas y fondos de financiación europeos.

- **Condiciones de trabajo:** en este ámbito ha aprobado numerosas Directivas que han sido incorporadas mediante nuestro Estatuto de los Trabajadores y otras normas laborales (como, por ejemplo, la Ley de prevención de riesgos laborales). Sin embargo, las resoluciones del TJUE respondiendo a cuestiones prejudiciales de órganos judiciales españoles han evidenciado, en muchas ocasiones, que la transposición no ha sido adecuada o completa. En los últimos tiempos, diversas reformas han sido necesarias para remediar dichos desajustes.

La actuación normativa de la UE sobre condiciones de trabajo se ha producido en multitud de ámbitos que se irán estudiando en las siguientes asignaturas de Derecho del Trabajo y de la Seguridad Social que componen el plan de estudio del grado (protección frente a insolvencias del empresario, transmisión de empresas, empresas de trabajo temporal, contratos de duración determinada, trabajo a tiempo parcial, información y consulta de las personas trabajadoras, tiempo de trabajo, conciliación de la vida familiar y profesional, etc.).

Algún ejemplo de las últimas directivas aprobadas

✓ *Directiva (UE) 2019/1152 del Parlamento Europeo y del Consejo, de 20 de junio de 2019, relativa a unas condiciones laborales transparentes y previsibles en la Unión Europea (en vías de transposición mediante proyecto de Ley)*

✓ *Directiva (UE) 2022/2041 del Parlamento Europeo y del Consejo de 19 de octubre de 2022 sobre unos salarios mínimos adecuados en la Unión Europea.*

1.4.4. Tribunal de Justicia de la UE (TJUE)

Para garantizar la aplicación de las normas comunitarias, además de su aplicación por los tribunales nacionales, la UE dispone de un órgano judicial propio: el TJUE (art. 251-281 TFUE). Este, interpreta la legislación de la UE para garantizar que sea aplicada del mismo modo en todos los EEMM y resuelve los litigios entre los gobiernos y las instituciones europeas. Está formado por un juez de cada país miembro y 11 abogados generales.

Procedimientos judiciales más importantes:

- **Cuestiones prejudiciales** → Cuando un órgano judicial nacional tenga dudas sobre la interpretación o validez de una norma europea, o la compatibilidad entre el DUE y el Derecho interno, puede pedir una aclaración al TJUE mediante este procedimiento. Si se da alguna de estas circunstancias, el órgano judicial interno suspenderá la resolución del asunto judicial y planteará ante el TJUE una o diversas cuestiones prejudiciales. Cuando este se pronuncie, el órgano interno reanudará el proceso judicial aplicando los criterios del TJUE al caso concreto que estaba enjuiciando. Por tanto, **la jurisprudencia del TJUE es vinculante para los órganos judiciales nacionales, es decir, jueces y tribunales españoles están obligados a aplicar los criterios del TJUE.**

- **Recursos de anulación o de ilegalidad** → Si se considera que una norma del DUE vulnera los tratados de la UE o los DDFF reconocidos en estos, los gobiernos de los EEMM, el Consejo de la UE o (en algunos casos) el Parlamento Europeo pueden solicitar al tribunal que lo anule mediante este recurso. También los particulares pueden solicitar al tribunal que anule una norma europea que les afecte directamente.

- **Recursos de incumplimiento o infracción** → Este tipo de acción se emprende contra una autoridad nacional por incumplir la legislación europea, normalmente, por falta de transposición o transposición inadecuada de una Directiva. La pueden entablar tanto la Comisión Europea como otro EEMM. Si se comprueba que el país es incumplidor, tendrá que poner remedio o afrontar nuevas acciones judiciales y una posible multa.

- **Recursos por omisión** → Interpuestos por los Gobiernos nacionales contra las instituciones de la UE por decisiones que tenían que tomar y no han adoptado.

- **Recursos por daños y perjuicios** → Interpuestos por particulares contra decisiones o acciones de las instituciones de la UE.

2. LAS NORMAS CON RANGO DE LEY

2.1. La Ley en la Constitución

La CE no contiene ninguna definición del concepto de Ley y, además, cuando hace referencia a ella, a veces lo hace con un significado y otras con otro: como Ley en *sentido amplio* (sinónimo de norma jurídica, art. 10.1 o 117.1 CE) o *Ley en sentido técnico o formal* (como fuente emanada del parlamento, órgano que expresa la voluntad popular).

Pero, incluso dentro de esta última noción, entendida como norma emanada del órgano representativo de los poderes estatales, podemos encontrar varios tipos o categorías de Ley y otras disposiciones con rango legal (Ley orgánica, Ley ordinaria, Leyes autonómicas, Decreto-ley, Decreto legislativo). Aunque cada una de estas presenta sus particularidades, sí que pueden deducirse algunos **caracteres comunes a todos los tipos de norma con rango legal**:

- ✓ **Órgano de procedencia**: normas emanadas de los órganos que ostentan la potestad legislativa (Parlamentos estatal y autonómicos). Aunque algunas normas son aprobadas por el Gobierno, pero con la intervención del Parlamento (Decreto-ley y Decreto legislativo).

- ✓ **Procedimiento para su aprobación**: para su aprobación tiene que seguirse un determinado procedimiento previsto en la Constitución, y su **inobservancia** puede determinar la **inconstitucionalidad y nulidad**. Una característica esencial del procedimiento de elaboración es la publicidad de las sesiones y la participación de varios grupos políticos en el debate para garantizar la pluralidad de opiniones.

- ✓ **Ámbito material**: la CE contempla, sobre varias materias, una reserva a favor de su regulación por medio de una Ley (utiliza expresiones como "solo por ley... se podrá regular"; "la ley regulará"; "mediante ley"; "de acuerdo con la ley"). Esto significa que solo una Ley puede regular esta materia y no cualquier otra norma. En estos casos, hablamos de que hay una **reserva legal** o **reserva de ley**. Al mismo tiempo, esta reserva puede ser de ley orgánica o, si no dice nada, de ley ordinaria.

Pero la CE no prevé reservas de regulación a favor otras normas, y ello quiere decir que **la Ley puede regular cualquier materia.**

✓ **Posición en el ordenamiento jurídico**: ocupan una posición **inmediatamente inferior a la CE**, porque es la primera fuente encargada del desarrollo de los mandatos constitucionales. Su **validez** está condicionada por los mandatos previstos en la CE y está sometida al control del TC. Sin embargo, el resto de los órganos judiciales no pueden inaplicarlas por decisión propia, aunque consideren que no cumple la CE, están vinculados por esta, pero sí pueden plantear la cuestión de inconstitucionalidad para que el TC declare su inconstitucionalidad y la anule. Además, la posición que ocupa **respecto al resto de normas internas es superior** jerárquicamente.

En cuanto a las **normas internacionales**, los Tratados publicados en el BOE están por encima de las leyes, porque estas últimas no pueden alterarlos ni modificarlos, aunque al revés sí es posible: la ratificación de algunos Tratados puede comportar la modificación de leyes. Además, rige el principio de prevalencia en favor de los tratados. Por lo tanto, el tratado ratificado y publicado se interpone entre la CE y la ley y, en tal caso, la Ley será la 3.ª fuente del derecho.

Respecto a **Derecho derivado de la UE**, hay una distribución de competencias sobre las cuales rige un principio de primacía en favor de estas. No significa exactamente que estén jerárquicamente por encima de la ley, pero sí que hay una preferencia aplicativa.

2.2. Procedimiento legislativo

A) Fase 1: iniciativa legislativa

En esta fase, los sujetos habilitados para proponer una norma con rango de Ley proponen un texto que recoja las normas que se pretende debatir y aprobar en el parlamento **¿Quiénes son estos sujetos habilitados?**

> *Artículo 87 CE*
>
> *1. La iniciativa legislativa corresponde al **Gobierno**, **al Congreso y al Senado**, de acuerdo con la Constitución y los Reglamentos de las Cámaras.*

▪ **Iniciativa gubernamental**: es la forma más habitual, pues el Gobierno cuenta con más medios técnicos que el resto de los actores (las AAPP y sus asesores jurídicos). Estos textos presentados se denominan **Proyecto de Ley.**

> *Artículo 88 CE*

> *Los proyectos de ley serán aprobados en Consejo de Ministros, que los someterá al Congreso, acompañados de una exposición de motivos y de los antecedentes necesarios para pronunciarse sobre ellos.*

- **Iniciativa parlamentaria**: son textos normativos presentados por diputados o senadores. En realidad, por los grupos parlamentarios a los que pertenecen. Reciben el nombre de **Proposiciones de Ley**. Su presentación tiene que superar un trámite previo de aprobación ante la cámara que los presentó. Aunque los proyectos de Ley elaborados por el gobierno tienen preferencia en su tramitación en caso de versar sobre la misma materia, no pueden impedir que los parlamentarios ejerzan su iniciativa legislativa.

> **Artículo 89 CE**
>
> **1.** *La tramitación de las proposiciones de ley se regulará por los Reglamentos de las Cámaras, sin que la prioridad debida a los proyectos de ley impida el ejercicio de la iniciativa legislativa en los términos regulados por el artículo 87.*
>
> **2.** *Las proposiciones de ley que, de acuerdo con el artículo 87, tome en consideración el Senado, se remitirán al Congreso para su trámite en éste como tal proposición.*

- **Iniciativa autonómica**: presentada por los parlamentos de las CCAA

> **Artículo 87 CE**
>
> **2.** *Las **Asambleas de las Comunidades Autónomas** podrán solicitar del Gobierno la adopción de un proyecto de ley o remitir a la Mesa del Congreso una proposición de ley, delegando ante dicha Cámara un máximo de tres miembros de la Asamblea encargados de su defensa.*

Tienen una doble vía para ejercer su iniciativa: 1) directamente, presentar ante la **mesa del Congreso de los Diputados** una **proposición de Ley** (normalmente los parlamentos autonómicos regulan los procedimientos para su elaboración y adopción); 2) indirectamente, **solicitar al Gobierno nacional la adopción** de un proyecto de Ley (corresponde a este decidir si acepta o no la solicitud, es decir, la propuesta no es vinculante).

- **Iniciativa legislativa popular**: la ciudadanía a través de firmas (avales) y la presentación con estas de una **proposición de Ley** ante la Mesa del Congreso. Las Cortes pueden introducir enmiendas y aprobarla o no, porque representan a todo el pueblo español. Esta materia presenta una reserva de Ley orgánica para su regulación: *Ley Orgánica 3/1984, de 26 de marzo, regulador de la iniciativa popular.* Mediante este tipo de iniciativa, no se pueden regular materias propias de ley orgánica (DDFF, etc.); cuestiones tributarias; materias internacionales; prerrogativa de gracia (indultos); y la reforma constitucional (art. 166 CE)

> **Artículo 87 CE**

3. Una *ley orgánica regulará* las formas de ejercicio y requisitos de la ***iniciativa popular*** para la presentación de *proposiciones de ley*. En todo caso se exigirán no menos de *500.000 firmas acreditadas*. *No procederá* dicha iniciativa *en materias propias de ley orgánica, tributarias o de carácter internacional*, ni en lo relativo a la prerrogativa de gracia.

B) Fase 2: tramitación

Comprende el conjunto de trámites de elaboración, discusión y aprobación de la Ley en el parlamento. El procedimiento que hay que seguir es igual en ambas cámaras, y consta de las siguientes etapas:

- **Elaboración y discusión:**
  1. La iniciativa (proyecto o proposición de ley) llega a la Mesa del Congreso que ordena su publicación en el Boletín Oficial de las Cortes Generales.

  2. Una vez publicado, se abre un plazo para la **presentación de enmiendas** y se envía a la **comisión legislativa** permanente correspondiente por razón de la materia.

  3. Las enmiendas presentadas por los diputados o grupos parlamentarios pueden ser **a la totalidad** (proponiendo un texto alternativo) o **al articulado** (adición, modificación o supresión de artículos). Si se han presentado enmiendas a la totalidad, se debate sobre estas en el pleno del Congreso. Si son sobre el articulado, las debate la propia comisión.

  4. Una vez concluidas, la comisión nombrará una **ponencia** (grupo reducido de diputados especializados) para que redacte un informe sobre la **iniciativa original integrando las enmiendas** propuestas.

  5. La comisión discute sobre el informe y elabora un **dictamen** con las conclusiones.

  6. El dictamen llega al **pleno del Congreso** para su **discusión** (debate entre los diferentes grupos parlamentarios) y, en su caso, **votación**.

- **Aprobación:**
  1. El **pleno del Congreso** procede a la **votación**; según el caso, se requerirá **mayoría simple** (Ley ordinaria; mayoría de los presentes) o **mayoría absoluta** (Ley orgánica; 176/350 diputados).

  2. Si resulta aprobado, **pasará al Senado** (art. 90 CE) y se repite todo el procedimiento de **elaboración y discusión**. Sin embargo, tiene dos meses de plazo (o 20 días para los proyectos declarados urgentes) para adoptar cualquier de las siguientes opciones:

- ✓ Aprobarla por **mayoría simple** (en todo caso, mayoría simple, sea Ley ordinaria u orgánica). Si esto sucede, la tramitación parlamentaria acaba aquí.
- ✓ Introducir enmiendas por **mayoría simple**.
- ✓ Vetar o rechazar el texto por **mayoría absoluta**.

3. En el caso de introducirse enmiendas o veto, el proyecto o proposición vuelve al Congreso y, entonces, este tiene las siguientes opciones:
   - ✓ En caso de veto: el Congreso puede levantar el veto por **mayoría absoluta** (ratifica el texto inicialmente aprobado por la cámara). Si no consigue la mayoría, transcurridos 2 meses, puede quitarlo por **mayoría simple**.

   - ✓ En caso de enmiendas: puede aceptarlas o no por **mayoría simple**.

C) Fase de perfeccionamiento: sanción, promulgación y publicación

En esta fase, una vez aprobado el texto, se conforman un conjunto de trámites que dotan de eficacia y validez a la ley aprobada.

a) **Sanción por el Rey**: es un acto obligado que se tiene que desarrollar en un plazo no superior a 15 días (art. 91 CE), pero tiene **valor meramente simbólico o testimonial**, porque no es posible el rechazo o modificación del texto aprobado por parte del rey.

b) **Promulgación**: el Rey también lleva a cabo, en el mismo acto, la proclamación formal de la facultad de obligar que tienen las leyes y su incorporación al ordenamiento jurídico.

c) **Publicación**: se ha de cumplir la exigencia de conocimiento de las normas por parte de los que están obligados a cumplirlas, y esto se hace con la publicación en el BOE. Si no se publica, la Ley no surte efectos.

2.3. Tipo de Leyes: Ley Orgánica y Ley Ordinaria

Nuestro ordenamiento jurídico cuenta con dos tipos de Leyes: Ley Orgánica y Ley ordinaria (es frecuente que se refiera a ella como Ley, sin más calificativos). Entre ambas hay diferencias por razón de la materia y por las mayorías exigidas para aprobarlas. Es clave el art. 81 CE para diferenciarlas.

Artículo 81 CE

1. *Son leyes orgánicas las relativas al desarrollo de los derechos fundamentales y de las libertades públicas, las que aprueben los Estatutos de Autonomía y el régimen electoral general y las demás previstas en la Constitución.*

2. *La aprobación, modificación o derogación de las leyes orgánicas exigirá mayoría absoluta del Congreso, en una votación final sobre el conjunto del proyecto.*

A) Diferencias materiales

Son **Leyes Orgánicas** (en adelante, LO) aquellas leyes estatales a las cuales la CE otorga la capacidad de regular determinadas materias que son consideradas sumamente importantes. Estamos ante lo que se denomina **reserva de Ley orgánica**, que solo puede hacer la propia CE y no cualquier otra norma. Ni siquiera una Ley, aunque sea LO. Por tanto, solo pueden regularse por LO los supuestos o materias expresamente previstos en la CE. Además, esta **reserva se efectúa solo para Leyes estatales** aprobadas por las Cortes Generales; las **CCAA no pueden aprobar una LO**.

Las **materias que pueden ser reguladas** por LO son las previstas en el art. 81.1 CE:
   - ✓ Desarrollo de los DDFF y las libertades públicas (art. 14 a 29 CE).
   - ✓ Las que aprueban o modifican los Estatutos de Autonomía.
   - ✓ Régimen electoral general.
   - ✓ Las otras previstas en la CE y que están relacionadas con la normativa que regula los poderes del estado y otros órganos de relevancia constitucional: Defensor del Pueblo (art. 54); Poder Judicial (art. 122); Tribunal Constitucional (art. 165); Tratados internacionales por los que cede soberanía (art. 93); la iniciativa popular (art. 87.3), etc.

Las **leyes ordinarias** son el resto. No tienen reservadas materias especiales para ser reguladas por Ley ordinaria. Se ha dicho antes que la CE hace determinadas *reservas de ley*, materias que tienen que ser reguladas exclusivamente por Ley. Y también que no hay reservas a favor otras normas que no sean Ley (como los reglamentos). Así pues, **mediante Ley ordinaria se podrá regular cualquier materia que no esté reservada a la LO**.

B) Diferencias procedimentales

Las **LO** requieren un grado de participación parlamentaria en el proceso de aprobación, modificación o reforma más alto que las Leyes ordinarias, puesto que tratan cuestiones que definen el modelo de Estado. Así, según el art. 81.2 CE, la aprobación de una LO requiere "**mayoría absoluta del Congreso**, en una **votación final** sobre el **conjunto del proyecto**".

Pero solo se exige esta mayoría respecto de la votación por parte del Congreso. Cuando pase en el Senado (art. 90.2 CE), el texto puede ser aprobado por mayoría simple y, en este caso, acabaría la tramitación. Ahora bien, si el Senado introduce enmiendas por mayoría simple, al volver al Congreso, este tiene que aceptarlas o no, de nuevo, por mayoría absoluta, y no mayoría simple como se ha dicho antes a todos los efectos. Por eso la CE se refiere a una "votación final sobre el conjunto del proyecto". En una primera fase fue aprobada por mayoría absoluta, pero como se ha modificado, el Congreso tiene que aceptar las modificaciones o no por la misma mayoría[13].

En cuanto a la **Ley** (ordinaria), su aprobación requiere, como en el resto de los asuntos comunes para los cuales no hay una mayoría cualificada expresamente prevista en la CE, aprobación por **mayoría simple** (art. 79 CE).

C) Relación entre ley ordinaria y ley orgánica

La relación que hay entre la LO y la Ley **no es una relación de carácter jerárquico**, como sí que pasa, por ejemplo, entre la CE y una Ley o entre esta y un Reglamento. Hay una **relación de competencia**, pues cada tipo de Ley puede regular unas materias diferentes. La Ley no puede regular materias reservadas a la LO, y la LO solo regulará aquellas que la CE le reserve. Por tanto, las que no queden reservadas, se regularán por Ley ordinaria.

2.4. Otras disposiciones con rango de Ley

Ya sabemos que el **Gobierno** tiene una función normativa originaria que es la **potestad reglamentaria**. Pero, junto con esta, la CE **también le permite aprobar normas con rango legal de carácter excepcional y con la participación y/o el control del poder legislativo**. Así pues, bajo ciertas circunstancias y condiciones, el Gobierno puede dictar **actos "con fuerza de ley"** que disfrutan del mismo rango y jerarquía que las leyes emanadas del Parlamento, a pesar de que no son Leyes en sentido estricto.

2.4.1. Decreto-ley

En ocasiones, se requiere una respuesta normativa rápida para solucionar alguna cuestión extraordinaria y urgente que acontece en la sociedad (ej. una pandemia, una crisis económica, etc.). Como podemos deducir del procedimiento legislativo, la aprobación de una Ley puede ser costosa y durar mucho tiempo por las distintas fases por las que tiene que pasar. En estos casos, bajo determinadas condiciones o requisitos, se puede aprobar un Decreto-Ley.

> *Artículo 86 CE*
>
> ***1.*** *En caso de **extraordinaria y urgente necesidad**, el Gobierno podrá dictar disposiciones legislativas **provisionales** que tomarán la forma de Decretos-leyes y que **no podrán afectar** al ordenamiento de las instituciones básicas del Estado, a los derechos, deberes y libertades de los ciudadanos regulados en el Título I, al régimen de las Comunidades Autónomas ni al Derecho electoral general.*

---

[13] En caso de veto por el Senado, el Congreso tendrá que levantarlo siempre por mayoría absoluta (no se aplicaría la previsión que dispone que, transcurridos 2 meses, o 20 días en caso de proyectos urgentes, puede levantar el veto por mayoría simple; nuevamente, se exigiría mayoría absoluta).

El Decreto-ley es una disposición que está condicionada por tres límites:

- **Límite circunstancial**: solo se puede aprobar en caso de necesidad extraordinaria y urgente. Es decir, el **supuesto habilitante** es la existencia de una **situación inusual, difícilmente previsible** y que **requiere la adopción de medidas inmediatas,** por lo cual no se puede acudir al procedimiento legislativo, que es lento.

  El control de la concurrencia de este requisito se lleva a cabo con posterioridad, mediante su **convalidación ante el Congreso** (no requiere autorización previa del parlamento). Y también recurriendo ante el **TC**, que valorará si ha hubo un recurso abusivo y arbitrario a esta disposición cuando no concurría la circunstancia exigida.

- **Límite material**: su regulación no puede afectar una serie de materias: instituciones básicas del Estado, derechos y libertades del título I CE, régimen de las CCAA y Derecho electoral general.

- **Límite temporal**: tiene carácter provisional, su vigencia es limitada e implica que el parlamento tiene que intervenir con posterioridad para convalidar o rechazar el Decreto-ley.

El Decreto-ley **entra en vigor el mismo día de su publicación** en el BOE (no hay *vacatio legis*). Desde ese mismo momento es una disposición con rango legal y sus normas producen plenos efectos. Ahora bien, la peculiaridad que tiene es su provisionalidad, porque la vigencia queda condicionada al hecho que el **Congreso se pronuncie expresamente sobre su aceptación**, y si no lo convalida, deja de producir efectos, queda derogado.

Artículo 86 CE

2. Los Decretos-leyes *deberán ser inmediatamente sometidos a debate y votación de totalidad al Congreso de los Diputados,* convocado al efecto si no estuviere reunido, en el *plazo de los treinta días siguientes a su promulgación. El Congreso* habrá de *pronunciarse expresamente* dentro de dicho plazo sobre su *convalidación o derogación,* para lo cual el Reglamento establecerá un procedimiento especial y sumario.

La convalidación consiste en la exposición por parte del Gobierno de los motivos que lo han llevado a aprobarlo ante la Cámara. Acabada esta, el Congreso se pronuncia votando a favor o en contra de la totalidad (no se pueden introducir enmiendas). De este modo el **Congreso** (el Senado no participa) **controla la oportunidad política de la medida**. La aprobación es por **mayoría simple** (art. 79 CE, acuerdos de carácter general).

En el supuesto de que haya sido convalidado, ahora sí pueden introducir modificaciones mediante enmiendas, pero para ello tienen que tramitarlo como proyecto de Ley para convertirlo en una Ley. Mientras tanto, las normas contenidas en el Decreto-ley estarán vigentes, hasta que la Ley posterior las modifique o derogue.

> **Artículo 86 CE**
>
> **3.** *Durante el plazo establecido en el apartado anterior, las Cortes podrán tramitarlos como proyectos de ley por el procedimiento de urgencia.*

En este caso sí que participan ambas cámaras y se pueden modificar las normas contenidas en el Decreto-ley con la introducción de enmiendas. Por lo tanto, el contenido normativo de la Ley resultante, que puede coincidir o no con las normas que contenía, sustituirá las normas fijadas Decreto-ley. En cambio, si el Congreso lo convalida, pero no lo tramita como Ley, el Decreto-ley resultará prolongado indefinidamente y el contenido aprobado por el Gobierno permanecerá de manera permanente en su totalidad.

Por su parte, el Decreto-ley, como norma con rango de ley, puede ser objeto de un recurso o cuestión de inconstitucionalidad, y el control sobre este por el TC puede versar sobre su forma (justificación del carácter habilitante para la norma: límite circunstancial), su contenido (límite material), o la adecuación de su procedimiento de producción (límite temporal y convalidación).

En la práctica, el Decreto-ley se ha asentado en el ordenamiento jurídico, no ya como un recurso de urgencia, sino como una vía mediante la cual el ejecutivo incorpora leyes al ordenamiento ahorrándose el tiempo que dura la aprobación de estas. Y es que, se supone, que, si las Cortes han elegido el ejecutivo, los Decretos-leyes de este serán aprobados en la medida en que dispondrá de las mayorías necesarias para su convalidación. Por eso, son más frecuentes cuanto más amplia sea la mayoría parlamentaria del partido que gobierna. En materia laboral, se han usado con mucha frecuencia para llevar a cabo reformas laborales de gran envergadura cuando tratan de dar respuesta inmediata a la situación extraordinaria que suponía la destrucción masiva de ocupación como consecuencia de la crisis económica (reformas laborales de 2010 y 2012) o, como hemos vivido más recientemente, para paliar los efectos negativos sobre el empleo de la crisis sanitaria de la COVID-19 (reforma laboral de 2021).

2.4.2. Decreto Legislativo

El Decreto legislativo es otra norma jurídica con rango de ley, emanada del ejecutivo y en la que también concurre el poder legislativo, que formula una delegación expresa para que el Gobierno regule alguna materia.

Es decir, en el Decreto-ley, la habilitación la da directamente la CE (art. 86). En el Decreto legislativo, la habilitación la da el parlamento para que el Gobierno ejercite la potestad legislativa. De este modo, se diferencian por el momento en que interviene el parlamento. En el caso del Decreto-ley Las Cortes Generales controlan la actuación del Gobierno con posterioridad; mientras que en el Decreto legislativo lo autoriza previamente.

En síntesis, se trata de una potestad legislativa del Gobierno delegada por las Cortes. La norma del parlamento por la cual se autoriza al Gobierno para aprobarlo se denomina **Ley de Delegación. Hay dos tipos:**

> **Artículo 82 CE**
> **2.** La delegación legislativa deberá otorgarse mediante una **ley de bases** cuando su objeto sea la formación de textos articulados o por una **ley ordinaria** cuando se trate de refundir varios textos legales en uno solo.

A) Ley de bases: cuando el objeto sea elaborar una nueva normativa sobre una materia determinada sobre la cual, o bien no hay regulación o se quiere modificar la ya existente, se recurre a esta modalidad.

La Ley de Bases es la norma aprobada por el Parlamento mediante la cual se le encarga al Gobierno la regulación y especifica cómo tiene que ser esta: contiene los principios o las directrices que debe contener la regulación que elaborará el Gobierno. Este, tiene que aprobar la normativa por la cual ha sido autorizado sujeto a los criterios especificados por el parlamento.

> **Artículo 82 CE**
> **4.** Las leyes de bases delimitarán con precisión el objeto y alcance de la delegación legislativa y los principios y criterios que han de seguirse en su ejercicio.

El resultado final, esto es, la norma que apruebe el Gobierno siguiendo las directrices fijadas en la delegación se denominará Texto Articulado.

B) Ley ordinaria: la finalidad es que el Gobierno incorpore en una única disposición normativa (único texto legal) varias disposiciones dispersas y fragmentadas sobre una materia (es decir, que están en diferentes textos legales, parcialmente derogados -con artículos "vacíos" o sucesivamente modificados). El objetivo es refundir distintas normas en una para mayor claridad y seguridad jurídica, reordenando sus normas en un nuevo orden.

La Ley ordinaria es el instrumento por el que el gobierno delega. En este, se precisará el ámbito normativo (las normas que se van a refundir) y su alcance (si únicamente debe integrar todos los textos normativos en uno o si también debe reformar o retocar algunas partes de estos para dotar la nueva regulación de coherencia).

> **Artículo 82 CE**
> **5.** La autorización para refundir textos legales determinará el ámbito normativo a que se refiere el contenido de la delegación, especificando si se circunscribe a la mera formulación de un texto único o si se incluye la de regularizar, aclarar y armonizar los textos legales que han de ser refundidos.

La norma resultante de la labor del Gobierno se llama Texto Refundido.

En ambos casos, ya sea mediante Ley de Bases o Ley ordinaria, la aprobación de la legislación delegada ya no requiere el visto bueno del parlamento una vez sea elaborado por el Gobierno, porque se **autoriza con carácter previo**. A pesar de que puede ser impugnado si no se respetan los límites establecidos. Estos límites a la delegación son:

1) No puede delegarse la regulación de materias reservadas a una LO.

> **Artículo 82 CE**
>
> **1.** *Las Cortes Generales podrán delegar en el Gobierno la potestad de dictar normas con rango de ley sobre materias determinadas no incluidas en el artículo anterior.*

2) La delegación tiene un alcance concreto y determinado:

> **Artículo 82 CE**
>
> **3.** *La delegación legislativa habrá de otorgarse al Gobierno de forma expresa para materia concreta y con fijación del plazo para su ejercicio. La delegación se agota por el uso que de ella haga el Gobierno mediante la publicación de la norma correspondiente. No podrá entenderse concedida de modo implícito o por tiempo indeterminado. Tampoco podrá permitir la subdelegación a autoridades distintas del propio Gobierno.*

3) Además, en los casos de delegación por Ley de Bases:

> **Artículo 83 CE**
>
> *Las leyes de bases no podrán en ningún caso:*
>
> *a) Autorizar la modificación de la propia ley de bases.*
>
> *b) Facultar para dictar normas con carácter retroactivo.*

El resultado de la delegación será la aprobación de un texto con rango legal que recibirá la denominación de **Decreto legislativo**, como se ha dicho, en sus dos posibles formas: **Texto articulado** o **Texto refundido**.

> **Artículo 85 CE**
>
> *Las disposiciones del Gobierno que contengan legislación delegada recibirán el título de Decretos Legislativos.*

La mayoría de las normas laboral son Decretos legislativos, especialmente, texto refundido, por ejemplo:

> **¡IMPORTANTE! → fíjate bien cómo se citan las normas nacionales**
>
> ✓ *Real decreto legislativo 2/2015, de 23 de octubre, por el cual se aprueba el texto refundido de la Ley del Estatuto de los trabajadores* (BOE n.º 255 de 24-10-2015)
>
> ✓ *Real decreto legislativo 8/2015, de 30 de octubre, por el cual se aprueba el texto refundido de la Ley General de la Seguridad Social* (BOE n.º 261 de 31-10-2015).
>
> ✓ *Real decreto legislativo 5/2015, de 30 de octubre, por el cual se aprueba el texto refundido de la Ley del Estatuto Básico del Empleado Público* (BOE n.º 261 de 31-10-2015).

Igual que los Decretos-ley y el resto de las leyes, pueden ser objeto de **control por parte del TC mediante el recurso o la cuestión de inconstitucionalidad.** Y este control puede versar tanto sobre la Ley de delegación como sobre la legislación delegada, el decreto legislativo (texto articulado o refundido). Y el control puede ser tanto sobre el contenido como sobre los aspectos formales.

España ha dado importantes pasos normativos en los últimos años en materia de igualdad y no discriminación con la aprobación de diversas disposiciones con rango de Ley que contienen normas en materia laboral:

✓ *Ley Orgánica 1/2004, de 28 de diciembre, de Medidas de Protección Integral contra la Violencia de Género* (BOE n.º 313 de 29-12-2004).

✓ *Ley Orgánica 3/2007, de 22 de marzo, para la igualdad efectiva de mujeres y hombres* (BOE n.º 71 de 23-03-2007).

✓ *Real Decreto Legislativo 1/2013, de 29 de noviembre, por el que se aprueba el Texto Refundido de la Ley General de derechos de las personas con discapacidad y de su inclusión social* (BOE n.º 289 de 03-12-2013).

✓ *Ley 15/2022, de 12 de julio, integral para la igualdad de trato y la no discriminación* (BOE n.º 167 de 13-07-2022).

✓ *Ley 4/2023, de 28 de febrero, para la igualdad real y efectiva de las personas trans y para la garantía de los derechos de las personas LGTBI* (BOE n.º 51 de 01-03-2023).

¡IMPORTANTE!
Fíjate bien en la distinta tipología de normas legales y cómo se citan adecuadamente

---

3. LOS REGLAMENTOS

3.1. Aspectos generales

El art. 97 CE establece que el Gobierno «*ejerce... la potestad reglamentaria de acuerdo con la Constitución y las leyes*». De este precepto podemos extraer dos conclusiones o características básicas:

La primera, referida a la **titularidad o los sujetos que lo ejercerán**. En este sentido, el art. 97 CE hace referencia en el **Gobierno**, por lo cual tendrá que entenderse referido al **órgano colegiado** compuesto por el/la Presidente/a, Vicepresidentes/as y Ministros/as (art. 98 CE).

De este modo la *Ley 50/1997, de 27 de noviembre, del Gobierno* (BOE n.º 285 de 28-11-97; en adelante LG) otorga al **Consejo de Ministros** la función de aprobar «*los reglamentos para el desarrollo y ejecución de las leyes, previo dictamen del Consejo de Estado, así como las otras disposiciones reglamentarias que procedan*» (art. 5.h LG). Pero también **los Ministros y las Ministras**, individualmente, pueden «*ejercer la potestad reglamentaria en las materias propias de su Departamento*» (art. 4.b LG). Del mismo modo, el/la **Presidente/a** también puede aprobar reglamentos (art. 24 LG).

La segunda característica pone de manifiesto la **posición que ocupa dentro del sistema de fuentes,** puesto que puede ser ejercida de acuerdo con la CE y las leyes. A diferencia de la Ley, que tiene ciertas materias reservadas constitucionalmente y disfruta de cierta libertad de actuación dentro del marco jurídico establecido por la CE, el Reglamento no tiene ninguna reserva especial en la Carta Magna, sino que estos tienen que aprobarse teniendo en consideración las Leyes. Es decir, está **subordinado a la Ley,** lo que se traduce en el hecho de que el **reglamento no puede regular**:

- o   Materias sobre las que existe una reserva legal establecida por la CE.
- o   Materias sobres las que, aunque no hay una reserva legal, ya hay una Ley que la regula (porque la Ley puede regular cualquier materia).

En estos casos, **el Reglamento solo puede concretar o completar técnicamente** las cuestiones tratadas por la Ley. Es decir, **desarrollar la regulación legal.** Ahora bien, **cuando una materia no esté regulada por Ley ni sujeta a reserva legal, el Reglamento puede regular esta materia legítimamente con libertad.**

En conclusión, el reglamento está **jerárquicamente** subordinado a la ley. Pero también a los Tratados ratificados y publicados en el BOE. En cambio, está por encima del Convenio Colectivo y tiene que ser respetado imperativamente por el contrato de trabajo.

Los reglamentos son **disposiciones de carácter general y abstracto** (sus destinatarios están definidos de manera impersonal, no va dirigido a ninguna persona individualmente –ejemplo: trabajadores/as, funcionarios/as, etc.–), que regulan la conducta en determinadas relaciones jurídicas por medio del establecimiento de mandatos, autorizaciones o prohibiciones destinadas a los sujetos aplicables.

3.2. <u>Tipo de reglamentos</u>

A) En **función del órgano que los dicta.** Determina la forma que reviste:

- ✓ **Real Decreto (RD)** del Presidente o Presidenta del Gobierno.
- ✓ **Real Decreto (RD) del Consejo de Ministros.**
- ✓ **Orden Ministerial (OM)** de las y los diferentes titulares de Ministerios.

Entre ellos hay una relación de jerarquía (art. 24.2 LG): los RRDD se sitúan en una posición superior a la de las OOMM.

Aunque estas disposiciones también pueden contener un **acto administrativo,** que no es la potestad normativa reglamentaria correspondiente al Gobierno. Y es que una norma tiene un alcance general, mientras que los actos administrativos tienen un destinatario o destinatarios concretos, identificados de forma singular. Por ejemplo, el nombramiento de un cargo que depende del Gobierno y que puede estar contenido dentro de un RD u OM. Por tanto, no se tiene que confundir el contenido (puede ser reglamento o acto administrativo) con la forma de aprobación (RD u OM).

B) En función de la materia. Determina su contenido:

- ✓ **Reglamentos jurídicos**: regulan situaciones jurídicas imponiendo o desarrollando derechos y obligaciones a los ciudadanos.

- ✓ **Reglamentos internos u organizativo:** también denominados administrativos o de organización administrativa. Regulan la disposición de medios físicos, técnicos y personales dentro de una Administración Pública.

C) En función de su relación con la Ley:

- ✓ **Ejecutivos**: están vinculados con la Ley porque existe previamente una norma legal que regula la materia o porque hay una reserva legal. Entonces, el Reglamento solo puede desarrollar normativamente sus mandatos (completar, concretar...).

- ✓ **Independiente o autónomo**: regulan materias sobre las cuales no hay reserva legal o no se encuentran reguladas por Ley; así pues, estos tienen mayor libertad para determinar su contenido.

D) En función de su origen:

- ✓ Reglamentos estatales (Gobierno central).
- ✓ Reglamentos autonómicos (gobiernos de las CCAA).
- ✓ Reglamentos locales (los Ayuntamientos pueden dictar **Ordenanzas Municipales**).

3.3. <u>Control jurisdiccional de los reglamentos</u>

De acuerdo con el art. 106.1 CE los tribunales controlan la potestad reglamentaria. Hace referencia a la **jurisdicción ordinaria** (no a la constitucional). Los **órganos judiciales del Poder Judicial** son competentes para controlar todas las disposiciones reglamentarias independientemente del orden jurisdiccional al que pertenezca (civil, penalti, social, contencioso-administrativo). Ahora bien, el control se basa en la **inaplicación del Reglamento al caso concreto** que estén juzgando cuando las dichas normas sean contrarias a otras de rango superior. En estos casos, el juez o tribunal puede no aplicar al caso concreto el Reglamento si considera que no es ajustado a Derecho. Pero, en cambio, **no puede declarar su nulidad** para que no sea aplicado por ningún otro órgano judicial. Esta **competencia es exclusiva de la jurisdicción contencioso-administrativa.**

Por su parte, el **TC** tiene la facultad para controlar los **conflictos de competencias** que se den entre Estados y CCAA en cuanto sus respectivas potestades reglamentarias. Además, los Reglamentos pueden ser objeto de impugnación **ante el TC a través del Recurso de Amparo**, cuando la vulneración verse sobre los DDFF (art. 14- 29 CE).

3.4. <u>Los Reglamentos en el ámbito laboral</u>

El Reglamento en el ámbito laboral tiene sus propias especialidades, y es que tienen un **ámbito de actuación más restringido.** En este sentido, el art. 3 ET los enumera como fuentes reguladoras de las RRLL (art. 3.1.a ET). No obstante, debe tenerse en cuenta lo que dispone el art. 3.2 ET:

Artículo 3 ET
2. Las disposiciones legales y reglamentarias se aplicarán <u>con sujeción estricta al principio de jerarquía normativa</u>. Las disposiciones reglamentarias <u>desarrollarán los preceptos que establecen las normas de rango superior</u>, pero <u>no podrán establecer condiciones de trabajo distintas a las establecidas por las leyes a desarrollar</u>.

En el ámbito laboral, la potestad reglamentaria se limita a la aprobación de **reglamentos ejecutivos**, aquellos que desarrollan la Ley, la concretan o completan técnicamente, pero no puede haber, en principio, reglamentos autónomos o independientes, que regulan una materia.

Debe tenerse en cuenta que la CE establece una reserva legal para la normación del Estatuto de los Trabajadores (art. 35.2). Y, además, sobre muchas otras materias laborales establece reservas específicas, ya sea de Ley Orgánica (algunos DDFF laborales: libertad sindical y huelga, art. 28 CE) o de Ley ordinaria (negociación y conflictos colectivos, art. 37 CE; etc.). Hay pues, una amplia reserva legal en materia laboral que deja muy poco margen al Reglamento para regular de forma autónoma. Por ello, en mayoría de los casos su papel consiste en desarrollar todas estas cuestiones ordenadas por Ley (hay reglamentos en materia de modalidades contractuales laborales, salario mínimo interprofesional, festivos laborales, etc.).

Ahora bien, hay una excepción. Y es que se permite que el reglamento regule en materia laboral de forma autónoma cuando exista contenga una **habilitación legal expresa.** Esto ocurre, por ejemplo: 1) con la regulación de las Relaciones Laborales Especiales (art. 2.1 ET); 2) en materia de empleo, para establecer medidas de reserva o preferencias para la colocación de las personas demandantes de empleo (art. 17.3 ET); 3) regulación de jornadas especiales de trabajo para determinados sectores de actividad y colectivos profesionales que así lo requieran por sus peculiaridades (art. 34.7 ET).

4. EL PODER NORMATIVO DE LAS CCAA

4.1. Normas autonómicas: sistema de fuentes autonómico

Recordatorio: ya vimos que los Estatutos de Autonomía quedan subordinados a la CE en virtud del principio de jerarquía. Igualmente, que ocupan una posición jerárquica superior respecto al resto de normas internas de las CCAA. En cambio, respecto al resto de leyes estatales rige el principio de competencia (hay que recordar que el Estatuto de Autonomía tiene la forma de ley orgánica estatal).

La creación de instituciones de autogobierno en las CCAA tiene como consecuencia la existencia otros centros de producción normativa. En efecto, las CCAA tienen un poder legislativo y un poder ejecutivo autonómico con sus respectivas potestades normativas: legislativa y reglamentaria. Por tanto, de la actuación normativa de las CCAA, también pueden derivarse:

- Normas de las asambleas legislativas de las CCAA: **Ley autonómica**. Es la norma superior del ordenamiento autonómico.

- Normas creadas conjuntamente por el legislativo y el ejecutivo autonómico: **disposiciones con fuerza de ley (Decreto-ley y Decreto legislativo autonómico)**. Se pueden aprobar en supuestos muy similares a los previstos para estos tipos de normas en la CE.

- Normas del Gobierno: **Reglamentos**.

En virtud del **principio de competencia**, todas las normas autonómicas solo podrán regular aquellas materias que sean asumidas como propias por los Estatutos de Autonomía, con carácter exclusivo o compartido. Por tanto, entre estas normas y las equivalentes de ámbito estatal no hay una relación de jerarquía, simplemente, regulan materias de distinta competencia.

4.2. La competencia en materia laboral

Según el reparto de competencias entre Estado y CCAA, el primero tiene la competencia exclusiva sobre la "legislación laboral, sin perjuicio de su ejecución por las CCAA" (art. 149.1.7 CE). Pero como ya se explicó en el tema 2, aunque el art. 149 CE habla de competencias exclusivas, contiene varias técnicas que permiten cierto grado de participación de las CCAA. Aunque, en materia laboral, de acuerdo con la interpretación hecha por el Tribunal Constitucional, este, es muy reducido.

A) El término **"legislación"** tiene que ser interpretado en sentido amplio, puesto que **incluye**, además de la **potestad legislativa**, la **potestad reglamentaria ejecutiva o de desarrollo normativo.** Por lo tanto, las CCAA no podrán desarrollar, completar o concretar la legislación laboral. Es decir, no vamos a encontrar Reglamentos autonómicos por los que se desarrolle la legislación laboral.

La **competencia autonómica** queda limitada a la ejecución de la normativa laboral que comprende la emanación de **reglamentos internos o de organización de los servicios** de aquellas Administraciones Públicas que colaboran en la aplicación de la normativa laboral desarrollando funciones de gestión, vigilancia, sanción y organización de servicios en materia laboral. Por tanto, cuando la CE habla de la posible ejecución de la legislación laboral por parte de las CCAA, se refiere a que pueden regular la constitución, organización y funcionamiento de sus órganos administrativos que participarán en la correcta aplicación de la normativa laboral estatal (establecer sus funciones, su organización de personal, su financiación, etc.).

B) El término **"laboral"**, en cambio, se tiene que interpretar en sentido estricto. Queda referido a la regulación del conjunto de instituciones jurídicas que se aplican en el marco del contrato de trabajo o relación de trabajo por cuenta ajena, tanto en la vertiente individual como el colectivo. Es decir, se refiere a las normas que disciplinan la relación de servicios entre una persona trabajadora y otra empleadora en los términos descritos en el art. 1.1 ET: "Esta ley será de aplicación a los <u>trabajadores</u> que <u>voluntariamente</u> presten sus <u>servicios retribuidos</u> <u>por cuenta ajena</u> y <u>dentro del ámbito de organización y dirección de otra persona</u>, física o jurídica, denominada <u>empleador o empresario</u>" (modalidades contractuales, derechos laborales, condiciones de trabajo, extinción de la relación laboral, negociación colectiva, representación de las personas trabajadoras en las empresas, etc.).

Pero en cambio sí que pueden regular otras materias conexas, como las políticas de empleo (formación profesional, subvenciones y bonificaciones para la contratación de ciertos colectivos, etc.). Así como también pueden regular otras relaciones profesionales que queden al margen del trabajo dependiente y por cuenta ajena (asalariado) que prevé el art. 1.1 ET: trabajo en cooperativas, función pública, etc.

BIBLIOGRAFÍA

AA.VV. (2015), *Curso de Derecho Privado* (Dirs. Orduña, Francisco J. y Campuzano, Ana B.), 18ª edición, València: Ed. Tirant lo Blanch.

AA.VV. (2016), *Derecho Constitucional Básico* (Ed. Castellano Andreu, Josep M.ª), Barcelona: Ed. Huygens.

AA.VV. (2020), *Esquemas de Derecho Constitucional, 5ª edición*, (Coord. Gómez Fernández, Itziar), Valencia: Tirant lo Blanch.

AA.VV. (2020), *Esquemas de Derecho del Trabajo, 3ª edición*, (Coord. Mercader Uguina, Jesús R.), Valencia: Tirant lo Blanch.

AA.VV. (2022), *Derecho del Trabajo* (Dir. Goerlich Peset, José M.ª), Valencia: ed. Tirant lo Blanch.

FABRA ABAT, Pere (2017), "Què és el Dret?", en AA.VV. *Introducció al Dret,* Barcelona: FUOC, recurso electrónico recuperado el 15-09-23 de http://cv.uoc.edu/annotation/cbcad386b1dbde033f3c0e77fd6c9997/572041/PID_00242838/index.html

GARCIA-PERROTE ESCARTÍN, Ignacio (2017), *Manual de Derecho del Trabajo*, 7ª edición, Valencia: Tirant lo Blanch.

PONS CARMENA, María (2022), Manual de Derecho Administrativo Laboral, Valencia: Tirant lo Blanch.

Tema 5. Las fuentes del Derecho (III)

SERGIO YAGÜE BLANCO

> 1.- Los Convenios colectivos como fuente del Derecho del Trabajo
> 2.- La Costumbre laboral, los Principios Generales del Derecho y otras fuentes supletorias
> 3.- El Contrato de trabajo: función reguladora de la relación laboral

1. LOS CONVENIOS COLECTIVOS COMO FUENTE DEL DERECHO DEL TRABAJO

El art. 3.1 ET, al establecer las fuentes de la relación laboral, tras enunciar las disposiciones legales y reglamentarias, nombra los convenios colectivos. Un convenio colectivo es una norma propia y singular del Derecho del Trabajo, que no existe en otra rama del ordenamiento jurídico.

> **Importante**: no confundir con los **Convenios de la OIT**, que son Tratados internacionales aprobados por una Organización internacional (la OIT) y ratificados por los Estados.

1.1. Concepto de Convenio Colectivo (Cc)

El Cc –al que también se le suele llamar norma pactada o paccionada, pacto o acuerdo colectivo o, de forma más genérica, **negociación colectiva**– es **un acuerdo** adoptado libremente entre representantes de las personas trabajadoras y las empresas. Es, por tanto, un pacto que permite regular el contenido de sus relaciones (los derechos y obligaciones a los que quedan sometidos). Es decir, es fruto de la **autonomía de la voluntad colectiva**.

> Según el Diccionario de la RAE, la **autonomía de la voluntad** es la "capacidad de los sujetos de derecho para establecer reglas de conducta para sí mismos y en sus relaciones con los demás dentro de los límites que la ley señala".
>
> La **autonomía de la voluntad** puede ser **individual/contractual** cuando nos referimos al contrato, esto es, a la capacidad que tienen la partes para pactar las condiciones a las que se va a sujetar su relación jurídica. Y también puede ser **autonomía colectiva** cuando esta función se realiza a través de los representantes de dichos sujetos, de modo que ya no vincula únicamente a las partes de un determinado contrato sino a un número mayor de sujetos, pues se pacta en virtud del poder que tienen estas representaciones para regular las condiciones de trabajo. Esto se hace únicamente en el ámbito del Derecho del Trabajo y a través de la negociación colectiva.

Hasta ahora hemos analizado fuentes del Derecho **heterónomas**, es decir, que son aprobadas por un tercero (un poder del Estado) para imponer prohibiciones y obligaciones y reconocer derechos subjetivos a sus destinatarios, sujetos diferentes de quienes las aprueban. En cambio, las **fuentes del Derecho autónomas** son producidas por los mismos sujetos a los que debe aplicarse los derechos, obligaciones y prohibiciones que contienen las normas. Es decir, tienen capacidad para autorregular el contenido de sus relaciones, en este caso, la relación laboral. Así pues, la **autonomía colectiva** es el poder que tienen las partes para establecer las reglas que regirán las relaciones laborales, pero a nivel colectivo (condiciones de trabajo, conjunto de derechos y obligaciones de las partes, etc.).

Se suele decir que tienen "cuerpo de contrato y alma de Ley" (Carnelutti). De un lado, tienen cuerpo de contrato porque nacen de un pacto o acuerdo entre la parte social y la empresarial. Del otro, tienen alma de Ley porque son disposiciones normativas de carácter general y vinculantes para las empresas y personas trabajadoras que quedan incluidas en su ámbito de aplicación.

1.2. <u>Finalidad de la negociación colectiva</u>

Este pacto sobre las condiciones de trabajo y los derechos y obligaciones de las partes se hace a nivel colectivo, principalmente, porque beneficia a la parte social o trabajadora. El Derecho del Trabajo se asienta sobre la idea de que la relación laboral es una relación desigual en cuanto al poder que tienen ambas partes: empresa y las personas trabajadoras. La unión colectiva de esta última parte a través de distintas instituciones de representación de las personas trabajadoras consigue equilibrar la balanza al conseguir un mayor poder de negociación con la parte económica o empresarial.

El movimiento o asociacionismo obrero surge en los orígenes del Derecho del Trabajo como reacción a las pésimas condiciones de trabajo existentes en las fábricas tras la Revolución Industrial[14]. El modelo de Estado liberal existente desde finales del S. XVIII y S.XIX, basado en una escasa intervención estatal, en la libertad individual y en el libre juego de la oferta y la demanda (incluido en el mercado de trabajo), provocó que los empresarios –propietarios de los medios de producción– pudieran imponer sus condiciones y que los y las trabajadoras se limitaran a aceptarlas si querían tener un trabajo. El resultado fue la explotación de la clase trabajadora, con largas jornadas de trabajo, bajos salarios (a veces solo se pagaba mediante vales que podían canjear los empleados en los establecimientos del empresario), ambientes de trabajo insalubres, escasa seguridad en el trabajo y la elevada siniestralidad. Los sindicatos surgen –aunque no siempre fueron permitidos por el Estado– para canalizar las protestas y reivindicaciones de la clase trabajadora y tener más poder de negociación gracias a la unión colectiva. Con el tiempo, no solo se han legalizado, sino que se han protegido por el ordenamiento jurídico, porque la mejora de las condiciones de trabajo redunda en una mejora de las condiciones de vida de la ciudadanía.

El Derecho del Trabajo surge como una rama del ordenamiento jurídico que aspira a proteger a la parte más débil y así equilibrar la balanza. El Cc es una parte esencial de este, pues **permite que exista una negociación que pueda mejorar las normas laborales** contenidas en las leyes y los reglamentos, además de que **permite adaptar la regulación general que se aplicaría a**

---

[14] Remisión: asignatura Historia de las Relaciones laborales.

todas las personas trabajadoras a las características o necesidades concretas de un sector de actividad, de una empresa o de un colectivo de profesionales.

1.3. <u>Titulares del derecho a la negociación colectiva</u>

Se acaba de decir que el Cc es una norma que se pacta a nivel colectivo entre las empresas y la representación de las personas trabajadoras.

Artículo II Recomendación n.º 151/1951 OIT. Definición de los contratos colectivos
1. [...] comprende todo acuerdo escrito relativo a las condiciones de trabajo y de empleo, <u>celebrado entre un empleador, un grupo de empleadores o una o varias organizaciones de empleadores</u>, por una parte, y, por otra, <u>una o varias organizaciones representativas de trabajadores</u> o, en ausencia de tales organizaciones, <u>representantes de los trabajadores interesados, debidamente elegidos y autorizados por estos últimos</u>, de acuerdo con la legislación nacional.

Por tanto, ¿quiénes son los titulares del derecho a la negociación colectiva? Es decir, ¿quiénes son los sujetos que negocian y pactan los Cc? Aunque esto se estudia en la asignatura Derecho Sindical que tendréis el curso siguiente, basta ahora con saber que existen ciertas instituciones que representan a ambas partes. En función del ámbito del convenio, intervendrá unas u otras.

Por la **parte económica o empresarial**, pueden negociar convenios:

- ➤ La **propia empresa**, cuando se aplica solo a esta (Cc de empresa).
- ➤ Varias empresas, cuando forman un grupo empresarial o cuando están vinculadas por razones organizativas o productivas.
- ➤ Una organización o asociación empresarial (patronal) cuando el convenio se aplica a todas las empresas que realizan la misma actividad. Es decir, se aplican a un sector de actividad (Cc sectorial).

Por la **parte social o trabajadora**, puede negociar convenios:

- ➤ La representación de las personas trabajadoras en la empresa cuando se trata de un Cc de empresa. Hay dos tipos de representación:
  - o La representación sindical: el órgano que negocia se llama **sección sindical.**
  - o La representación unitaria: en función del tamaño de la empresa, tendrá uno o varios **delegados/as de personal** (empresas de entre 11 y 49 personas trabajadoras) o un **comité de empresa** formado por varios miembros (más de 50 empleados/as).
- ➤ En el resto de Cc de ámbito mayor al de empresas (sectoriales o de grupo de empresas), negociaran los **Sindicatos**. Se trata de una asociación de trabajadores/as constituida para la defensa y promoción de intereses profesionales, económicos o sociales de sus miembros.

1.4. Contenido de los Convenios colectivos

> **Artículo 2 Convenio 154 OIT de 1981**
> *"[...] la expresión negociación colectiva comprende todas las negociaciones que tienen lugar entre un empleador, un grupo de empleadores o una organización o varias organizaciones de empleadores, por una parte, y una organización o varias organizaciones de trabajadores, por otra, con el fin de: (a) <u>fijar las condiciones de trabajo y empleo</u>, o (b) <u>regular las relaciones entre empleadores y trabajadores</u>, o (c) <u>regular las relaciones entre empleadores o sus organizaciones y una organización o varias organizaciones de trabajadores, o lograr todos estos fines a la vez</u>".*

Mediante la negociación colectiva los representantes de las personas trabajadoras y empresarias se regulan las condiciones de trabajo y las obligaciones que las partes negociadoras se autoimpongan. Así, el CC tiene dos tipos de contenidos entre sus cláusulas:

> ➢ **Contenido normativo**: todo lo referente a las "condiciones de trabajo y de empleo" aplicables a trabajadoras/es y empresas incluidas en su campo de aplicación. También regulan derechos de carácter colectivo que ostentan la representación de las personas trabajadoras y las relaciones entre estos sujetos y la empresa.
> ➢ **Contenido obligacional**: regula las relaciones (derechos y obligaciones) entre las partes firmantes (ej. compromisos de revisión de materias durante su vigencia, o de acudir a concretos mecanismos de solución extrajudicial de conflictos ante divergencias interpretativas del acuerdo alcanzado, deber de paz social, etc.).

> Es decir, el contenido obligacional recoge las relaciones entre quienes han negociado el convenio, es decir, la empresa y la representación de las personas trabajadoras (Cc de empresa o inferior) o el o los sindicatos y la o las asociaciones empresariales (Cc supraempresarial) que lo han firmado. Mientras que el contenido normativo regula las relaciones entre las empresas y personas trabajadoras que se incluyen en su campo de aplicación, a nivel individual (contenido de los contratos de trabajo o condiciones de trabajo) como colectivo (derechos de la representación de las personas trabajadoras).

1.5. Tipos de convenios en función de su ámbito de aplicación

Como hemos dicho que los convenios tienen por finalidad mejorar las condiciones de trabajo y concretar la regulación legal y reglamentaria, normalmente esta función no se realiza con carácter general para todas las personas trabajadoras y todas las empresas que hay en España. Sino que se hace para determinados sectores de actividad o empresa. Así, se puede adaptar la regulación a las características y a las necesidades de cada sector de actividad (ej. industria metalúrgica, comercio, limpieza, etc.) o de cada empresa, según su ámbito de aplicación.

En principio, y salvo escasas pero importantes limitaciones que estudiaréis en la asignatura Derecho Sindical, los sujetos negociadores tienen **libertad para**

decidir el ámbito de aplicación del Cc que van a pactar. Su ámbito de aplicación, es decir, la determinación de las empresas y personas trabajadoras que van a resultar obligadas por las normas pactadas en el CC, depende de la combinación de tres variables:

A) Ámbito funcional: se refiere a las unidades productivas afectadas:

- ✓ **Cc de empresa o ámbito inferior**: se aplica a una empresa en su conjunto o solo a uno o varios centros de trabajo de la empresa (ej. se puede aplicar a toda la empresa El Corte Inglés o solo a los centros de trabajo que estén en la misma provincia o solo al de Avda. Francia)
- ✓ **Cc de Grupo de empresas o de varias empresas vinculadas organizativa o productivamente** (ej. Cc Grupo Vips o Cc colectivo que se aplica a empresas independientes radicadas en un polígono industrial y que participan en las distintas fases de elaboración de un producto).
- ✓ **Cc sectorial**: se aplica a todas las empresas de un mismo sector o subsector o rama de actividad (ej. Cc sectorial de grandes almacenes, de restauración, de seguridad y vigilancia de edificios, etc.).
- ✓ **Cc intersectorial o interprofesional**: se aplica a varios sectores de actividad o a todos.

B) Ámbito geográfico: se refiere al territorio en el que se aplica el CC. Puede ser estatal, una comunidad autónoma o varias, una provincia o varias, una comarca, una localidad, etc.

C) Ámbito personal: designa a las personas trabajadoras afectadas, que pueden serlo todas o parte de las que se incluyan en el ámbito funcional y territorial correspondiente. El CC puede excluir a determinadas personas trabajadoras siempre que no atente contra el principio de igualdad de trato y no discriminación (art. 14 CE y 17 ET).

A la combinación de estos, en especial al funcional y geográfico, se le denomina **unidad de negociación**. Es el ámbito en el que negociarán los titulares del derecho a la negociación colectiva y el convenio aprobado resultará aplicable a todas las empresas y trabajadores/as que se incluyan en la misma. Las unidades de negociación más típicas en España tradicionalmente han sido los Cc de sector (funcional) provinciales (territorial) y los Cc de empresa (funcional) estatales (territorial). Ambos tipos de convenio suelen ser para todo el personal de la empresa.

Junto a estos tres ámbitos cabe destacar el **Ámbito temporal**, pues no es frecuente –aunque se podría– que los Cc se pacten de forma indefinida como las normas heterónomas, sino que tienen una vigencia temporal que suele ser de entre 2 y 3 años normalmente. De esta manera, las partes negociadoras tienen que volver a negociar expirado este convenio. Así, además de poder adaptar la regulación a las características del sector o empresa, pueden adaptarlas a la coyuntura económica, a la evolución del mercado, etc.

1.6. Tipos de convenios en función de su naturaleza y eficacia

En España tenemos dos tipos de convenios colectivos que tienen naturaleza diferente, actúan de forma diferente y las normas que los regulan y determinan su validez están contenidas en cuerpos normativos diferentes. De un lado, están los **Convenios Estatutarios**, que se denominan así porque su regulación (requisitos y procedimiento de negociación) está contenida en el Título III del Estatuto de los Trabajadores. Del otro, los **Convenios Extraestatutarios** porque, como puede desprenderse fácilmente, su regulación está fuera del ET. La regulación de estos últimos está contenida en el Código Civil, pues se rigen por las disposiciones generales de Derecho común aplicables a cualquier contrato.

Esto determina que van a tener distinta eficacia. Por eso, para comprenderlo mejor, antes hay que diferenciar entre las distintas posibilidades de eficacia que puede reconocerse a un Convenio colectivo en un OJ concreto.

1.6.1. Los tipos de eficacia de la negociación colectiva

La naturaleza que se le atribuya aun Convenio por parte del ordenamiento jurídico dependerá de la eficacia que se les reconozca. Respecto a la eficacia hay dos variables para tener en cuenta.

➢ Eficacia jurídica: se refiere a su fuerza o capacidad de obligar.
➢ Eficacia personal: se refiere a qué sujetos va a obligar.

Además, dentro de estas dos variables hay dos posibilidades.

A) Eficacia jurídica

Como se ha dicho la eficacia jurídica se refiere a su capacidad de obligar. Podemos concretar más diciendo que se trata de diferenciar cómo se inserta el Cc en el sistema de fuentes. Y hay dos posibilidades: que lo haga como una norma o bien que lo haga como un contrato.

- **Eficacia jurídica normativa**: actúa, a todos los efectos, como una norma jurídica (ej. una Ley), pues no hace falta que la persona trabajadora esté de acuerdo o pacte expresamente que se le apliquen las condiciones que regula. Ello deriva de la vigencia de los siguientes principios:

  ✓ **Automaticidad**: se aplica de forma directa e inmediata a las RRLL incluidas en su ámbito de aplicación, sin necesidad de pacto individual que incorpore su contenido al contrato.

- ✓ **Imperatividad**: prevalece sobre el contrato individual, sin que puedan pactarse condiciones peores. Es **indisponible** para el contrato, salvo que el propio CC se lo permita expresamente.

- ✓ **Jerarquía normativa:** queda sometido a la Ley y al Reglamento, pero debe ser respetado por la autonomía individual y los usos y costumbres profesionales (art. 3.1.b ET).

- **Eficacia jurídica contractual:** su capacidad de obligar es equiparable a la de los contratos (arts. 1901 y 1254 Código Civil).
  - ✓ No son automáticos, pues requieren del **consentimiento de obligarse** de los sujetos a los que se le van a aplicar sus normas.

  - ✓ Ni tampoco es imperativo, pues permite que las partes que a **título individual dispongan de lo que regula el Cc** (pacten otra cosa).

  - ✓ Ni se inserta en el sistema de fuentes como una norma, sino que es **una fuente de obligaciones** (como el contrato) y por tanto también quedaría sometido a lo que regulen los Cc estatutarios (art. 3.1.c ET).

B) Eficacia personal

La eficacia personal determina a quién o quiénes obligará el Cc. No debe confundirse con el ámbito de aplicación funcional y territorial, pues dentro de estos puede haber Cc que tengan una eficacia general o una eficacia limitada.

- **Eficacia personal general o *erga omnes*:** afecta todos sujetos de un determinado ámbito territorial y funcional, con independencia de que hayan participado en la negociación directamente o a través de sus representantes.

- **Eficacia personal limitada:** solo afecta a los sujetos que lo han negociado y firmado y a las empresas y trabajadores/as afiliados/as.

El Derecho internacional del Trabajo Convenios de la OIT no imponen uno y otro tipo de eficacia jurídica y personal. Solo en la **Recomendación n.º 91 OIT,** que tienen el valor que su propio nombre indica, la OIT se posiciona a favor de una eficacia normativa y general. Por tanto, en ausencia de una regulación internacional vinculante, cada país puede elegir la eficacia de sus convenios colectivos.

1.6.2. La eficacia de los convenios colectivos en España

En España, como ya se ha dicho, tenemos dos tipos. Ambos quedan amparados por la regulación prevista por nuestra Constitución.

> **Artículo 37 CE**
>
> *1. La ley garantizará el derecho a la negociación colectiva laboral entre los representantes de los trabajadores y empresarios, así como la fuerza vinculante de los convenios.*

Como ya sabemos, **no es un derecho fundamental**, por lo que no es necesario que sea desarrollado por Ley orgánica. El TC ha considerado que la CE no se decanta o define un modelo concreto de NC (STC 8/2015, 22 enero), ni muestra preferencia por la negociación colectiva estatuaria o extraestaturia, por lo que el legislador tiene libertad para regular ambas siempre y cuando **garantice la fuerza vinculante de los convenios**.

La naturaleza estatutaria o extraestatutaria no depende de la voluntad de las partes, sino de que se cumplan los requisitos que establece el Título III del ET para que el Cc sea estatutario. Estos requisitos, que estudiaréis en Derecho Sindical, son los siguientes:

> ➢ **Legitimación de las partes:** para poder negociar la representación de empresas y personas trabajadoras deben cumplir unas exigencias adicionales que se traducen en su capacidad para representar a un número considerable de sujetos.
> ➢ **Contenido mínimo:** además, los Cc estatutarios deben regular una serie de cuestiones de forma obligatoria.
> ➢ **Procedimiento de negociación:** para ser estatutario, ha de seguir unas reglas de negociación y tramitación posterior del convenio (registro ante la autoridad laboral, publicación, etc.).

Si se cumplen, el CC será estatutario; si no se cumplen será extraestatutario. Los Cc estatutarios tienen mayores exigencias puesto que también tienen una eficacia más completa.

A) Negociación Colectiva Estatutaria

Son aquellos convenios cuya negociación queda regulada en el Estatuto de los Trabajadores. Pues bien, de acuerdo con el ET, los Convenios Colectivos estatutarios tienen eficacia jurídica normativa y eficacia personal general. Ello quiere decir que obligan igual que una norma estatal y a todas las empresas y trabajadoras/es que estén comprendidos en su campo de aplicación.

- Su **eficacia jurídica es normativa** en tanto que se aplican de forma **automática** (art. 3.1.b y 82.2 ET) e **imperativa** (3.1.c y 9.1 ET):

> **Artículo 82 ET. Concepto y eficacia**
>
> *1. Los convenios colectivos, como resultado de la negociación desarrollada por los representantes de los trabajadores y de los empresarios, constituyen la expresión del acuerdo libremente adoptado por ellos en virtud de su autonomía colectiva.*

2. *Mediante los convenios colectivos, y en su ámbito correspondiente, <u>los trabajadores y empresarios regulan las condiciones de trabajo y de productividad.</u> Igualmente podrán regular la paz laboral a través de las obligaciones que se pacten.*

Artículo 3 ET. Fuentes de la relación laboral.

1. *Los derechos y obligaciones concernientes a la relación laboral se regulan:*

a) Por las disposiciones legales y reglamentarias del Estado.

b) Por los <u>convenios colectivos</u>.

c) Por la voluntad de las partes, manifestada en el contrato de trabajo, siendo su objeto lícito <u>y sin que en ningún caso puedan establecerse en perjuicio del trabajador condiciones menos favorables o contrarias</u> a las disposiciones legales y <u>convenios colectivos antes expresados.</u>

d) Por los usos y costumbres locales y profesionales.

Artículo 9 ET. Validez del contrato.

1. *<u>Si resultase nula solo una parte del contrato de trabajo,</u> este permanecerá válido en lo restante, y <u>se entenderá completado con los preceptos jurídicos adecuados conforme a lo dispuesto en el artículo 3.1.</u>*

Por tanto, en caso de que la empresa incumpla las normas previstas en el Cc estatutario, podrá ser sancionada por la autoridad laboral de acuerdo con *Real Decreto Legislativo 5/2000, de 4 de agosto, por el que se aprueba el texto refundido de la Ley sobre Infracciones y Sanciones en el Orden Social;* en adelante, LISOS).

Además, rigen los siguientes principios propios de este tipo de eficacia:

✓ Publicidad: debe publicarse en el correspondiente boletín oficial.

Artículo 90 ET. Validez.

3. *En el plazo máximo de veinte días desde la presentación del convenio en el registro se dispondrá por la autoridad laboral <u>su publicación obligatoria y gratuita en el «Boletín Oficial del Estado» o en el correspondiente boletín oficial de la comunidad autónoma o de la provincia, en función del ámbito territorial del convenio.</u>*

✓ Modernidad en la sucesión normativa: igual que las Leyes, el Cc posterior deroga al anterior siempre que tenga la misma naturaleza y se corresponda con la misma unidad de negociación.

Artículo 86 ET. Vigencia.

5. *<u>El convenio que sucede a uno anterior deroga en su integridad a este último</u>, salvo los aspectos que expresamente se mantengan.*

✓ Principio *iura novit curia*: los jueces tienen el deber de conocerlos y aplicarlos.

- Su **eficacia personal** es **general** y se aplica tanto a los contratos ya celebrados cuando se apruebe el Cc como a los que se firman durante su vigencia.

Artículo 82 ET. Concepto y eficacia.

3. Los convenios colectivos regulados por esta ley <u>obligan a todos los empresarios y trabajadores incluidos dentro de su ámbito de aplicación</u> <u>y durante todo el tiempo de su vigencia.</u>

B) Negociación Colectiva Extraestatutaria

Más difícil es determinar la eficacia del Cc extraestatutario. Estos últimos adolecen de un marco normativo específico y se rigen por las reglas generales de contratación previstas en el Código Civil.

- En cuanto a su eficacia jurídica los tribunales les niegan la eficacia normativa atribuyéndoles un **valor o carácter obligacional** (por todas, SSTS 17-10-94; 30-03-99).

  Pero en la práctica, los tribunales aceptan que lo pactado en un Cc extraestatutario se incorpore **automáticamente** al contrato, aunque las partes no se remitan expresamente al mismo, lo que es tanto como reconocerles un aspecto de la eficacia normativa. Así, el propio TC entiende que *"resulta del todo ajeno a la configuración constitucional de la negociación colectiva la exigencia de una aceptación individual de lo que se ha pactado"* (STC 58/1987, 30 abril).

  Y tampoco se les niega el carácter **imperativo,** impidiendo así que pueda ser empeorado el contenido de la relación laboral mediante el contrato (STC 121/2001, 4 junio).

  Por tanto, en la práctica, no hay mucha diferencia con la eficacia jurídica del CC estatutario. Y es que, si las partes pudieran desentenderse de la regulación contenida en el Cc y pactar otra cosa en contrato, no tendría el carácter vinculante que dice el art. 37 CE que debe tener la negociación colectiva, sea del tipo que sea.

- De lo que no cabe duda alguna es de que estos Cc solo se aplicarán a las partes firmantes: empresa y representantes de los trabajadores u organizaciones patronales y sindicales y a las empresas y trabajadores afiliados a ellas. Tienen una **eficacia personal limitada.**

  Para que pueda ser aplicable a terceros no firmantes, será necesario un acto de adhesión (declaración de aplicación efectiva). Los contratos de trabajo celebrados después de la firma del convenio requerirán un acto de adhesión individual.

Por tanto, la eficacia personal es la **verdadera diferencia respecto del Cc estatutario.**

1.7. <u>Posición del Convenio dentro del ordenamiento jurídico</u>

El Cc ocupa una posición jerárquica inferior a la Ley y al reglamento, por lo que debe respetar sus normas. No obstante, es una norma que debe ser respetada en el contrato de trabajo y por los pactos individuales que se realicen entre la empresa y sus empleados/as, que son fuentes de las obligaciones (no del Derecho).

No obstante, cabe diferenciar entre estatutarios y extraestatutarios, pues los primeros están por encima de los segundos. Los convenios extraestatutarios no pueden desvincularse de un Cc estatutario si existe, así como tampoco puede contradecir sus normas. Por ello, podría decirse que el **Cc extraestatutario es jerárquicamente inferior al extraestatutario.** Aunque en la práctica esto no suele ocurrir pues el Cc extraestatutario únicamente suele negociarse cuando no ha sido posible aprobar un Cc estatutario y, por tanto, hay un vacío de regulación que se pretende cubrir con el primero.

Ahora bien, se dijo antes que las partes negociadoras tienen libertad negociar y para elegir las unidades de negociación. Y esto implica que podemos tener multitud de convenios colectivos aplicables a un mismo supuesto. De hecho, es muy frecuente que ocurra así en la práctica.

> Ejemplo: imagine que una empresa de asesoría jurídica ubicada en Valencia. Probablemente existirá un Convenio colectivo sectorial estatal de Oficinas y Despachos. Es posible que también haya otro Convenio sectorial de la Comunidad Valenciana de Oficinas y Despachos. Y otro Convenio sectorial de la provincia de Valencia de Oficinas y Despachos. Incluso, si la empresa en cuestión tiene un determinado tamaño, podría negociar con la representación de sus personas trabajadoras un Convenio colectivo propio o de empresa.
>
> Pues bien, imagine que cada uno establece unas condiciones laborales. Por ejemplo, el primero establece una jornada máxima semanal de 40 horas; el segundo de 37,5 horas; el tercero de 38 horas y el de empresa de 40 horas. ¿Qué jornada deberían tener las empleadas/os de la empresa?

Entre los Convenios Colectivos Estatutarios no hay una relación de jerarquía. Es decir, no se puede seguir el criterio de mayor a menor ámbito para ordenarlos (ej. los de ámbito estatal no son jerárquicamente superiores a los provinciales). Para saber qué Cc resulta aplicable cuando hay una pluralidad convenios cuyo ámbito incluye la actividad de la empresa, el art. 84 ET establece unas **<u>reglas de concurrencia</u>,** que determinarán la disposición pactada aplicable (se estudiará en Derecho Sindical).

2. La Costumbre laboral, los Principios Generales del Derecho y otras fuentes supletorias

2.1. La costumbre laboral

2.1.1. La costumbre como fuente del Derecho común

Como vimos en el tema 1 la Costumbre forma parte del **Derecho consuetudinario** (en contraposición al Derecho positivo). De acuerdo con el art. 1 CC, la costumbre es fuente del Derecho común.

La costumbre es la norma creada e impuesta por los usos sociales fruto de una práctica reiterada y uniforme en la sociedad, lo que presupone una convicción generalizada de su vigencia y obligatoriedad. Por eso, tiene valor de norma jurídica, aunque no haya sido dictada por los poderes del Estado y no tenga carácter escrito (Derecho positivo). Es una norma creada por la propia sociedad a través de la reiteración de comportamientos que se consideran socialmente de necesaria observancia. En consecuencia, su violación no se sanciona solo con una mera recriminación social, sino que comporta una verdadera responsabilidad jurídica. Ahora bien, cabe remarcar, para que tenga este carácter jurídico, deben concurrir dos elementos: 1) **elemento material**: la reiteración de un comportamiento observable en la sociedad; y 2) **elemento espiritual**: la convicción social de su obligatoriedad.

Sin embargo, de acuerdo con el art. 1.3 CC, **para que pueda aplicarse deben darse los siguientes requisitos**:

Artículo 1 Código Civil

3. La costumbre sólo regirá <u>en defecto de ley aplicable</u>, <u>siempre que no sea contraria a la moral o al orden público</u>, y que <u>resulte probada</u>.

Los usos jurídicos que no sean meramente interpretativos de una declaración de voluntad, tendrán la consideración de costumbre.

---

1) Tiene **carácter supletorio** ("solo regirá en defecto de Ley aplicable"). Es decir, solo cuando no exista una norma de Derecho positivo aplicable al caso podremos recurrir a la costumbre.
2) "Que no sea contraria a la moral o al orden público". Es decir, que no sea **contraria al ordenamiento jurídico**, no solo en lo referente a sus normas, sino también a los **principios y valores** que lo conforman.
3) Que **se pueda probar**. Al ser una norma no escrita, tiene que probarse su existencia y su vigencia, pues los jueces no están obligados a conocer la existencia del Derecho no escrito (excepción al principio *iura novit curia*).

2.1.2. La costumbre en el ámbito laboral: los usos y costumbres «locales» y «profesionales»

Por su parte, el art. 3.1 ET se refiere a "los usos y costumbres locales y profesionales", por lo que tienen todavía un ámbito más restringido.

Artículo 3 ET: Fuentes de la relación laboral

1. *Los derechos y obligaciones concernientes a la relación laboral se regulan:*

[...]

d) Por los usos y costumbres locales y profesionales.

[...]

4. *Los usos y costumbres <u>solo se aplicarán en defecto de disposiciones legales, convencionales o contractuales</u>, a no ser que cuenten <u>con una recepción o remisión expresa.</u>*

Los usos y costumbres laborales son aquellas reglas que se han ido creando a lo largo del tiempo por la experiencia o la práctica en una determinada actividad o profesión y que se refieren a la forma de prestar el trabajo, a sus condiciones de ejecución o a las contraprestaciones que se reciben por él.

En la actualidad el recurso a las reglas de la costumbre laboral es escaso, porque al igual que en el Derecho común tienen un carácter supletorio, por lo que es difícil que exista un vacío de regulación después de la intervención de la Ley, del Reglamento y del Convenio Colectivo.

Además, como esta última norma pactada suele tener carácter sectorial y profesional, muchas de las costumbres laborales vigentes ya han sido positivadas en la negociación colectiva. Por tanto, aunque la costumbre constituya una norma más favorable que la contemplada en una norma heterónoma o autónoma, no se aplicará siempre que las primeras existan. Además, aun existiendo una costumbre y no una norma de derecho positivo, se admite que se pueda pactar algo diferente en el contrato de trabajo (art. 3.4 ET). Es decir, para el contrato también tiene carácter supletorio, solo actuará en defecto de pacto en contrario.

La única excepción se da cuando la Ley remite expresamente a la costumbre para establecer reglas sobre una determinada cuestión ("**costumbre llamada**"). Solo en estos casos en los que hay una llamada expresa por una norma de Derecho positivo deja de ser una fuente supletoria y adquiere el mismo valor y posición jerárquica de la norma escrita que ordena que la materia se rija mediante la costumbre.

Por ejemplo, así ocurre con el pago y liquidación del salario (art. 29.1 ET) o con el plazo de preaviso en caso de dimisión de la persona trabajadora (art. 49.1.d ET). Es decir, por ejemplo, si es costumbre en que un determinado sector o empresa se pague la nómina el último día hábil del mes, pasada esta fecha infringirá la norma y se incurrirá en retraso de

---

pago. En este caso el convenio no podrá establecer una fecha posterior, por ejemplo, el primer día hábil del mes siguiente.

Pero además de las limitaciones anteriores, en el ámbito laboral la costumbre **ha de ser local y profesional**. Es decir, tiene que darse en la localidad o ámbito territorial en el que se desarrolla la prestación. Y, además, tiene que ser una costumbre propia de una profesión, oficio, sector de actividad o tipo de trabajo de que se trate. No se puede, por lo tanto, aplicar costumbres de una localidad a otra, ni de una profesión a otra.

2.2. <u>Principios generales del Derecho</u>

A pesar de no estar mencionados en el art. 3.1 ET, sí que lo están en el art. 1.1 CC, que como sabemos tiene valor supletorio. Los principios, como vimos en el tema 1, son criterios o estándares que determinan la conducta de los poderes públicos, incluido el legislador y el poder judicial.

El derecho del trabajo tiene una serie de principios generales cuya impronta define el contenido de las normas laborales. Por ejemplo:

A) El **principio de Estabilidad en el Empleo**: el propio TC ha determinado que se deriva de una lectura conjunta de los arts. 35 y 40 CE y que viene a significar que los poderes públicos deben hacer lo posible para que las personas trabajadoras tengan un empleo estable que les permita un desarrollo profesional y personal digno. Por ello, por ejemplo, existen normas laborales que limitan la contratación temporal, o que exigen una causa para que se pueda despedir al personal o que prevén que en casos de transmisión de empresa el nuevo empresario deba mantener a la plantilla.

B) El **principio «*pro operario*»** que se manifiesta en el carácter tuitivo o protector que tienen las normas laborales, protegiendo a la parte más débil de la relación laboral. Así ocurre, por ejemplo, cuando se configuran derechos laborales como indisponibles, para que sus titulares no puedan renunciar a ellos por presiones externas. O cuando muchas de las normas laborales tienen carácter de mínimos (tema 6), permitiendo únicamente que sean mejoradas para la persona trabajadora en fuentes normativas inferiores.

Estos principios despliegan su virtualidad práctica en orden a la aplicación e interpretación de las normas (tema 7). Aunque en la actualidad su utilidad también está en cierta regresión porque igualmente tienen carácter supletorio (art. 1.4 CC), en defecto de Ley (entiéndase norma escrita) o costumbre. Y porque muchos han sido positivizados en normas jurídicas.

2.3. Fuentes supletorias: el Derecho Civil

En fin, hay normas supletorias que completan las laborales. En lo referente a esto, aparte del papel integrador que supone la aplicación analógica de las normas (art. 4.1 CC), hay que tener presente que las disposiciones del Código Civil "se aplicarán como supletorias en las materias regidas por otras leyes" (art. 4.3 CC).

3. EL CONTRATO DE TRABAJO: FUNCIÓN REGULADORA DE LA RELACIÓN LABORAL

El contrato de trabajo también ejerce una importante función reguladora en la medida en que puede establecer condiciones de trabajo que doten de contenido el régimen jurídico de la relación laboral. Normalmente, estas condiciones serán siempre más favorables para la persona trabajadora, pues debe respetar las Fuentes del Derecho antes estudiadas que, mayoritariamente, tienen carácter de mínimos.

Mediante el contrato las partes acuerdan o pactan los derechos y obligaciones a los que se comprometen y quedan vinculadas a su cumplimiento. Según la regla general del art. 1.255 CC, el contrato es "ley entre las partes"; según el arte. 3.1.c) ET, la relación laboral también puede regularse por "la voluntad de las partes, manifestada en el contrato de trabajo", siempre que sean lícitas las condiciones pactadas.

La autonomía de la voluntad individual de las partes que celebran el contrato de trabajo no da lugar a normas de alcance general aplicables a una pluralidad de sujetos, pero sí que puede crear reglas que afecten la relación individual entre trabajadores/as y empresas. Es una fuente de fijación de condiciones de trabajo. Es decir, es una **fuente de obligaciones** (ver temas 9 y 10), pero no es una fuente del Derecho, es decir, no es una norma de alcance general.

En definitiva, mediante el contrato de trabajo o mediante un pacto posterior, las partes pueden establecer derechos y obligaciones en su relación de trabajo, especificar las condiciones de empleo (función, clasificación profesional, etc.), o fijar determinadas condiciones de trabajo (jornada, salario, etc.). Por tanto, estos pactos pueden hacerse tanto en el momento de la celebración del contrato al inicio de la relación laboral como en un momento posterior. En cualquier caso, la función reguladora del contrato se encuentra con los siguientes límites:

A) Inderogabilidad normativa o sujeción estricta a las fuentes del Derecho laboral

Si estuviésemos en el ámbito del Derecho Civil, cualquiera de las dos partes podría renunciar a la aplicación de la Ley y renunciar a los derechos que se le reconocen, siempre que dicha renuncia que no sea contraria al interés público o no perjudique a terceros (art. 6.2 CC). El CC contempla dos supuestos distintos: la exclusión voluntaria de la Ley aplicable y la renuncia de derechos. Al primero nos referiremos ahora y al segundo en el apartado siguiente.

No obstante, el Derecho Civil se construye sobre la idea de una libertad e igualdad entre ambas partes de la relación jurídica para negociar y pactar por medio de los contratos que no se da en el Derecho laboral. Como sabemos, la relación laboral es desigual, y la empresa, propietaria de los medios de producción, ostenta una posición de superioridad. Por tanto, el Derecho del trabajo articula una regla para **impedir que la parte más débil renuncie a la aplicación de la Ley en su perjuicio por presiones de la otra parte contractual.**

Así, el art. 3.1 ET establece una **sujeción estricta a las fuentes del derecho laboral,** impidiendo que mediante la autonomía de la voluntad puedan establecerse, en perjuicio de la persona trabajadora, condiciones de trabajo menos favorables o contrarias a las disposiciones legales y convencionales.

Artículo 3 ET. Fuentes de la relación laboral.

1. *Los derechos y obligaciones concernientes a la relación laboral se regulan:*

c) Por la voluntad de las partes, manifestada en el contrato de trabajo, siendo su objeto lícito y <u>sin que en ningún caso puedan establecerse en perjuicio del trabajador condiciones menos favorables o contrarias a las disposiciones legales y convenios colectivos antes expresados</u>.

De este modo, el **contenido del contrato de trabajo en el momento constitutivo o regulador** deja un espacio reducido para la autonomía de la voluntad. Así las cosas, la inderogabilidad busca que **la persona trabajadora adquiera los derechos reconocidos en las Leyes** (Mercader Uguina, 2014: 177). Dicho de otro modo, evita que, en el **momento de celebración del contrato**, la persona trabajadora renuncie a la aplicación de la Ley para evitar que se generen los derechos laborales que en ella se recogen.

Así, no sería válido que se condicione la suscripción del contrato a la renuncia de las vacaciones de la persona trabajadora; o a la renuncia de la indemnización en caso en despido improcedente en caso de que se llegue a producir un despido; o que se pacte un salario inferior al salario mínimo interprofesional.

El pacto o cláusula del contrato que infrinja normas imperativas será declarado nula y, de acuerdo con el art. 9.1 ET, deberá completarse con lo establecido en las disposiciones normativas aplicables (véase tema 10).

B) Indisponibilidad de derechos:

Una vez adquiridos los derechos previstos en las leyes también debe garantizarse que las personas trabajadoras no dispongan de ellos. Es decir, una vez que se ha garantizado que, por aplicación de la Ley, la persona trabajadora adquiere los derechos, el art. 3.1.c ET ha cumplido su función, pero ahora es necesario que no pueda renunciar a su disfrute para no restar efectividad a las normas laborales. Por ello, tampoco puede usarse la autonomía de la voluntad para que la persona trabajadora "pacte" la renuncia a derechos laborales.

> "De este modo, una vez aplicada la Ley, si ésta reconoce un derecho subjetivo a favor del individuo, nace el poder de disposición del individuo sobre el derecho, derivado de su titularidad de forma que, en principio y como regla general, este podrá realizar cualquier negocio dispositivo sobre el derecho, incluida la renuncia, salvo que sobre el mismo opere una prohibición de disponer" (Mercader Uguina, 2014: 178).

En este sentido, el legislador establece este mecanismo para **evitar que**, por presiones de la empresa, **la persona trabajadora renuncie a los derechos que se puedan adquirir por aplicación de las normas laborales**. Su finalidad es "proteger al trabajador frente a su propia posición de debilidad en el seno de la relación de trabajo" (STS de 27 de abril de 2006, rec. 50/2005). En consecuencia, al igual que el art. 3.1.c, el art. 3.5 ET establece una **restricción a la autonomía de la voluntad** en el ámbito laboral que parte de la idea de que, en la relación laboral, se protege a la parte más débil.

> **Artículo 3. Fuentes de la relación laboral.**
>
> **5**. Los trabajadores _no podrán disponer válidamente_, antes o después de su adquisición, _de los derechos que tengan reconocidos por disposiciones legales de derecho necesario_. Tampoco podrán _disponer válidamente de los derechos reconocidos como indisponibles por convenio colectivo._

> De esta manera "la indisponibilidad de derechos se convierte en el reflejo más directo de la reducción por la normativa laboral del ámbito de la autonomía de las partes del contrato de trabajo en el juego del art. 1255 CC" (Rodríguez-Piñero y Bravo-Ferrer, 2003:114).

Esta regla tiene las siguientes características:

1.- El significado de la prohibición de "disponer válidamente" de los derechos laborales se refiere únicamente a la _renuncia pura y simple, sin contraprestación o compensación alguna_ (pacto de tipo abdicativo). Pero no impide una transacción o intercambio, por el que la persona trabajadora pueda renunciar a algún derecho a cambio de compensación (pacto de tipo transaccional). Con todo, hay una excepción: la persona trabajadora tampoco puede renunciar, ni a cambio de compensación, de aquellos **derechos que son expresamente declarados como indisponibles por la Ley.**

> El ejemplo paradigmático son las vacaciones. El art. 38.1 ET dice que "el periodo de vacaciones anuales retribuidas, no sustituible por compensación económica, será el pactado en convenio colectivo o contrato individual. En ningún caso la duración será inferior a treinta días naturales". Igualmente, tampoco puede renunciar a los derechos reconocidos por sentencia judicial, según dispone el art. 246 LJS.

En cambio, puede renunciar a otros derechos a cambio de una compensación.

Por ejemplo, puede renunciar al disfrute de un día festivo a cambio de compensación económica. Igualmente, es válida la transacción concertada en un acto de conciliación, administrativa o judicial, previa al juicio oral. Por ejemplo, imagínese el supuesto de despido disciplinario por supuesto incumplimiento de la persona trabajadora en el que se discute la procedencia o improcedencia extintiva. La persona trabajadora puede aceptar una indemnización inferior a la legalmente tasada para evitar el proceso judicial. En este caso, renuncia a un derecho, pero se asegura que va a cobrar una cantidad económica. En cambio, si va a juicio, puede que el órgano judicial entienda que el despido es procedente y que no le corresponda indemnización alguna a la persona trabajadora.

En este sentido, el art. 1809 CC establece que "la transacción es un contrato por el cual las partes, dando, prometiendo o reteniendo cada una alguna cosa, evitan la provocación de un pleito o ponen término al que había comenzado". Por tanto, el Tribunal Supremo ha admitido que "la prohibición de renuncia de derechos no impide acuerdos transaccionales que pongan fin a los conflictos laborales" (STS de 28 de abril de 2004, rec. 4247/02).

2.- El ámbito material de la prohibición abarca a derechos "reconocidos por disposiciones legales de derecho necesario" y "derechos reconocidos como indisponibles por convenio colectivo". Por tanto, se refiere a derechos que estén recogidos en normas legales y convencionales que tengan carácter imperativo, de mínimo necesario o absoluto (ver tema 6).

Respecto a los derechos recogidos por Convenio, el Tribunal Supremo entiende que, para que sean indisponibles, o bien la norma pactada indica expresamente tal carácter o bien desarrolla o concreta una norma de derecho necesario de rango legal (SSTS de 27 de abril de 1999, rec. 4985/97; de 6 de febrero de 2000, rec. 1394/99). Aunque la doctrina científica critica esta postura y considera que no es necesario que el Cc indique su carácter indisponible, sino que se presume por el mero hecho de estar recogido en la norma pactada que tiene carácter vinculante (Mercader Uguina, 2014:200).

Ahora bien, no afecta la prohibición aquellos derechos que no tengan su origen en una norma legal o pactada de carácter estatutario. Por tanto, sí puede renunciarse a los derechos reconocidos en el Cc extraestatutario (al menos en teoría), por los usos y costumbres o en el contrato de trabajo. Estos últimos pueden suprimirse por la persona trabajadora tanto mediante un nuevo pacto con la empresa como de modo unilateral, siempre y cuando no se detecten vicios en el consentimiento (STSJ Aragón de 15 de marzo de 2010, rec. 152/10; véase tema 10).

3.- El ámbito temporal de la prohibición de disponibilidad de derechos se refiere a "antes o después de su adquisición". Por tanto, se refiere al momento en el que se produce la renuncia, que igualmente es nula si se dan los presupuestos anteriores. Así, no podría producirse:

➢ Antes del devengo del derecho, es decir, antes de tener derecho a su disfrute (prohibición de disposición anticipada).

Siguiendo los mismos ejemplos enunciados en la inderogabilidad, no sería válido que, antes de comenzar un nuevo año, se renuncie a las vacaciones correspondientes (téngase en cuenta que el derecho se va devengando a lo largo del año natural); ni que se renuncie a la indemnización por despido improcedente antes de que se lleve a cabo la extinción del contrato; ni que se renuncie al salario antes de que haya comenzado el mes de su devengo.

> Una vez devengado o adquirido el derecho (prohibición de disposición normal)

No puede renunciar al disfrute de 15 días de vacaciones cuando ya lleva 6 meses del año trabajados; ni a la renuncia pura y simple de la indemnización de despido improcedente cuando la persona trabajadora ha sido despedida por causas disciplinarias; ni al salario del mes de noviembre, cuando ya lo ha trabajado.

En caso de vulnerarse los límites expuestos (renuncia pura y simple o derecho indisponible por Ley; ámbitos material y temporal) el acto de disposición de la persona trabajadora será **nulo de pleno derecho y no tendrá efectos.**

En cambio, respetando estos límites, sí pueden establecerse ciertos pactos que evidencian la función reguladora del contrato de trabajo:

> Se puede disponer de los usos y costumbres, de carácter supletorio.
> Se pueden mejorar las condiciones establecidas por Ley o Cc colectivo, dando lugar a lo que se conoce como **condiciones más beneficiosas de origen contractual** (tema 6).
> A veces la propia ley encarga al contrato la regulación de una determinada materia, generalmente en defecto de previsión en convenio colectivo. Ejemplos de esto se encuentran en el art. 26.3 ET, para la estructura del salario; en el art. 29.1 ET, para la liquidación y pago del salario, o en el art. 34.1 ET, para la jornada de trabajo.

BIBLIOGRAFÍA

AA.VV. (2015), *Curso de Derecho Privado* (Dirs. Orduña, Francisco J. y Campuzano, Ana B.), 18ª edición, València: Ed. Tirant lo Blanch.

AA.VV. (2020), *Esquemas de Derecho del Trabajo, 3ª edición* (Coord. Mercader Uguina, Jesús R.), Valencia: Tirant lo Blanch.

AA.VV. (2023), *Derecho del Trabajo, 11ª edición* (Dir. Goerlich Peset, José M.ª), Valencia: ed. Tirant lo Blanch.

BELTRÁN DE HEREDIA RUIZ, Ignasi (2017), "Introudcció al Dret del Treball", en AA.VV. *Introducció al Dret,* Barcelona: FUOC, recurso electrónico recuperado el 15-09-23 de http://cv.uoc.edu/annotation/cbcad386b1dbde033f3c0e77fd6c9997/572041/PID_00242838/index.html

GARCIA-PERROTE ESCARTÍN, Ignacio (2017), *Manual de Derecho del Trabajo*, 7ª edición, Valencia: Tirant lo Blanch.

MERCADER UGUINA, Jesús (2014), *Los principios de aplicación del Derecho del Trabajo: formación, decadencia y crisis*, Valencia: Tirant lo Blanch

MERCADER UGUINA, Jesús (Dir.); DE LA PUEBLA PINILLA, Ana; GÓMEZ ABELLEIRA, Francisco J. (2023), *Lecciones de Derecho del Trabajo, 16ª edición*, Valencia: Tirant lo Blanch.

RODRÍGUEZ-PIÑERO Y BRAVO-FERRER, Miguel (2003), "El principio de indisponibilidad de los derechos laborales y el nuevo papel de la autonomía contractual", en AA.VV. (Dir. De la Villa Gil, Luís E.; López Cumbre, Lourdes) Los principios del Derecho del trabajo, Madrid: CEF

Tema 6. Criterios de aplicación del ordenamiento jurídico. Especial referencia al ordenamiento jurídico laboral

Francisco A. Rodrigo Sanbartolomé
Sergio Yagüe Blanco

1.- La determinación de la normativa aplicable
   1.1.- Principio de jerarquía normativa
   1.2.- Principio de orden normativo
   1.3.- Principio de competencia
   1.4.- Principio de especialidad
   1.5.- Principio de normas más favorable (especialidad del ámbito laboral)
2.- La interpretación de las normas: el principio *in dubio pro operario* (especialidad del ámbito laboral)
3.- La jurisprudencia
4.- La condición más beneficiosa de origen contractual

---

1. LA DETERMINACIÓN DE LA NORMATIVA APLICABLE

Como se anticipó en el Tema 1, el ordenamiento jurídico debe conformar un sistema coherente que carezca de antinomias o normas contradictorias o incompatibles entre sí. Sin embargo, la realidad social y económica es muy cambiante y, por ende, el conjunto normativo que la regula también ha de reaccionar y adaptarse dinámicamente a tales cambios. A su vez, la gran diversidad de fuentes del Derecho ya estudiadas, que emanan y confluyen en el ámbito de las distintas disciplinas jurídicas o ramas del Derecho, provoca que este objetivo de coherencia no siempre se consiga ab initio. De ahí la previsión y aplicación de una serie de principios o criterios que tratan de prever y resolver las eventuales incompatibilidades y/o incoherencias.

Hay **concurrencia o concurso** de normas cuando dos o más normas jurídicas son aplicables a una misma realidad. No obstante, no toda concurrencia de normas es conflictiva, esto se produce cuando a una misma situación se ve afectada por el contenido de dos o más normas cuyo contenido es incompatible entre sí. En estos casos tenemos un **conflicto normativo o concurrencia conflictiva de normas**. Si las normas no son incompatibles, que es lo más habitual, se producen **relaciones de complementariedad o suplementariedad** entre ellas.

Estos supuestos de concurrencia conflictiva se pueden abordar desde dos perspectivas diferentes, para los que existen dos principios fundamentales de resolución –distintos pero que pueden entrelazarse–: el **principio de jerarquía normativa**, cuando se produzca entre normas vigentes en un mismo momento, pero de distinto rango (relaciones de verticalidad); y el **principio de orden o sucesión normativo**, cuando se trate de normas de mismo rango (o superior) pero unas se han dictado con posterioridad a otras. Los dos criterios aplicativos principales (jerarquía y sucesión normativa) pueden venir, a su vez, complementados por otros principios, como son el **principio de competencia** y el **principio de especialidad**.

1.1. El principio de jerarquía normativa

1.1.1. Concepto y significado del principio de jerarquía normativa

Cuando sea posible apreciar varios preceptos jurídicos que contengan mandatos imperativos y contradictorios en un mismo momento temporal (colisión), referidos a idéntico supuesto de hecho, el conflicto entre ellos se resolverá, principalmente, mediante el denominado **principio de jerarquía normativa (o rango normativo).** Es decir, prevalecerán las normas de mayor rango sobre las de menor rango, de acuerdo con la jerarquía de fuentes que ha sido estudiada en los temas precedentes de esta obra.

El principio de jerarquía normativa queda recogido tanto en el art. 9 CE como en el art. 1.2 CC:

Artículo 9 CE

3. La Constitución garantiza el principio de legalidad, <u>la jerarquía normativa</u> (…).

Artículo 1 CC

2. Carecerán de validez las disposiciones que contradigan otra de rango superior.

3. La costumbre sólo regirá en defecto de ley aplicable, siempre que no sea contraria a la moral o al orden público, y que resulte probada.

Los usos jurídicos que no sean meramente interpretativos de una declaración de voluntad, tendrán la consideración de costumbre.

4. Los principios generales del derecho se aplicarán en defecto de ley o costumbre, sin perjuicio de su carácter informador del ordenamiento jurídico.

El art. 3.1 ET, como ya vimos en el tema 3, enumera la jerarquía de fuentes en el ámbito laboral. Como se desprende de los apartados 3 y 4 del art. 1 del CC y se confirma, en el ámbito laboral, en los apartados 1d) y 4 del art. 3 ET, el principio de jerarquía normativa implica que prevalecen las normas escritas sobre consuetudinarias y sobre los principios generales del Derecho.

La normativa laboral contiene numerosos ejemplos de normas que reflejan la aplicación de dicho principio:

Artículo 3 ET. Fuentes de la relación laboral

2. <u>Las disposiciones legales y reglamentarias se aplicarán con sujeción estricta al principio de jerarquía normativa</u>. Las disposiciones reglamentarias desarrollarán los

---

preceptos que establecen las normas de rango superior, pero no podrán establecer condiciones de trabajo distintas a las establecidas por las leyes a desarrollar"

3. *Los conflictos originados entre los preceptos de dos o más <u>normas laborales</u>, tanto estatales como <u>pactadas</u>, que <u>deberán respetar</u> en todo caso <u>los mínimos de derecho necesario</u> (...)*

Artículo 85 ET

1. *Dentro del respeto a las leyes, los convenios colectivos podrán regular (...).*

Artículo 2 LPRL

2. *Las disposiciones de carácter laboral contenidas en esta Ley y en sus normas reglamentarias tendrán en todo caso el carácter de Derecho necesario mínimo indisponible, pudiendo ser mejoradas y desarrolladas en los convenios colectivos.*

De los preceptos anteriores se desprende, que, también cuando se trate de conflictos entre normas escritas que contengan preceptos de Derecho necesario, prevalecen los establecidos por normas de superior rango jerárquico sobre los contenidos en normas de rango inferior. Así, las normas legales prevalecen sobre las normas reglamentarias y ambas sobre los convenios colectivos en todo aquello en que estos no estén habilitados para una regulación suplementaria (de mejora) o complementaria (de desarrollo).

Ahora bien, para saber si hay una concurrencia conflictiva, habrá que prestar atención a la naturaleza de la norma de rango superior.

1.1.2. La naturaleza de las normas

La concurrencia de normas de distinto rango puede tener o no carácter conflictivo, en función de la naturaleza jurídica imperativa o dispositiva de los preceptos o mandatos normativos en cuestión. Así, es en ámbito del Derecho laboral es tradicional distinguir entre normas de **Derecho necesario absoluto** (normas imperativas indisponibles en cualquier sentido), normas de **Derecho dispositivo** (disponibles en cualquier sentido) **o relativo** (mínimos o máximos de Derecho necesario).

A) Normas de derecho necesario absoluto

También conocidas como normas de Derecho imperativo o *ius cogens*, las normas de derecho necesario absoluto son **indisponibles o inmodificables en cualquier sentido**, puesto que, de los términos en que se expresa el mandato normativo, se deduce que no se concede margen a otras regulaciones diferentes.

EJEMPLO: El art. 6.1 ET establece terminantemente: "Se prohíbe la admisión al trabajo a los menores de dieciséis años". De ello, se desprende claramente que no es voluntad del legislador que, por ejemplo, pudiera pactarse en un convenio colectivo que, en su ámbito de aplicación, se pueda contratar a menores a partir de los 12 años de edad.

B) Normas de derecho necesario relativo

Las normas de derecho necesario relativo admiten regulaciones diferentes en un determinado sentido, tomando como referencia siempre la perspectiva de la persona trabajadora.

a) Normas de derecho necesario relativo máximo o máximos de derecho necesario

Determinan un límite máximo no superable en sentido favorable a las personas trabajadoras. Son poco frecuentes en el ámbito laboral.

> **EJEMPLO:** En las distintas Leyes de Presupuestos Generales del Estado (LPGE) suelen fijarse unos niveles retributivos máximos para los empleados/as públicos/as.

b) Normas de derecho necesario relativo mínimo o mínimos de derecho necesario

Determinan un límite mínimo no rebasable en sentido desfavorable para las personas trabajadoras. Son las más frecuentes en el ámbito laboral.

> **EJEMPLO:** El art. 38 ET permite el pacto en convenio colectivo o contrato individual sobre la duración del período de vacaciones anuales retribuidas, pero especifica que: "En ningún caso la duración será inferior a 30 días naturales". Así, del precepto se desprende que se pueden acordar individual o colectivamente duraciones superiores a 30 días naturales (disponer de la norma mínima en sentido favorable o de mejora de condiciones para los trabajadores), pero sin que nunca se puedan pactar (en sentido desfavorable para las personas trabajadoras), acuerdos de los que resulten duraciones inferiores a 30 días para las personas trabajadoras que hayan completado un año de trabajo.

C) Normas de derecho dispositivo

Se trata de preceptos normativos en los que se ofrece un modelo (normalmente con carácter residual para que actúe de modo supletorio en caso de falta de regulación específica), pero permitiéndose regulaciones totalmente diferentes.

> **EJEMPLO:** El art. 35 de la Ley de Prevención de Riesgos Laborales (LPRL) articula la representación de los trabajadores con funciones específicas en materia de prevención de riesgos laborales sobre la base de la figura de los Delegados de Prevención, pero permite, en su apartado 4, que por convenio colectivo se designen conforme a sistemas diferentes de los proporcionados por la propia norma e, incluso, que otros órganos creados por la negociación colectiva asuman las competencias que en dicha Ley se atribuye a tales Delegados de prevención.

Lógicamente, la **concurrencia conflictiva** entre las normas se suscitará respecto de aquellos preceptos normativos que contengan mandatos imperativos o indisponibles por otras normas, bien por constituir Derecho necesario absoluto o bien, en caso de tratarse de Derecho necesario relativo, por afectar a aquellos límites máximos o mínimos que, en favor o en perjuicio, de las personas trabajadoras, respectivamente, no se permite rebasar.

1.2. El principio de orden normativo

Por su parte, cuando el conflicto se origine entre varias normas potencialmente contradictorias que se suceden en el tiempo, el criterio de cronología o temporalidad será el prevalente para su resolución, mediante el denominado **principio de modernidad, de sucesión u orden normativo,** que combinado con el anterior **implica que las normas posteriores derogan a las anteriores de igual o inferior rango jerárquico.**

Este principio tiene, en nuestro ámbito, dos manifestaciones principales: con relación a la sucesión de normas estatales o heterónomas y respecto de la sucesión de normas pactadas o autónomas, es decir, Cc estatutarios.

1.2.1. Principio de orden normativo entre normas estatales

> *Artículo 2 CC*
> **2.** *Las leyes sólo se derogan por otras posteriores. La derogación tendrá el alcance que expresamente se disponga y se extenderá siempre a todo aquello que, en la ley nueva, sobre la misma materia sea incompatible con la anterior. Por la simple derogación de una ley no recobran vigencia las que ésta hubiere derogado.*
> **3.** *Las leyes no tendrán efecto retroactivo, si no dispusieren lo contrario.*

El principio de orden normativo (también conocido como principio de modernidad o de sucesión normativa), implica -adoptando una perspectiva de concurrencia dinámica de normas jurídicas en el tiempo- que **cualquier norma jurídica puede ser derogada o modificada por cualquier otra norma posterior de igual o superior rango.**

En el Derecho del trabajo actual **implica la derogación de las condiciones de trabajo reguladas en una norma anterior por otra posterior de igual o superior rango, a menos que en ésta se disponga otra cosa** (STS de 22 de diciembre de 2011, Rec. 192/2011). Este principio opera, de entrada, incluso **aunque la nueva norma suponga un retroceso en el nivel de derechos que preveía la anterior.**

No obstante, en relación con este punto **existe un delicado límite** para esta disponibilidad por la norma posterior sobre lo dispuesto en la norma anterior determinado por la **prohibición de la retroactividad restrictiva de derechos** individuales establecida en el art. 9.3 CE (a continuación).

1.2.2. Principio de orden normativo entre Convenios estatutarios

Asimismo, el principio de orden normativo rige, también, respecto a la sucesión de convenios colectivos estatutarios en el tiempo, como se especifica doblemente en el ET:

Artículo 82 ET

4. *El convenio colectivo que sucede a uno anterior puede disponer sobre los derechos reconocidos en aquel. En dicho supuesto se aplicará, íntegramente, lo regulado en el nuevo convenio.*

Artículo 86 ET

5. *El convenio que sucede a uno anterior deroga en su integridad a este último, salvo los aspectos que expresamente se mantengan.*

En el caso de los convenios colectivos se admiten, pues, los convenios colectivos regresivos o peyorativos. **No es necesario que el nuevo convenio respete los derechos que otorgaba el convenio anterior sustituido.** La regulación del convenio posterior puede ser más o menos favorable. Es decir, no rige un principio de irreversibilidad *in peius*.

No obstante, el art. 86 ET establece que sí pueden permanecer "aquellos aspectos que expresamente se mantengan". Se está refiriendo a las denominadas **cláusulas de garantía personal, cláusulas de garantía *ad personam*** o de **mantenimiento de estos derechos adquiridos** con origen normativo. Si bien su campo natural de actuación son las condiciones de origen contractual (*condiciones más beneficiosas* que serán estudiadas más adelante), pueden tener cabida también en el último inciso del art. 86.5 ET, en la medida en que, pese a que el nuevo convenio deroga en su integridad al anterior, puede dejar expresamente a salvo determinados aspectos y/o, en su caso, permitir que un colectivo o determinadas personas trabajadoras mantengan, total o parcialmente, las condiciones que disfrutaban con el anterior convenio. La jurisprudencia ha reconocido expresamente que estas cláusulas en caso de establecerse no son constitutivas de discriminación respecto de los trabajadores de nuevo ingreso.

Cuestión distinta es que en un convenio colectivo se pueda pactar el carácter consolidable de una determinada condición o complemento retributivo. En caso de devengarse, pasaría a considerarse derecho adquirido. Por lo tanto, su pago no podría ser modificado ni suprimido por decisiones unilaterales de la empresa. El convenio colectivo puede establecer el carácter consolidable de un concepto retributivo, pero no se trata de que el convenio posterior no pueda suprimir estas condiciones retributivas por el mero hecho de haberse acordado su carácter consolidable, sino de que regiría el mismo régimen antes expuesto: sólo serían inatacables por el convenio posterior en caso de que, una vez devengados, se conviertan en derecho adquirido. Aquí de lo que se trata es de que, incluso todavía vigente el mismo convenio, si el concepto retributivo es consolidable no podrá ser negado al trabajador como consecuencia de decisiones (por ejemplo, de movilidad funcional) de la empresa. De acuerdo con el art. 26.3 ET se puede pactar el carácter consolidable o no de

---

dichos complementos salariales, no teniendo el carácter de consolidables, salvo acuerdo en contrario, los que estén vinculados al puesto de trabajo o a la situación y resultados de la empresa. Normalmente, pues, serán consolidables los asociados a condiciones personales del trabajador como, por ejemplo, el complemento de antigüedad referido en el ejemplo anterior, los complementos por la posesión de titulaciones (plus idiomas, etc.) o plus por discapacidad que, al estar asociados a características personales del trabajador, por lógica han de tener carácter permanente, salvo pacto en contrario. En el caso de los complementos relacionados con las condiciones en que se presta el trabajo (plus de peligrosidad, nocturnidad, turnicidad, etc.) o asociados a los resultados de la empresa es razonable que, salvo pacto en contrario, no sean consolidables, y se pierda el derecho a su percepción si, por ejemplo como consecuencia de movilidad funcional o adaptaciones en el puesto de trabajo, desaparecen las condiciones de trabajo específicas que los justifican, o bien, en el caso de los asociados a la situación de la empresa, si ésta no tiene beneficios, etc.

Igualmente, como ocurre con las normas estatales, en la sucesión de Convenios Colectivos estatutarios rige el principio de irretroactividad.

1.2.3. Principio de irretroactividad normativa

Artículo 9 CE
3. La Constitución garantiza la irretroactividad de las disposiciones sancionadoras no favorables o restrictivas de derechos individuales.

Con todo, la retroactividad proscrita por el art. 9.3 CE es la de grado máximo o medio, pero se permite la de grado mínimo. Doctrinalmente, es tradicional distinguir tres grados de retroactividad posibles:

- **Máximo:** de permitirse implicaría que la nueva norma se pueda afectar a los derechos devengados conforme a la norma anterior, tanto consumados (implicando la remoción de los efectos ya consolidados) como no consumados.

- **Medio:** de permitirse supondría que la nueva norma puede incidir sólo sobre los derechos nacidos con origen en la norma anterior que aún no se han consumado, respetando los ya consumados.

- **Mínimo:** la nueva norma puede afectar a los derechos que todavía no han nacido porque no han llegado a cumplirse las condiciones para su adquisición conforme a la norma anterior, pero respetando tanto los derechos ya nacidos tanto consumados como pendientes de ejecutarse o consumarse en el futuro.

Este último grado de retroactividad (mínima) es el único admisible en el marco del art. 9.3 CE, si bien en realidad se trata más bien de una eficacia inmediata de la norma.

En conclusión, este **principio de irretroactividad restrictiva de derechos aplica tanto en normas estatales como pactadas.** Si bien es muy frecuente que los convenios colectivos prevean su aplicación retroactiva, total o parcial

(STS de 29 de diciembre de 2004, Rec. 106/2003), tal retroactividad no puede alcanzar a los derechos nacidos al amparo del convenio anterior y ya consumados que han pasado a formar parte del patrimonio de la persona trabajadora[15], como tampoco a los que, habiendo nacido conforme a aquel convenio, todavía están pendientes de consumación. Esto implica que no sólo podrá incidir sobre las relaciones laborales que se constituyan con posterioridad a su entrada en vigor sino también sobre vigentes en dicho momento, con tal que no suprima los derechos ya nacidos antes o perjudique las condiciones de su ejercicio.

> **EJEMPLO:** Un convenio colectivo suprime el trienio por antigüedad que estaba estipulado en el convenio anteriormente vigente. El nuevo convenio, de conformidad con los art. 82.4 y 86.5 ET podrá hacerlo, aunque suponga un retroceso que perjudica las condiciones de trabajo anteriormente disfrutadas por el colectivo afectado.
>
> Las nuevas condiciones peyorativas se aplicarán no sólo a las personas trabajadoras que sean contratadas por la empresa con posterioridad a la entrada en vigor del nuevo convenio, sino también a las relaciones de trabajo de las personas ya vinculadas con dicha empresa, que no podrán seguir acumulando trienios de antigüedad a futuro. Pero los trabajadores ya vinculados a la empresa no vendrán obligados a devolver las cantidades que, por el concepto de trienios de antigüedad ya hubiesen percibido e ingresado en su haber (derechos nacidos y consumados), pues, lo contrario, sería permitir una retroactividad de grado máximo, ni tampoco podrán dejar de percibir a futuro los importes correspondientes a los trienios que ya hubieran generado con los años de antigüedad acumulados en el pasado (derechos nacidos no consumados). Sin embargo, el cómputo del tiempo transcurrido desde la consolidación del último trienio que no haya sido suficiente para completar tres años adicionales no tendrá que ser respetado, pues, en este caso, el derecho no se había adquirido, sino que sólo estaba en curso de adquisición. La única posibilidad de que dichos períodos sean tenidos en cuenta si se reinstaura el complemento de antigüedad en el futuro, así como, incluso, en su caso, que tales sujetos no pierdan a futuro la posibilidad de seguir generando trienios pese a la nueva regulación, sería que los convenios posteriores expresamente así lo reconocieran mediante las denominadas "cláusulas de garantía *ad personam* o de mantenimiento de derechos adquiridos".

> **EJERCICIO:** Imagina que tradicionalmente los sucesivos convenios colectivos de la empresa YYY establecían, mejorando los términos legales, el derecho de las personas trabajadoras incluidas en su ámbito de aplicación a una excedencia voluntaria de 10 años de duración. Si el nuevo convenio posterior reduce esta duración máxima a 5 años: ¿Un trabajador que ya disfrutó de alguna de estas excedencias por el período de 10 años vendrá obligado a compensar el exceso sobre los 5 años con ampliaciones de jornada adicionales tras la entrada en vigor del nuevo convenio? ¿Una trabajadora en excedencia voluntaria que al amparo del convenio anterior se encontraba en el quinto año de excedencia tendrá que solicitar ya el reingreso al trabajo o podrá continuar disfrutándola hasta los 10 años? ¿A las personas trabajadoras que a la entrada en vigor del nuevo convenio no se encuentran en situación de excedencia qué duración máxima les será aplicable si la solicitan? ¿Podrían tener alguna incidencia en este asunto las cláusulas de garantía *ad personam*? En caso de

---

[15] SSTS de 25 de enero de 2019 (Rec. 693/2017), 9 de noviembre de 2018 (Rec. 938/2017), 18 de febrero de 2015 (Rec. 18/2014), 7 de julio de 2015 (Rec. 206/2014), 13 de octubre de 2015 (Rec. 222/2014) y 10 de noviembre de 2015, Rec. 340/2014.

que se respetasen condiciones anteriores a los trabajadores ya vinculados a la empresa ¿consideras que los trabajadores de nueva contratación podrían demandarla por discriminación?

1.3. Principio de competencia o reparto competencial

El principio de competencia se aplica toda vez que existen distintos subsistemas normativos en los que hay una atribución competencial sobre diferentes materias y, por tanto, no se aplica la jerarquía normativa.

Mientras que el principio de jerarquía normativa presenta carácter formal, el principio de competencia tiene carácter material, pues determina que, con independencia de su rango formal, la regulación de determinadas materias sólo puede tener su origen en determinados órganos.

Así, en virtud del marco de **reparto de competencias entre Estado y CC.AA.**, diseñado en el Capítulo III del Título VIII de la Constitución al configurar la organización territorial de nuestro Estado autonómico, existen determinadas materias que han de ser necesariamente reguladas por los órganos del Estado o, en su caso, de la respectiva Comunidad Autónoma. Esto determina la imposibilidad de regulación por una Ley autonómica de competencias exclusivas del Estado no transferidas o, a la inversa, por Leyes estatales de materias que incidan sobre competencias asumidas por las Comunidades Autónomas en sus respectivos Estatutos de Autonomía.

En este mismo sentido, si bien indirectamente, cabe mencionar las **reservas constitucionales para determinadas materias de una tipología concreta de Ley** (v. gr.: art. 81.1 CE: "Son Leyes Orgánicas las relativas al desarrollo de los derechos fundamentales y de las libertades públicas, las que aprueben los Estatutos de Autonomía y el régimen electoral general y las demás previstas en la Constitución").

Y lo mismo ocurre con las normas europeas y nacionales, sobre las que rige el principio de primacía. Este viene referido a las relaciones entre el Derecho de la Unión Europea y nuestro ordenamiento jurídico interno. Según el art. 93 CE, "mediante Ley orgánica se podrá autorizar la celebración de Tratados por los que se atribuya a una organización o institución internacional el ejercicio de competencias derivadas de la Constitución". Este principio (tema 4) no debe ser entendido como un principio de supremacía originaria de las normas de la UE sobre nuestro Derecho interno, sino que la primacía de aquéllas deriva de la cesión parcial de soberanía que, mediante Ley Orgánica, autorizan las Cortes Generales en favor de dicha institución supranacional. Así, la primacía, en caso de conflicto, de las normas UE sobre el derecho español se circunscribe al ámbito material derivado del reparto de competencias legitimado por dicha cesión, pero no se fundamenta en un principio de supremacía jerárquica de aquéllas.

1.4. Principio de especialidad

Por último, si hay normas contradictorias que tienen el mismo rango, prevalece la norma que regula la materia de forma más específica sobre la general. Como consecuencia, una norma más general, con una relación menos directa con el supuesto de hecho, sólo se aplicará cuando no exista una norma específica que regule un supuesto de hecho concreto de una materia (principio de supletoriedad). En este sentido, cabe citar el art. 4.3 CC: "Las disposiciones de este Código se aplicarán como supletorias en las materias regidas por otras leyes".

Incluso dentro de la normativa laboral hay ejemplos. El ET contiene normas relativas a, entre otras materias, por ejemplo, tiempo de trabajo (jornada, horario, descansos, vacaciones, permisos, etc.). Estas normas son aplicables a todas las personas trabajadoras, sin perjuicio de lo que establezcan los convenios colectivos. No obstante, el art. 2 ET enumera una serie de relaciones laborales consideradas "especiales" que cuentan con una disposición normativa propia cada una de ellas. En estas disposiciones, en algunos casos, también se establecen normas particulares sobre tiempo de trabajo. Así pues, en todo lo que contradiga al ET, será de aplicación la normativa de carácter especial. Pero, en cambio, en todo aquello que guarde silencio, se aplicará la normativa general recogida en el ET.

1.5. El principio de norma más favorable

El principio de norma más favorable se ha considerado tradicionalmente un criterio para la determinación de la norma aplicable, específico del ámbito del Derecho del Trabajo, que vendría referido por el art. 3.3 ET.

Artículo 3 ET

3. Los <u>conflictos</u> originados <u>entre los preceptos de dos o más normas laborales</u>, tanto <u>estatales como pactadas</u>, que deberán <u>respetar en todo caso los mínimos de derecho necesario</u>, se resolverán mediante la aplicación de lo más favorable para el trabajador apreciado en su conjunto, y en cómputo anual, respecto de los conceptos cuantificables.

Sin embargo, en realidad, el alcance de este principio resulta mucho más limitado de lo que parece desprenderse del tenor literal del precepto citado. Pues, lo cierto es que, en caso de concurrencia conflictiva de normas, los criterios de resolución aplicables son los estudiados con anterioridad (principalmente, los de jerarquía y sucesión normativa).

Es por ello por lo que, hoy en día, la jurisprudencia estima que este principio tiene un "limitadísimo juego en nuestro ordenamiento jurídico" (STS de 4 de octubre de 2023, rec. 3/2022). En el mismo sentido, la doctrina científica afirma que "el principio de norma más favorable observa un relativo desvanecimiento a la par que un no menos evidente desuso en la práctica forense, quedando relegado a aplicaciones en supuestos en algunas ocasiones anecdóticos, consecuencia, sin duda, de la incorporación de nuevas técnicas normativas que van relegando progresivamente el referido criterio a un más que discreto segundo plano" (Mercader Uguina, 2014:77). Así pues, el principio de norma más favorable recogido en el art. 3.3 ET ha sufrido un auténtico "vaciamiento de funcionalidad" (Cruz Villalón, 2003:64).

En cualquier caso, resulta de gran interés por su carácter especial y exclusivo en el ámbito jurídico laboral, derivado de la existencia en nuestro ámbito de un tipo de norma peculiar (el convenio colectivo), el estudio de los distintos tipos de relaciones o sinergias que pueden establecerse entre las normas estatales (legales y reglamentarias) y los convenios colectivos (estatutarios).

Relaciones entre normas estatales y convenios colectivos estatutarios

En efecto, las relaciones entre Ley y convenio se pueden regir por el **principio de suplementariedad** en virtud del cual el convenio puede establecer (respetando -por jerarquía normativa- los preceptos legales de Derecho necesario absoluto y, los muy habituales, mínimos de Derecho necesario) regulaciones paralelas diferentes a las legales, que sean más favorables para la persona trabajadora.

EJEMPLO: El art. 34.1.2º ET, establece que la duración máxima de la jornada ordinaria de trabajo será de cuarenta horas semanales de trabajo efectivo de promedio en cómputo anual, permitiendo que esta regulación mínima sea mejorable en favor de las y los trabajadoras/es por convenio colectivo, mediante el establecimiento de otras jornadas de trabajo inferiores.

En cualquier caso, son continuas las llamadas del ET a regulaciones convencionales alternativas, pero que no siempre obedecen al principio de suplementariedad. Pues, existen también otros principios que pueden regir, según el caso, las relaciones entre Ley y convenio. Así, son muy habituales los casos en que el ET habilita al convenio colectivo para regular una determinada materia, pero en caso de que en el ámbito de aplicación correspondiente no exista convenio aplicable o el aplicable no regule dicha materia, se aplica residualmente (**principio de supletoriedad**) la regulación ofrecida, por defecto, por el ET. En estos casos, el precepto del ET en cuestión suele contener la expresión "en defecto de pacto en convenio" o similares.

EJEMPLO: En su redacción vigente, el art. 14.1 ET al regular la duración del periodo de prueba establece: "En defecto de pacto en convenio, la duración del periodo de prueba no podrá exceder de seis meses para los técnicos titulados, ni de dos meses para los demás trabajadores. En las empresas de menos de veinticinco trabajadores el periodo de prueba no podrá exceder de tres meses para los trabajadores que no sean técnicos titulados".

Cabe, asimismo, en su caso, la aplicación del denominado **principio de complementariedad** en las relaciones entre las normas legales y convencionales. En este caso, el convenio colectivo realiza una función de desarrollo o especificación del mandato general más genérico, con una vocación más similar a la propia del estilo de las tradicionales normas reglamentarias de desarrollo.

EJEMPLO: El art. 22.1 ET: "Mediante la negociación colectiva o, en su defecto, acuerdo entre la empresa y los representantes de los trabajadores, se establecerá el sistema de clasificación profesional de los trabajadores por medio de grupos profesionales".

Finalmente, existen casos en que el ET efectúa una **remisión** a la regulación convencional, no para un desarrollo de su mandato legal, sino para concretar la posibilidad misma de existencia de un determinado derecho u obligación (Derecho dispositivo).

EJEMPLO: El art. 25.1 ET: "El trabajador, en función del trabajo desarrollado, podrá tener derecho a una promoción económica en los términos fijados en convenio colectivo o contrato individual".

Como también, se presentan supuestos en los que, en sentido contrario, se veta la posibilidad (**exclusión**) de que el convenio colectivo incida sobre una determinada materia. Esto ocurre cuando la Ley regula una determinada materia con preceptos de Derecho necesario absoluto (Derecho imperativo, indisponible o *ius cogens*).

EJEMPLO: Art. 26.4 ET: Todas las cargas fiscales y de Seguridad Social a cargo del trabajador serán satisfechas por el mismo, siendo nulo todo pacto en contrario.

2. La interpretación de las normas

> **Artículo 3 CC**
>
> 1. *Las normas se interpretarán según el sentido propio de sus palabras* **[criterio literal o gramatical]**, *en relación con el contexto* **[criterio sistemático]**, *los antecedentes históricos y legislativos* **[criterio histórico]**, *y la realidad social del tiempo en que han de ser aplicadas* **[criterio sociológico]**, *atendiendo fundamentalmente al espíritu y finalidad* **[criterio teleológico]** *de aquéllas".*

Así pues, los distintos criterios hermenéuticos son:

- **Criterio literal o gramatical:** prevalece el sentido técnico-jurídico (o coloquial) de cada palabra o de proposiciones enteras (interpretación sintáctica). El criterio literal no suele ser suficiente por sí mismo para dar una noción interpretativa única del mandato normativo, pero en el caso de que el texto de la Ley sea claro e inequívoco, no debe aplicarse ningún criterio hermenéutico adicional, en virtud del aforismo latino ***in claris non fit interpretatio***.

- **Criterio sistemático o de contexto:** implica atender a una aplicación sistemática de la norma basada en la conexión entre los preceptos jurídicos que se dedican a un mismo supuesto de hecho, prevaleciendo la interpretación que, teniendo en cuenta la interdependencia entre ellos, dote de coherencia al conjunto del ordenamiento jurídico.

- **Criterio histórico, basado en los antecedentes históricos y legislativos:** Las normas jurídicas -a diferencia de la ciencia- no siempre encuentra una explicación basada en la lógica, sino que en la mayor parte de los casos obtienen su razón de ser en los acontecimientos políticos y/o en los factores económicos o sociales del momento histórico en que fueron promulgadas y en la tradición jurídica de la que proceden. Asimismo, con relación a los antecedentes legislativos, tratándose de normas escritas, es posible encontrar auxilio interpretativo en los borradores, Anteproyectos, Proyectos o, en el caso de las Leyes, en las actas de las sesiones parlamentarias en que fueron debatidas que precedieron su aprobación.

- **Criterio sociológico o de realidad social:** la interpretación debe tener en cuenta los factores políticos, económicos, sociales y culturales del momento en que deba ser aplicada la norma. Este criterio es muy importante, especialmente cuando se trata de normas muy antiguas alumbradas en un momento histórico muy diferente que requiere de su adaptación al presente. Sin embargo, a su vez, constituye un criterio que debe ser aplicado con suma cautela -como ha reconocido en doctrina reiterada el propio TS- pues implica un gran riesgo de subjetividad de los Jueces y Tribunales.

- **Criterio teleológico o intencional, basado en el espíritu y finalidad de las normas:** se trata de interpretar las normas conforme al sentido que mejor responda a la realización del resultado que se pretende alcanzar por el legislador. Esta interpretación persigue identificar la idea-fuerza que impulsa e inspira la norma, que técnicamente es conocida como *ratio legis*, esto es, el porqué y el para qué de la norma: su espíritu y su finalidad.

- **Interpretación conforme a los principios generales del Derecho:** Lo anterior ha de venir complementado con el carácter informador de los principios generales del Derecho, inducidos de las propias normas, de acuerdo con el artículo 1.4 CC. Así, la STC 150/1990, de 4 de octubre, recuerda que: "Cada norma singular no constituye un elemento aislado e incomunicado en el mundo del Derecho, sino que se integra en un ordenamiento jurídico determinado, en cuyo seno, y conforme a los principios generales que lo informan y sustentan, deben resolverse las antinomias y vacíos normativos, reales o aparentes, que de su articulado resulten".

- **Interpretación constitucional.** Art. 5.1 LOPJ: "La Constitución es la norma suprema del ordenamiento jurídico, y vincula a todos los Jueces y Tribunales, quienes interpretarán y aplicarán las leyes y los reglamentos según los preceptos y principios constitucionales, conforme a la interpretación de estos que resulte de las resoluciones dictadas por el Tribunal Constitucional en todo tipo de procesos".

- Resulta, asimismo, pacífico, doctrinal y jurisprudencialmente, que no puede admitirse la interpretación extensiva en perjuicio del sujeto o con efecto sancionador (***odiosa sunt restringenda***) y, por ello, puede considerarse como un último principio de interpretación de las normas aquel que permite la interpretación restrictiva desfavorable de la norma, pero permite la interpretación extensiva cuando es favorable o beneficiosa.

- *In dubio pro operario* **(especialidad del ámbito laboral):** Es un criterio interpretativo específico del ámbito jurídico-laboral que implica que entre dos o más sentidos posibles de una norma laboral ha de optarse por el que resulte más favorable para las y los trabajadoras/es. El principio *in dubio pro operario* o, simplemente, *pro operario* constituye un principio general del Derecho propio del ámbito jurídico laboral, pero muy parecido a otros similares aplicables en otras disciplinas jurídicas (v.gr. el conocido principio *in dubio pro reo* propio del Derecho Penal). Constituye un criterio hermenéutico aplicable, subsidiariamente, cuando los anteriores criterios materiales generales de interpretación de las normas resultan insuficientes. Está basado en el carácter tuitivo propio del Derecho del Trabajo, en virtud del cual, en caso de duda, hay que optar por lo más favorable para el trabajador. En su condición de principio general del

Derecho tiene su origen y aplicabilidad en el ámbito jurisprudencial. Si bien su efectividad real es muy pobre, puesto que no se admite, por ejemplo, para eximir de la carga de la prueba al trabajador y, sin embargo, cuando sirve -como en procesos de despido- para favorecer que, en caso de acreditación insuficiente de los hechos imputados por la empresa, el trabajador salga beneficiado, en realidad, se podría entender que se está aplicando -más bien- el principio de presunción de inocencia (art. 24.2 CE).

3. LA JURISPRUDENCIA

La jurisprudencia puede ser entendida, en un sentido amplio, como el conjunto de sentencias dictadas por los distintos Jueces y Tribunales para resolver los asuntos que les son sometidos a decisión. Pero, en sentido estricto, jurisprudencia o, más bien, **doctrina jurisprudencial**, sólo es la que, de modo reiterado, establezca el Tribunal Supremo al interpretar y aplicar la Ley, la costumbre y los principios generales del Derecho (art. 1.6 CC).

Sin embargo, este último precepto sólo atribuye a la doctrina jurisprudencial del TS, el **papel de complementar el ordenamiento jurídico**, no de crearlo. Esta circunstancia, unida al hecho de que el art. 1.1. CC, no la mencione entre las fuentes del Derecho español ("Las fuentes del ordenamiento jurídico español son la Ley, la costumbre y los principios generales del Derecho"), lleva a la conclusión de que la jurisprudencia no es fuente del Derecho: no puede crear Derecho.

La anterior conclusión es lógico correlato de la inserción de nuestro Derecho dentro de la tradición jurídica del denominado *Civil Law* -Derecho Continental- en el que (a diferencia del *Common Law* –Derecho Anglosajón- en que la doctrina de los Jueces y Tribunales tiene una función protagonista a la hora de integrar e impulsar la creación jurídica, con un papel preponderante y vinculante del precedente judicial) la jurisprudencia actúa limitándose al papel de *juzgar y hacer ejecutar lo juzgado* (art. 117 CE), sometida el principio de legalidad y a las normas emanadas del Parlamento. Asimismo, en nuestro sistema jurídico, el Tribunal Supremo, que -como ya se ha indicado- es el único facultado para establecer doctrina jurisprudencial, no viene obligado a respetar el precedente judicial, pudiendo modificar el criterio de sus decisiones, si bien estaría obligado, en su caso, a justificar el cambio.

De manera sintética, es preciso valorar los siguientes elementos para la consolidación de doctrina jurisprudencial:

- Debe proceder del Tribunal Supremo. (No obstante, no hay que desdeñar el papel interpretativo muy importante que desempeñan también las sentencias del Tribunal Constitucional al resolver recursos y cuestiones de inconstitucionalidad y las del TJUE al resolver las cuestiones prejudiciales que fijan criterios interpretativos vinculantes para los órganos judiciales de los Estados miembros).

- Debe estar contenida dentro de las argumentaciones que integran la denominada *ratio decidendi*, es decir, debe tratarse de las razones o consideraciones que fundamentan el fallo, excluyendo las que conocidas como *obiter dicta*.

- Debe ser reiterada: repetida en, al menos, dos pronunciamientos, si bien -como he anticipado- el TS no está vinculado por el sentido de sus sentencias precedentes. Asimismo, las distintas sentencias que reiteran el mismo criterio que sienta doctrina deben estar referidas a supuestos de hecho enjuiciados similares.

- Debe proceder, exclusivamente, de la resolución de recursos de casación.

La EE.MM. de la LEC reconoce como una de las finalidades del recurso de casación "la función de crear autorizada doctrina jurisprudencial".

El de casación es un recurso extraordinario que procede contra determinadas sentencias en que se entienda (y éste es el único motivo de impugnación posible) que han incurrido en infracción de Derecho al resolver.

No funciona como una tercera instancia pues sólo procede, sin volver a valorar los hechos, por los motivos tasados del art. 477 LEC para valorar una pretendida infracción de Ley por parte de la sentencia recurrida. En caso de estimación, la sentencia impugnada es casada y es necesario o bien confirmar la sentencia de instancia o resolver de nuevo, dictando una sentencia nueva.

Existe, asimismo, una subespecie de este recurso, denominada recurso de casación para la unificación de doctrina, que se configura como un recurso excepcional y subsidiario respecto del de casación propiamente dicho, que tiene por finalidad corregir interpretaciones jurídicas contrarias al ordenamiento jurídico, pero sólo en cuanto constituyan pronunciamientos contradictorios con los efectuados previamente en otras sentencias específicamente invocadas como de contraste, respecto de los mismos litigantes u otros en idéntica situación y, en mérito a hechos, fundamentos y pretensiones sustancialmente iguales.

Adicionalmente, cabe referirse a otro papel importante que corresponde también a los Jueces y Tribunales, esto es, la **integración de lagunas jurídicas**. El art. 1.7 CC establece que los jueces y tribunales tienen el deber inexcusable de resolver en todo caso los asuntos de que conozcan, ateniéndose al sistema de fuentes establecido. Este precepto tiene su fundamento constitucional en el art. 24.1 CE que consagra el derecho a la tutela judicial efectiva. Así pues, como ya fue introducido en el Tema 1, los jueces y tribunales han de dar solución a todos los casos que puedan presentarse, aun cuando haya "lagunas jurídicas". Es decir, aunque no exista una norma que prevea la solución a un concreto supuesto que pueda plantearse. Por eso se dice que el ordenamiento jurídico ha de caracterizarse por su "plenitud". Y esto se puede conseguir a partir de dos posibles vías de integración:

➢ **Hetero integración** → aplicar normas de otro ordenamiento jurídico extranjero u otra fuente distinta a la fuente en la que está la laguna.

➢ **Auto integración** → recurrir al propio ordenamiento jurídico. Hay dos opciones:

- **Analogía**: De acuerdo con el art. 4.1 CC procederá cuando las normas no contemplen un supuesto específico, pero regulen otro semejante entre los que se aprecie identidad de razón. En su apartado 2º señala que las leyes penales, las excepcionales y las de ámbito temporal no se aplicarán a supuestos ni en momentos distintos de los comprendidos expresamente en ellas. En el mismo sentido, el art. 27.4 de la *Ley 40/2015 del Régimen Jurídico del Sector Público* establece que "las normas definidoras de infracciones y sanciones no serán susceptibles de aplicación analógica".

- **Principios generales del Derecho**: sean expresos (positivizados) o no expresos (no escritos). Se trata de ideas o fundamentos que subyacen en la configuración misma de las normas y de la organización del sistema jurídico.

Finalmente, un último criterio de aplicación e interpretación de las normas jurídicas que corresponde a los Jueces y Tribunales es **la equidad**.

Artículo 3 CC

2. La equidad habrá de ponderarse en la aplicación de las normas, si bien las resoluciones de los Tribunales sólo podrán descansar de manera exclusiva en ella cuando la ley expresamente lo permita.

La equidad es un criterio de moderación en la aplicación e interpretación de las normas que debe guiar la labor de los Jueces y Tribunales, tendente a la búsqueda de la justicia, en sentido amplio, en la aplicación del Derecho. Trata de evitar las injusticias derivadas de una rígida y literal aplicación de los preceptos legales (*summum ius, summa iniuria*), permitiendo suavizar y adaptar el tenor literal del precepto legal en función de la realidad humana concreta del caso que se contemple.

La equidad no es fuente de Derecho y no puede ser entendida como una aplicación libre y discrecional de la norma sino más bien como un criterio más de interpretación y aplicación de las leyes, que concurre con todos los anteriormente estudiados, y que pretende una aplicación más "sensible" de la norma a las características concretas de los hechos enjuiciados. Por ello, por regla general, no puede ser el único criterio en que se fundamenten las resoluciones judiciales, salvo en los casos en que conforme al art. 3.2 CC una Ley expresamente lo permita.

4. LA CONDICIÓN MÁS BENEFICIOSA DE ORIGEN CONTRACTUAL

Hasta ahora hemos estudiado criterios aplicativos relacionados con instrumentos normativos, es decir, se han analizado los principios previstos para la determinación o selección de la norma jurídica laboral aplicable en caso de concurrencia con otras.

Sin embargo, como se desprende del art. 3.1.c) ET, el contrato individual de trabajo también es una importante fuente reguladora de derechos y obligaciones en el ámbito laboral que, pese a no tener carácter normativo, puede generar derechos adquiridos inatacables por las normas. Estos derechos adquiridos reciben el nombre de condiciones más beneficiosas de origen contractual.

4.1. Concepto

> **Artículo 3 ET**
>
> **1.** Los derechos y obligaciones concernientes a la relación laboral se regulan:
>
> c) Por la _voluntad de las partes_, _manifestada en el contrato de trabajo_, _siendo su objeto lícito_ y sin que en _ningún caso puedan establecerse en perjuicio del trabajador condiciones menos favorables o contrarias a las disposiciones legales y convenios colectivos antes expresados_.

Así, es posible pactar a este nivel contractual individual, con origen en acuerdos colectivos (convenios extraestatutarios), decisiones unilaterales del empresario, o contrato o pacto individual, las llamadas **condiciones más beneficiosas de origen contractual**, que -como su propio nombre indica- para tener virtualidad como tales, **han de suponer una ventaja específica** (mejora de derechos o disminución de obligaciones) sobre el régimen general aplicable derivado de las normas vigentes. La ventaja ha de percibirse siempre desde la perspectiva de la persona trabajadora. Así, hay situaciones evidentes (ej. más días de vacaciones), pero otras que no son tan claras (ej. manera de disfrutar las vacaciones, posibilidad de fraccionarlas etc.).

4.2. Nacimiento

El nacimiento de las condiciones más beneficiosas se produce con su **incorporación al nexo contractual** mediante acuerdo o pacto (tanto escrito o verbal) que forme parte del propio contrato de trabajo o independiente.

No tienen origen normativo. Por tanto, en principio, no se ven afectadas por el principio de sucesión u orden normativo explicado más arriba. Su modificación, como regla general, requiere de un nuevo pacto entre las partes del contrato de trabajo. Tampoco existe un principio de irreversibilidad _in peius,_ por lo que pueden modificarse empeorando lo establecido anteriormente para la persona trabajadora.

Su origen puede ser:

- Un **acuerdo bilateral** entre ambas partes o de una **decisión unilateral** de la empresa que es aceptada por las personas trabajadoras.
- El acuerdo puede ser **individual, plural** o **colectivo**.
- De un **acuerdo inicial** en el momento de la celebración del contrato de trabajo o un acuerdo posterior **durante la vigencia** de este.

4.3. <u>Régimen jurídico</u>

A) Carácter obligatorio para la empresa

Estas *condiciones más beneficiosas* pasan a ser consideradas **derechos adquiridos que deben ser respetados**, vinculando a ambas partes del contrato y, por tanto, no pueden ser suprimidas unilateralmente por la empresa.

B) Pervivencia en el tiempo

Además, estas condiciones **perduran en el tiempo** (en tanto que no sean suprimidas mediante los mecanismos adecuados) **aunque se modifique el marco normativo**. Eso sí, siempre y cuando sigan respetando los **mínimos de derecho necesario** previstos en la legislación laboral o en los convenios colectivos.

C) Limitaciones a su establecimiento

Tal y como reza el art. 3.1.c ET, las condiciones más beneficiosas en contrato deben tener un objeto lícito y no pueden establecerse en perjuicio de la persona trabajadora contraviniendo las disposiciones legales y convencionales. De aquí, se desprende los siguientes límites:

- En primer lugar, **su objeto no puede ser ilícito** (remisión tema 10).

- En segundo lugar, su contenido **debe respetar las disposiciones normativas legales y convencionales**, por lo que no son admisibles mejoras sobre normas de derecho absoluto o imperativo ni de derecho relativo máximo (aunque como se dijo estas últimas sean escasas).

- Y, por último, lógicamente, la condición más beneficiosa, para ser conforme a Derecho, **ha de respetar el principio constitucional de igualdad de trato**, que no implica necesariamente que todas las personas trabajadoras deban disfrutar de idénticas condiciones, pues, de lo contrario, no habría cabida para este tipo de condiciones. Pero, en su caso, **la diferencia de trato no puede obedecer a alguna de las causas de discriminación previstas en la Constitución o en la Ley** (véase tema 3).

> **Artículo 35 CE**
>
> **1.** _Todos los españoles tienen_ el deber de trabajar y el derecho al trabajo, a la libre elección de profesión u oficio, a la _promoción a través del trabajo y a una remuneración suficiente_ para satisfacer sus necesidades y las de su familia, _sin que en ningún caso pueda hacerse discriminación por razón de sexo._

> **Artículo 17 ET. No discriminación en las relaciones laborales.**
>
> **1.** Se entenderán _nulos y sin efecto_ los preceptos reglamentarios, las cláusulas de los convenios colectivos, _los pactos individuales y las decisiones unilaterales del empresario que den lugar en el empleo, así como en materia de retribuciones, jornada y demás condiciones de trabajo, a situaciones de discriminación directa o indirecta desfavorables_ por razón de edad o discapacidad o a situaciones de discriminación directa o indirecta por razón de sexo, origen, incluido el racial o étnico, estado civil, condición social, religión o convicciones, ideas políticas, orientación e identidad sexual, expresión de género, características sexuales, adhesión o no a sindicatos y a sus acuerdos, vínculos de parentesco con personas pertenecientes a o relacionadas con la empresa y lengua dentro del Estado español.

> **Artículo 28 ET. Igualdad de remuneración por razón de sexo.**
>
> **1.** El empresario está _obligado a pagar por la prestación de un trabajo de igual valor la misma retribución,_ satisfecha directa o indirectamente, y cualquiera que sea la naturaleza de la misma, salarial o extrasalarial, _sin que pueda producirse discriminación alguna por razón de sexo en ninguno de los elementos o condiciones de aquella._

> **Artículo 9 Ley 15/2022. Derecho a la igualdad de trato y no discriminación en el empleo por cuenta ajena**.
>
> 1. _No podrán establecerse limitaciones, segregaciones o exclusiones por razón de las causas previstas en esta ley_ para el acceso al empleo por cuenta ajena, público o privado, incluidos los criterios de selección, en la formación para el empleo, en la promoción profesional, en la retribución, en la jornada y demás _condiciones de trabajo,_ así como en la suspensión, el despido u otras causas de extinción del contrato de trabajo.

Aquellas **cláusulas de contrato de trabajo que no respeten los límites anteriormente expuestos serán nulas** y quedarán substituidas por lo dispuesto en el marco normativo convencional y legal aplicable de acuerdo con el art. 9.1 ET (véase tema 10).

D) La forma del pacto que recoge la condición más beneficiosa

En tercer lugar, en cuanto a su **forma**, el art. 8.1. ET dispone que "el contrato de trabajo se puede suscribir por escrito o de palabra". Por tanto, rige el principio de libertad de forma y ello quiere decir que las condiciones más beneficiosas no necesariamente tienen que pactarse por escrito. Estamos entonces, ante **condiciones más beneficiosas de origen contractual tácitas.**

Es decir, puede pactarse por escrito, pero también **puede derivar de hechos concluyentes** (conducta reiterada en un largo periodo de tiempo) cuando deriva de decisión unilateral implícita (o consentida) de la empresa, debiéndose entender, entonces, que se incorpora tácitamente a las condiciones del contrato.

En cualquier caso, estas condiciones beneficiosas tácitas, por razones obvias, son las que más litigiosidad generan, por los **problemas de prueba** que encierran. Lo fundamental para que puedan entenderse incorporadas al nexo contractual es que se pruebe, de algún modo, que la empresa **la concede de forma voluntaria la condición con ánimo de obligarse**. Así, **la reiteración y la persistencia en el tiempo**, sin oposición por ninguna de las partes (la empresa debe tener conocimiento y respetarlas sin oponerse), provocarán que la condición se entienda tácitamente aceptada también por el trabajador y que quede incorporada a las condiciones que rigen su relación de trabajo. En tal caso, deberán ser respetadas por la empresa con la misma fuerza vinculante que las demás condiciones contractuales hubieran sido pactadas expresamente.

Así las cosas, **para demostrar que había voluntad** de la empresa en asumir el compromiso, los tribunales tienen en cuenta **los siguientes indicios**:

- **Continuidad, reiteración y regularidad** del disfrute de la condición. Es necesario acreditar que la conducta se reitera y persiste en el tiempo. Así, **no puede constituir** una condición más beneficiosa tácita cuando se otorgue **de forma ocasional**, sin reiteración. **Tampoco** en el caso de que de los propios términos de la condición **se desprenda que tiene carácter limitado en el tiempo (temporal)**, no podrá invocarse a futuro como derecho adquirido.

- En cambio, **no puede deducirse voluntariedad inequívoca** de concesión por parte de la empresa cuando l**a condición estuviera ligada al puesto de trabajo** y las circunstancias cambien. **Tampoco** cuando por la empresa haya **una mera tolerancia**, aunque es difícil distinguir esta conducta de actos concluyentes. Ni cuando haya un error excusable en su concesión, aunque en este caso deberá ser probado por quien alegue dicho error, esto es, la empresa.

Si no se cumplen estos requisitos es habría que entender que se trata de gestos de mera liberalidad o tolerancia por parte de la empresa.

E) Supresión o modificación de la condición más beneficiosa

Partiendo de la base de que estos pactos, expresos o tácitos, son obligatorios, la empresa no puede suprimirlos de manera unilateral. Tampoco pueden ser suprimidas por Convenio Colectivo. Por tanto, se entiende que cuentan con cierta inmunidad. No obstante, se puede suprimir o modificar a través de los siguientes mecanismos:

- La regla general, es el **mutuo acuerdo entre las partes**. Es decir, una **novación contractual** por la cual empresa y persona trabajadora supriman o modifiquen el contenido del anterior pacto, expreso o tácito. Lo lógico, es que sea un nuevo acuerdo transaccional, por el cual la persona trabajadora renuncie al mantenimiento de dicha condición, pero normalmente a cambio de otra cosa.

- En segundo lugar, puede modificarse por el procedimiento y con los efectos jurídicos previstos en el art. 41 ET para la **modificación sustancial de las condiciones de trabajo**. Dicho artículo, que se estudiará en segundo curso en la asignatura Derecho del Trabajo II, contempla una serie de garantías para la persona trabajadora.

- Por último, al margen de los dos anteriores, lo normal es que la condición contractual se vaya neutralizando por el paso del tiempo y por las mejoras que vayan incorporándose en el marco normativo legal y/o convencional, debido al juego del mecanismo denominado **compensación y absorción**.

De este modo, **las mejoras que se incluyan en las Leyes o los Convenios no se adicionan a la condición más beneficiosa**, que se mantendrá en sus términos **siempre y cuando que no quede por debajo de las condiciones establecidas en el marco normativo**, normalmente, mínimos de derecho necesario relativo. De esta manera, serán absorbidas o compensadas (si se trata de condiciones cuantificables y homogéneas) por una nueva regulación general que equipare las condiciones reconocidas a los demás trabajadores con las disfrutadas a título particular por esta vía, ya que se entiende, con carácter general, que estas condiciones más beneficiosas se disfrutan en términos absolutos.

Este mecanismo de la absorción y compensación **opera sin necesidad de pacto expreso**. Aunque este mecanismo no tiene reflejo expreso en la normativa laboral para todas las condiciones, sí que cuenta con un precepto que se refiere a los aspectos retributivos.

Artículo 26 ET. Del salario.

5. *Operará la compensación y absorción cuando los salarios realmente abonados, en su conjunto y cómputo anual, sean más favorables para los trabajadores que los fijados en el orden normativo o convencional de referencia.*

Ahora bien, se puede anular el juego de la compensación y absorción si en la condición se hubiesen pactado su "no absorción/compensación" o en la nueva norma o convenio se establezcan cláusulas de salvaguarda-mantenimiento de derechos adquiridos o garantía *ad personam*, en cuyo caso, las mejoras generales que se acuerden por norma estatal o convenio colectivo llevarían aparejada una mejora "relativa" o proporcional en dichas condiciones más beneficiosas, que mantuvieran a sus beneficiarios en una misma posición de ventaja relativa respecto a los demás.

> **EJEMPLO:** Según el convenio colectivo de empresa vigente, las personas trabajadoras incluidas en su campo de aplicación tienen derecho a un complemento de antigüedad de 100 € por cada trienio cumplido. Sin embargo, Manuela tiene acordado en su contrato de trabajo que dicho importe será de 110 €, sin que en dicha cláusula se haya pactado su carácter no absorbible ni compensable. Si, en el nuevo convenio que se resulte aplicable con posterioridad no se fijan cláusulas de garantía *ad personam* al respecto, y como consecuencia de la actualización de las tablas salariales previstas en dicho convenio, todas las personas trabajadoras de la empresa pasaran a tener derecho a un importe de 110 € por trienio, Manuela no vería compensado su complemento con un incremento en una proporción similar, sino que seguiría cobrando 110 € quedando su ventaja singular adicional relativa absorbida por la mejora general. Del mismo modo, si el nuevo convenio introduce un nuevo complemento de 10 € para todas las personas trabajadoras de la empresa de percepción no condicionada (diferente, por tanto, al complemento de antigüedad, pero homogéneo), la empresa podrá pasar a pagar a Manuela sólo 100€ por sus trienios ya que los 10 € euros adicionales de su condición más beneficiosa se entenderán "compensados" con la introducción del nuevo complemento general.
>
> Sólo en el caso de que la condición más beneficiosa se hubiera pactado con una cláusula de no absorción/compensación o de que en el nuevo convenio se hubieran establecido cláusulas de salvaguardia o garantía *ad personam,* los trienios por antigüedad a percibir por Manuela se verían incrementados con una mejora relativa similar, es decir, pasando a percibir 120€ por cada trienio, o en su caso, un 10% más (121 €), si la condición más beneficiosa se hubiera pactado en términos porcentuales.

BIBLIOGRAFÍA

AA.VV. (1997), *Introducción a la Teoría del Derecho* (Coord. De Lucas, Javier), 3ª edición, Valencia: Ed. Tirant lo Blanch.

AA.VV. (2010), *Introducción a la Teoría del Derecho* (Coord. Gayo Santa Cecilia, María Eugenia. y Muñoz de Baena Simón, José Luis), Madrid: Ed. UNED.

ARNAU MOYA, Federico (2009), *Lecciones de Derecho Civil I,* Castellón: Universitat Jaume I, recuperado el 15/09/23 de https://repositori.uji.es/xmlui/bitstream/handle/10234/24162/s6.pdf

CRUZ VILLALÓN, Jesús (2003), *Estatuto de los Trabajadores comentado*, Madrid: Tecnos.

FABRA ABAT, Pere (2017), ¿"Què és el Dret?", en AA.VV. *Introducció al Dret*, Barcelona: FUOC, recurso electrónico recuperado el 15-09-23 de http://cv.uoc.edu/annotation/cbcad386b1dbde033f3c0e77fd6c9997/572041/PID_00242838/index.html

FREIXES SANJUÁN, Teresa y REMOTTI CARBONELL, José Carlos (1992), "Los valores y principios en la interpretación constitucional", *Revista Española de Derecho Constitucional,* n.º 35, pp. 97-109.

MERCADER UGUINA, Jesús (2014), *Los principios de aplicación del Derecho del Trabajo: formación, decadencia y crisis*, Valencia: Tirant lo Blanch

Tema 7. Tutela administrativa y tutela judicial de los derechos

FRANCISCO A. RODRIGO SANBARTOLOMÉ

> 1.- La tutela administrativa de los derechos
> 2.- La tutela judicial de los derechos
> 3.- La prescripción y la caducidad de los derechos. Líneas generales

1. LA TUTELA ADMINISTRATIVA DE LOS DERECHOS

Desde los primeros momentos del intervencionismo normativo estatal en la regulación de las condiciones mínimas de las relaciones laborales, se advirtió que la *eficacia* de las normas laborales (configuradas, en su mayor parte, por preceptos al modo de mínimos de Derecho necesario complementados con prohibiciones y mandatos indisponibles de modo absoluto) sólo se lograría mediante su *efectividad*. Es decir, el logro o consecución del fin perseguido por la norma (eficacia) sólo sería posible si el mandato normativo se hiciere real (efectividad), apuntalado por la acción de órganos administrativos específicos (Autoridad Laboral/Inspección de Trabajo y Seguridad Social) apoyada en el ejercicio del poder administrativo sancionador.

En efecto, en un Estado ideal de separación de poderes, para asegurar el cumplimiento de las leyes (aprobadas por el poder legislativo) debería ser suficiente con la actuación del poder judicial (orden jurisdiccional penal), como legítimo titular y custodio del poder punitivo del Estado, que cumpliría con su función constitucional de juzgar y hacer ejecutar lo juzgado (art. 117. 3 CE), aplicando las normas del Derecho penal. Sin embargo, la realidad se ha encargado de demostrar que, en la práctica, esta configuración -por lo demás, meramente conceptual, pues no se conocen experiencias históricas que la patenticen en su forma más pura: STC 77/1983, de 3 de octubre)- resulta insuficiente, principalmente, por su ineficiencia. Pues son necesarios demasiados costes (entendidos, sobre todo, como excesiva dilación judicial por sobrecarga de trabajo, plazos, trámites y garantías, entre otros) para la obtención rápida, efectiva y eficaz de los fines pretendidos y menos operativa que si se cuenta con la colaboración del aparato administrativo del poder ejecutivo, que actúa con mayor inmediatez sobre los hechos y por medio de sujetos con gran cualificación técnica y especializada.

Por ello, nuestra Constitución no es la excepción y no duda en atribuir dicho poder sancionador al poder ejecutivo, si bien implícitamente (art. 25.1 CE: "Nadie puede ser condenado o sancionado por acciones u omisiones que en el momento de producirse no constituyan delito, falta o infracción administrativa, según la legislación vigente en aquel momento") y, más concretamente, -en lo referido a nuestra materia- a la Administración Laboral. Así pues, la Administración Laboral se presenta como aquella parte de las Administraciones Públicas, tradicionalmente encargada de la ejecución de la política de empleo y de las relaciones de trabajo, así como de las políticas de previsión y protección social que, asimismo, tiene atribuido el ejercicio del poder sancionador, en este ámbito laboral, para asegurar el cumplimiento de los intereses generales que tiene encomendados en el mismo (Pons Carmena, 2022, p.11).

Artículo 103 CE

1. *La Administración Pública sirve con objetividad los intereses generales y actúa de acuerdo con los principios de eficacia, jerarquía, descentralización, desconcentración y coordinación, con sometimiento pleno a la ley y al Derecho*

1.1. <u>Ejercicio de la potestad administrativa sancionadora por parte de la Administración Laboral</u>

El ejercicio de la potestad administrativa sancionadora por parte de la Administración Laboral se efectúa mediante las correspondientes resoluciones administrativas sancionadoras que son dictadas previa propuesta contenida en las actas de infracción extendidas por la Inspección de Trabajo y Seguridad Social (ITSS). Las actas de infracción de la Inspección de Trabajo y Seguridad Social deben estar fundamentadas en incumplimientos tipificados legalmente, principalmente, en la Ley de Infracciones y Sanciones en el Orden Social (LISOS) cuyo Texto Refundido vigente fue aprobado por Real Decreto Legislativo 5/2000, de 4 de agosto. Así, se entenderán como infracciones administrativas en el orden social las acciones u omisiones de los distintos sujetos responsables tipificadas y sancionadas en la LISOS o en el resto de las leyes del orden social (art. 1.1 LISOS). La LISOS establece que las infracciones se califican como leves, graves y muy graves en atención a la naturaleza del deber infringido y la entidad del derecho afectado (art.1.3 LISOS).

Los Capítulos II, III, IV, y V de la LISOS clasifican las infracciones entre:

1. Infracciones en materias laborales (incluye las infracciones en materia de prevención de riesgos laborales en su sección 2ª: "Son infracciones laborales en materia de prevención de riesgos laborales las acciones u omisiones de los diferentes sujetos responsables que incumplan las normas legales, reglamentarias y cláusulas normativas de los convenios colectivos (estatutarios) en materia de seguridad y salud en el trabajo sujetas a responsabilidad conforme a esta Ley (art. 5.2 LISOS).
2. Infracciones en materia de Seguridad Social.
3. Infracciones en materia de movimientos migratorios y trabajo de extranjeros.
4. Infracciones en materia de sociedades cooperativas.

A las **infracciones** anteriores hay que añadir las infracciones administrativas, muy graves, graves o leves, **por obstrucción** del empresario a la labor inspectora de la Inspección de Trabajo y Seguridad Social y de los funcionarios de las Administraciones Públicas en sus actuaciones de comprobación en apoyo de aquella (art. 50 LISOS).

1.2. El procedimiento administrativo sancionador

Según el art. 52 LISOS, el procedimiento se iniciará, siempre por acta de la ITSS, de oficio (en virtud de actuaciones practicadas de oficio, por propia iniciativa o mediante denuncia) o a instancia de parte. El acta será notificada por la citada Inspección al sujeto o sujetos responsables que dispondrán de un plazo de quince días para formular las alegaciones que estimen pertinentes en defensa de su derecho ante el órgano competente para dictar resolución. Transcurrido el indicado plazo y previas las diligencias necesarias, si se hubieren formulado alegaciones, se dará nueva audiencia al interesado por término de ocho días, siempre que de las diligencias practicadas se desprenda la existencia de hechos distintos. A la vista de lo actuado, el órgano competente dictará resolución. Asimismo, el Ministerio Fiscal deberá notificar, en todo caso, a la autoridad laboral y a la ITSS la existencia de un procedimiento penal sobre hechos que puedan resultar constitutivos de infracción. Dicha notificación producirá la paralización del procedimiento (esto es importante a efectos del principio *non bis in idem*) hasta el momento en que el Ministerio Fiscal notifique a la autoridad laboral la firmeza de la sentencia o auto de sobreseimiento judicial.

Los hechos constatados por la Inspección de Trabajo y Seguridad Social que se formalicen en las actas de infracción observando los requisitos establecidos, **tendrán presunción de certeza**, sin perjuicio de las pruebas que en defensa de los respectivos derechos e intereses puedan aportar los interesados. Las actas de liquidación de cuotas de la Seguridad Social y las actas de infracción en dicha materia, cuando se refieran a los mismos hechos, se practicarán simultáneamente.

Las actuaciones inspectoras, por regla general, no podrán prolongarse más de 9 meses ni interrumpirse más de 5 meses. Contra las resoluciones recaídas en los procedimientos sancionadores se podrán interponer los recursos administrativos y jurisdiccionales que legalmente procedan (art. 54 LISOS).

Facultades y competencias de la ITSS:
1. **Formular requerimientos** al sujeto responsable.
2. Iniciar el procedimiento sancionador mediante la **extensión de actas de infracción o de infracción por obstrucción.**
3. Efectuar requerimientos de pago por deudas a la Seguridad Social, así como iniciar expedientes liquidatorios por débitos a la Seguridad Social y conceptos de recaudación conjunta o bonificaciones indebidas, mediante la práctica de **actas de liquidación.**
4. **Instar del órgano administrativo competente la declaración del recargo de las prestaciones económicas** en caso de accidente de trabajo o enfermedad profesional causados por falta de medidas de seguridad y salud laboral (art. 164 LGSS).

155

> **6. Proponer recargos o reducciones en las primas** de aseguramiento de accidentes de trabajo y enfermedades profesionales, en relación con empresas por su comportamiento en la prevención de riesgos y salud laborales.
>
> **7. Ordenar la paralización inmediata de trabajos o tareas** por inobservancia de la normativa sobre prevención de riesgos laborales, en caso de concurrir riesgo grave e inminente para la seguridad o salud de los trabajadores (art. 44 LPRL).

1.3. Otras actuaciones (no sancionadoras) de la Administración Laboral

Si bien la efectividad de las normas laborales cuenta con el ejercicio de la potestad sancionadora por parte de la Administración Laboral como instrumento coercitivo y disuasorio más eficaz de tutela de los derechos y de garantía de cumplimiento de las obligaciones derivadas de aquéllas, lo cierto es que ésta desarrolla múltiples funciones adicionales en el ámbito laboral que, directa o indirectamente, contribuyen también, en gran medida, a la consecución de los objetivos perseguidos por las normas laborales.

Por tanto, además de la potestad sancionadora, también realiza funciones de control, autorización, depósito y registro y de mediación, conciliación y arbitraje, entre otras, sobre numerosos aspectos de índole laboral.

> Así, sin ánimo de exhaustividad (pues el estudio en detalle de estas materias será objeto de la asignatura Intervención Administrativa en las Relaciones Laborales de 2º curso del Grado), es posible mencionar, entre otras, las siguientes funciones:
> - Recibir la comunicación de apertura del centro de trabajo.
> - Autorización de las Empresas de Trabajo Temporal.
> - Recibir la declaración responsable previa y preceptiva para poder actuar como agencia de colocación.
> - Acreditación de entidades para actuar como servicios de prevención ajenos.
> - Autorización del trabajo de menores, en los términos previstos en el art. 6.4 ET.
> - Funciones de control administrativo y de depósito de los Estatutos a efectos de publicidad, en materia de constitución de sindicatos y asociaciones empresariales.
> - Funciones en materia de convenios colectivos: registro y depósito, impugnación judicial de oficio por la autoridad laboral, así como adhesión y extensión (arts. 90 y 92 ET):
> - Intervenciones administrativas en los supuestos de huelga (en especial, la fijación de servicios mínimos en los servicios esenciales por la autoridad gubernativa: central, autonómica o local) y en caso de cierre patronal (arts. 13 y 14 RDLRT 17/1977, de 4 de marzo).
> - Funciones de mediación, conciliación y arbitraje para la solución de conflictos colectivos (en especial, el procedimiento previsto en el RDLRT 17/1977, de 4 de marzo).

1.4. Estructura Organizativa de la Administración Laboral

Sin perjuicio de la necesidad de actualización periódica de este cuadro -puesto que es una materia sujeta a frecuentes e intensos cambios y variaciones, especialmente con motivo de las reorganizaciones políticas y administrativas que se derivan de los distintos procesos electorales- es posible esbozar el siguiente esquema, en el que puede apreciarse como quedan implicados tanto organismos administrativos estatales como de las CCAA.

A) ORGANIZACIÓN ADMINISTRACIÓN LABORAL DEL ESTADO:

Desde el RD 829/2023, de 20 de noviembre, por el que se reestructuran los departamentos ministeriales, la organización de los Ministerios con competencias en materia social es:

a) MINISTERIO DE TRABAJO Y ECONOMÍA SOCIAL.

Están adscritos a este Ministerio los organismos autónomos: SEPE (en lo relacionado con política de empleo, en coordinación con los servicios públicos de empleo de las CC.AA.), FOGASA, INSST, ITSS y el Consejo Económico y Social.

b) MINISTERIO DE INCLUSIÓN, SEGURIDAD SOCIAL Y MIGRACIONES.

De este Ministerio dependen las entidades gestoras y servicios comunes de la seguridad social:

1) **Instituto Nacional de la Seguridad Social (INSS).** Gestión y administración de las prestaciones económicas del sistema de la Seguridad Social, con excepción de las que se encarga el Instituto de Mayores y Servicios Sociales.

2) **Instituto de Mayores y Servicios Sociales (IMSERSO).** Gestión de las pensiones de invalidez y de jubilación, en sus modalidades no contributivas, así como de los servicios complementarios de las prestaciones del sistema de la Seguridad Social (turismo y termalismo social, etc).

3) **Instituto Social de la Marina (ISM)**. Gestión del Régimen Especial de la Seguridad Social de los Trabajadores del Mar.

4) **Instituto Nacional de Gestión Sanitaria (INGESA, anterior INSALUD)** al que corresponde la administración y gestión de los servicios sanitarios, sin perjuicio de su efectiva prestación por las Comunidades Autónomas. Actualmente, se encarga directamente de la prestación de servicios sanitarios en las ciudades autónomas de Ceuta y Melilla. En las CC.AA. la ejecución de estos servicios sanitarios se encuentra descentralizada: por ejemplo, en la Comunidad Valenciana lo asume directamente la Conselleria de Sanitat (con anterioridad, lo hacía a través de la Agència Valenciana de Salut, antiguo SERVASA).

5) **Servicio Público de Empleo Estatal (SEPE, antiguo INEM)** en lo referido a las prestaciones por desempleo.

6) **Tesorería General de la Seguridad Social (TGSS)**, servicio común con personalidad jurídica, al que corresponde la gestión de los recursos económicos del sistema (cotización y recaudación) y los actos de encuadramiento (inscripción de empresas, afiliación, altas, bajas y variaciones de datos de los trabajadores).

7) **Gerencia de informática** (servicio común sin personalidad jurídica).

8) **Servicio Jurídico de la Administración de la Seguridad Social** (servicio común sin personalidad jurídica).

c) MINISTERIO DE DERECHOS SOCIALES, CONSUMO Y AGENDA 2030;

d) MINISTERIO DE IGUALDAD.

ORGANIZACIÓN ADMINISTRACIÓN LABORAL DE LA COMUNIDAD AUTÓNOMA VALENCIANA:

CONSELLERIA DE EDUCACIÓN, CULTURA, UNIVERSIDADES Y EMPLEO (desde 2023)

---

2. LA TUTELA JUDICIAL DE LOS DERECHOS

Artículo 117 CE:

1. La justicia emana del pueblo y se administra en nombre del Rey por Jueces y Magistrados integrantes del poder judicial, independientes, inamovibles, responsables y sometidos únicamente al imperio de la ley.

> **3.** El ejercicio de la potestad jurisdiccional en todo tipo de procesos, juzgando y haciendo ejecutar lo juzgado, corresponde exclusivamente a los Juzgados y Tribunales determinados por las leyes, según las normas de competencia y procedimiento que las mismas establezcan.

Como se desprende de estos preceptos, la jurisdiccional es aquella función del Estado que consiste en juzgar y hacer ejecutar lo juzgado, interpretando y aplicando la Ley, la costumbre y los principios generales del Derecho (art. 1.6 CC) por los Jueces y Tribunales independientes predeterminados por la ley, que tienen el deber inexcusable de resolver en todo caso los asuntos de que conozcan, ateniéndose al sistema de fuentes establecido (art. 1.7 CC).

En el ámbito laboral, la Jurisdicción Social es la encargada de garantizar el cumplimiento de las normas laborales y de solucionar los conflictos, individuales y colectivos (jurídicos, no los de intereses), que surgen en el ámbito laboral.

> **Artículo 1 de la Ley 36/2011, de 10 de octubre (LRJS)**
>
> Los órganos jurisdiccionales del orden social conocerán de las pretensiones que se promuevan dentro de la rama social del Derecho, tanto en su vertiente individual como colectiva, incluyendo aquéllas que versen sobre materias laborales y de Seguridad Social, así como de las impugnaciones de las actuaciones de las Administraciones públicas realizadas en el ejercicio de sus potestades y funciones sobre las anteriores materias.

2.1. La planta judicial de la jurisdicción social

El orden jurisdiccional social se compone de:

1. Los Juzgados de lo social (JS) que conocen de los conflictos individuales y colectivos que tengan lugar dentro de su ámbito territorial de competencia (la provincia, aunque, en algunos casos, el ámbito es inferior).

2. Las Salas de lo Social de los Tribunales Superiores de Justicia de las CCAA (TSJ) tienen, entre otras competencias, resolver los recursos frente a las sentencias de los Juzgados de lo social (recursos de suplicación) y los conflictos colectivos de ámbito superior al de la provincia e inferior a la CCAA.

3. La Sala de lo Social de la Audiencia Nacional (AN): conoce de los procesos en materia sindical y colectiva que excedan de la CCAA. La jurisdicción de la AN se extiende a toda España y tiene su sede en Madrid.

4. La Sala de lo social del Tribunal Supremo (TS): entre otros asuntos previstos en el art. 9 LRJS, conoce de los recursos frente a las sentencias de los TSJ y de la AN (recursos de casación). La jurisdicción del TS se extiende a toda España y tiene su sede en Madrid.

El art. 123 CE se refiere al mismo al señalar que "El Tribunal Supremo, con jurisdicción en toda España, es el órgano jurisdiccional superior en todos los órdenes, salvo lo dispuesto en materia de garantías constitucionales". El encargado de estas últimas es el Tribunal Constitucional (TC) que es un órgano independiente de la jurisdicción que controla la constitucionalidad de todas las normas, entre ellas, las laborales. Es el intérprete supremo de la CE y mediante sus sentencias puede declarar la nulidad de un precepto legal o fijar la interpretación que ha de hacerse de la norma.

Para un estudio más amplio y detallado de la estructura del sistema y de la planta judicial, así como de la función jurisdiccional y de los distintos procedimientos, cabe remitirse a la asignatura Derecho Procesal Laboral, sin perjuicio de las consideraciones más generales realizadas en el punto 1.5 del Tema 2 de esta obra.

2.2. Procedimientos de solución extrajudicial de conflictos

De otro lado, junto a la tutela judicial de los derechos laborales ya analizada, en nuestro ámbito destacan sobremanera los procedimientos de solución extrajudicial de conflictos.

Los principales mecanismos son la mediación, la conciliación y el arbitraje.

➢ **Conciliación**: El conciliador trata de aproximar las posturas de las partes en conflicto, ayudarles a encontrar la solución. La solución proviene de las mismas partes, la función del conciliador es fomentar el diálogo entre las partes sin entrar en la resolución de la controversia. La conciliación puede acabar con o sin acuerdo, depende de la voluntad de las partes.

➢ **Mediación**: El mediador ofrece soluciones a las partes, normalmente formula varias propuestas después de estudiar el conflicto (tiene un papel más activo). Las partes pueden elegir la solución más conveniente, pero no están obligadas a acatarlas, por lo cual la mediación también puede acabar con o sin acuerdo. Igualmente, la solución se consigue voluntariamente.

➢ **Arbitraje**: El árbitro resuelve el conflicto mediante el laudo arbitral. Puede ser voluntario u obligatorio acudir al arbitraje, pero el laudo se impone obligatoriamente (es vinculante), a diferencia de la conciliación y mediación en las cuales la solución se consigue voluntariamente.

CUADRO RESUMEN FÓRMULAS SOLUCIÓN DE CONFLICTOS

A) Fórmulas de autocomposición: son las propias partes ponen fin al conflicto a través de un acuerdo que puede alcanzarse directamente por ellas o con la ayuda de un tercero:

a) Sin intervención de terceros (arts. 20 y 21 LEC):

➤ Allanamiento: Reconocimiento total o parcial de las pretensiones

➤ Renuncia: Se renuncia al litigio y al derecho material que lo sustenta

➤ Desistimiento: Se renuncia al litigio, pero no al derecho. Se mantiene la posibilidad de plantearlo en otro momento

➤ Formulas bilaterales: acuerdo de desistimiento, transacción (art. 20 LEC y 1809 CC y ss.), negociación directa, etc.

b) Con intervención de terceros:

➤ Conciliación: el tercero facilita la comunicación, media entre las partes.

➤ Mediación: impulsa fórmulas de solución del conflicto y puede proponer soluciones.

B) Fórmulas de heterocomposición: Un tercero impone la solución a las partes.

➤ **Proceso judicial**: solución por jueces o magistrados (ya estudiada)

➤ **Arbitraje**: la solución vinculante (laudo arbitral) se impone por un árbitro nombrado por las partes.

Estas fórmulas de resolución de conflictos se pueden emplear voluntariamente tanto para resolver conflictos individuales como colectivos. En este segundo caso, los acuerdos interprofesionales de ámbito estatal (ASAC, a través de la fundación SIMA), pero también los de ámbito autonómico, pueden institucionalizar y originar compromisos de utilización preceptiva de estos cauces de solución para determinadas materias.

Sin embargo, **en algunos casos, la utilización de estos sistemas es obligatoria** por Ley. Así ocurre (art. 63 LRJS) con relación al intento preceptivo de solución extrajudicial mediante conciliación/mediación ante el organismo autonómico administrativo correspondiente (Servicio de Mediación, Arbitraje y Conciliación, SMAC) u órgano que asuma sus funciones creado por los acuerdos o convenios del art. 83 ET antes citados, como requisito previo a la vía judicial laboral ante la jurisdicción social, en casos de conflictos entre empresas y personas trabajadoras como consecuencia de despidos, sanciones disciplinarias, reclamaciones de cantidad y reconocimiento de derechos, en general, con las excepciones del art. 64 LRJS. Con posterioridad, en su caso, también sería preceptivo, pero ya dentro del procedimiento judicial, el acto de conciliación judicial previsto en el art. 84 LRJS, previo al acto de juicio.

3. La prescripción y la caducidad de los derechos. Líneas generales

El Derecho tiene unos recursos limitados (técnicos, materiales y humanos), así como unos condicionantes y limitaciones (temporales, de garantías y procedimentales) que determinan que sólo puede ocuparse de resolver conflictos, situaciones y cuestiones de interés jurídico relativamente conectadas con el tiempo presente.

Asimismo, los principios de seguridad jurídica (art. 9.3 CE) y buena fe en el ejercicio de los derechos (art. 7.1 CC) y en el cumplimiento de las obligaciones (art. 20.2 ET), imponen que el transcurso del tiempo tenga un efecto de consolidación sobre las situaciones jurídicas existentes. Así, en el ámbito civil, el transcurso del tiempo puede conducir, con ciertas condiciones, a que se adquieran (la prescripción adquisitiva o usucapión permite adquirir la propiedad o derechos reales por medio de la posesión pacifica de un bien) o se extingan derechos (prescripción extintiva). Incluso, en el ámbito del Derecho penal, se puede llegar a producir la inexigibilidad de la responsabilidad penal, si bien existen ciertos supuestos de imprescriptibilidad de las penas[16]

El fundamento de esta noción en el ámbito del Derecho privado se basa en que para el ordenamiento jurídico todo aquel que pretende ejercitar un derecho, o exigir el cumplimiento de una obligación, debe mostrar cierto interés en ello. Así, el transcurso de un período prolongado de tiempo con inacción por parte del interesado revela cierta indolencia o desinterés por parte del titular del derecho que genera una expectativa en la contraparte y/o en la sociedad, la cual queda, así, protegida por el principio de seguridad jurídica.

3.1. <u>Diferencias entre prescripción y caducidad</u>

No obstante, en esta materia deben distinguirse dos conceptos diferentes: **la prescripción y la caducidad**.

La prescripción tiene un carácter subjetivo que condiciona y determina sus características propias. Así, debemos encontrarnos en presencia de un derecho ejercitable por una persona, física o jurídica, pero que no ha sido ejercitado, una vez ha transcurrido un período de tiempo suficiente. El objetivo de la prescripción es dar por extinguido un derecho que se supone "abandonado" por su titular. Por ello, **la prescripción es susceptible de ser interrumpida por determinadas causas** (que implican o manifiestan el interés en el ejercicio del derecho por su titular o el reconocimiento de la obligación por la contraparte) y, **una vez agotada la causa de interrupción, debe reiniciarse por completo el cómputo del plazo de prescripción**. Además, **sólo puede operar si es alegada**, *ope exceptionis*, **a instancia de parte**. Además, **los plazos de prescripción se computan, por lo general, por días naturales**.

---

[16] El art. 133.2 CP establece que "las penas impuestas por los delitos de lesa humanidad y de genocidio y por los delitos contra las personas y bienes protegidos en caso de conflicto armado, salvo los castigados en el artículo 614, no prescribirán en ningún caso. Tampoco prescribirán las penas impuestas por delitos de terrorismo, si estos hubieren causado la muerte de una persona".

La **caducidad**, en cambio, se produce cuando, por Ley o acuerdo, se fija, objetivamente, un plazo determinado de duración para un derecho, transcurrido el cual se pierde el derecho y, por tanto, la acción para ejercitarlo. La caducidad fija de antemano el tiempo durante el cual un derecho existe y, por tanto, es susceptible de ser ejercitado. Como consecuencia de su carácter objetivo, **la caducidad opera la extinción del derecho de modo automático** y, a diferencia de la prescripción, **puede ser apreciada de oficio por el Juez.** Por ello, **la caducidad no se interrumpe, si bien, excepcionalmente, puede suspenderse, en cuyo caso, finalizada la causa de suspensión, se reanudará (no se reiniciará) el cómputo del plazo** de caducidad que se había suspendido. Por su parte, **los plazos de caducidad se computan, por lo general, por días hábiles,** lo que quiere decir que no computan ni sábados, ni domingos ni días festivos.

PRESCRIPCIÓN	CADUCIDAD
Los plazos son más largos	Los plazos son más cortos
Computan días naturales	Se computan sólo días hábiles
Los plazos se interrumpen	Los plazos no se interrumpen, pero excepcionalmente, si la Ley lo prevé, se suspenden
Tras interrupción se reinicia íntegro el plazo	Tras suspensión se reanuda el resto del periodo no consumido
Opera *ope exceptionis*, solo a instancia de parte interesada	Opera *ope legis*, se aprecia de oficio por el órgano judicial

La prescripción se encuentra regulada, con carácter general, en los artículos 5 y 1961 a 1968 del CC. Por su parte, **el art. 59 ET, contiene las reglas generales sobre la prescripción y la caducidad aplicables en el ámbito laboral.** Es importante destacar que, en materia laboral y de seguridad social, existen otros plazos para el ejercicio de acciones que se estudiaran en otras asignaturas.

3.2. Plazos de prescripción y caducidad laboral

El art. 59 ET contiene una regla general (apartado 1) que será aplicable siempre que la acción no pueda incluirse en alguna de las 3 reglas especiales (apartados 2, 3 y 4). Los dos primeros apartados, es decir, la regla general y la primera regla especial, se corresponden con plazos de prescripción. Los apartados 3 y 4 son plazos de caducidad.

3.2.1. Acciones sometidas a plazos de prescripción

> ***Artículo 59. Prescripción y caducidad.***
>
> ***1.*** *Las acciones derivadas del contrato de trabajo que no tengan señalado plazo especial prescribirán al año de su terminación.*
>
> *A estos efectos, se considerará terminado el contrato:*

> *a) El día en que expire el tiempo de duración convenido o fijado por disposición legal o convenio colectivo.*
>
> *b) El día en que termine la prestación de servicios continuados, cuando se haya dado esta continuidad por virtud de prórroga expresa o tácita.*
>
> **2.** *Si la acción se ejercita para <u>exigir percepciones económicas o para el cumplimiento de obligaciones de tracto único</u>, que no puedan tener lugar después de extinguido el contrato, el plazo de <u>un año se computará desde el día en que la acción pudiera ejercitarse.</u>*

A la vista de lo preceptuado por el art. 59. 1 y 2 ET es posible distinguir dos reglas fundamentales:

1. REGLA GENERAL (plazo de prescripción) → con carácter general, **las acciones para reclamar derechos derivados del contrato de trabajo** que no tengan señalado otro plazo especial (en el propio ET o en otra norma) no prescribirán hasta transcurrido **un año contado desde la terminación del contrato.**

2. PRIMERA REGLA ESPECIAL (plazo de prescripción) → No obstante, en segundo lugar, existe una especialidad con relación a la regla general anterior que afecta al **momento desde el que se iniciará el cómputo** de dicho plazo de un año (***dies a quo***). Pues, **si la acción se ejercita para exigir percepciones económicas** (por ejemplo, reclamaciones de salarios) **o para el cumplimiento de obligaciones de tracto único, que no puedan tener lugar después de extinguido el contrato, el plazo empezará a contarse desde el día en que la acción pudiera ejercitarse.** Por ejemplo, en caso de reclamaciones de salarios, desde el día en que debió haberse cobrado la percepción económica reclamada.

No obstante, hay que tener en cuenta que estos plazos prescriptivos -como ha sido avanzado antes- **son susceptibles de interrupción** por determinadas causas y, en caso de que ello ocurra, el cómputo del plazo de prescripción correspondiente deberá reiniciarse íntegramente a partir del día siguiente al de cese de la causa interruptiva. Concretamente, en el ámbito laboral, la interrupción de la prescripción se produce **por el ejercicio judicial de la acción correspondiente** o, en su caso, por **la reclamación extrajudicial**, así como, en general, por cualquier **acto de reconocimiento de la deuda** u obligación por el responsable u obligado al pago. En el caso de acciones individuales de reclamación de cantidad, el planteamiento previo de un conflicto colectivo que guarde relación directa también interrumpe la prescripción.

3.2.2. Acciones sometidas a plazos de caducidad

Por otro lado, el ejercicio de determinadas acciones (como contra el despido u otras decisiones empresariales) está sometido legalmente a plazos de caducidad. Cabe recordar que éstos, por lo general, son más cortos que los de prescripción, se computan por días hábiles y, en su caso, se suspenden (no se interrumpen), reanudándose a continuación el cómputo del plazo que restaba antes de la suspensión (no se reinicia el cómputo del plazo íntegramente).

> **Artículo 59. Prescripción y caducidad.**
>
> **3.** *El ejercicio de la acción contra el despido o resolución de contratos temporales caducará a los veinte días siguientes de aquel en que se hubiera producido. Los días serán hábiles y el plazo de caducidad a todos los efectos.*
>
> *El plazo de caducidad quedará interrumpido por la presentación de la solicitud de conciliación ante el órgano público de mediación, arbitraje y conciliación competente.*
>
> **4.** *Lo previsto en el apartado anterior será de aplicación a las acciones contra las decisiones empresariales en materia de movilidad geográfica y modificación sustancial de condiciones de trabajo. El plazo se computará desde el día siguiente a la fecha de notificación de la decisión empresarial, tras la finalización, en su caso, del periodo de consultas.*

3. SEGUNDA REGLA ESPECIAL (plazo de caducidad) → El ejercicio de la acción **contra el despido o resolución de contratos temporales** caducará a los 20 días hábiles siguientes de aquel en que se hubieran producido. Es decir, **el cómputo de los 20 días se inicia al día siguiente de la fecha de efectos de la extinción contractual o despido**.

Este plazo de caducidad **quedará suspendido por la presentación de la solicitud de conciliación** ante el órgano público de mediación, arbitraje y conciliación competente (SMAC). En este caso, **se reanudará al día siguiente de intentada la conciliación o transcurridos quince días hábiles**, excluyendo del cómputo los sábados, **desde su presentación sin que se haya** celebrado. (art. 65.1 LRJS).

4. TERCERA REGLA ESPECIAL (plazo de caducidad) → También caducarán a los 20 días hábiles las acciones contra las **decisiones empresariales en materia de movilidad geográfica y modificación sustancial** de condiciones de trabajo. En este caso el plazo **se computará desde el día siguiente a la fecha de <u>notificación de la decisión empresarial</u>**, tras la finalización, en su caso, del período de consultas.

3.2.3. Reglas comunes de cómputo de plazos

Para el cómputo de plazos hay que tener en cuenta las siguientes reglas:

> ➢ Las solicitudes de conciliación o la demanda judicial solo pueden presentarse en días hábiles. Son días inhábiles:

> **Artículo 182 LOPJ.**
>
> **1.** <u>Son inhábiles</u> *a efectos procesales los <u>sábados y domingos, los días de fiesta nacional</u> y los festivos a efectos laborales <u>en la respectiva Comunidad Autónoma o localidad.</u>*

> **Artículo 183 LOPJ.**
>
> Serán _inhábiles los días del mes de agosto_, así como _todos los días desde el 24 de diciembre hasta el 6 de enero del año siguiente, ambos inclusive_, para todas las actuaciones judiciales, _excepto las que se declaren urgentes por las leyes procesales_. No obstante, el Consejo General del Poder Judicial, mediante reglamento, podrá habilitarlos a efectos de otras actuaciones.

Y, en este caso, la Ley Reguladora de la Jurisdicción Social, considera urgentes

> **Artículo 43 LJS. Tiempo de las actuaciones judiciales.**
>
> 4. Los días del mes de agosto y los días que median entre el 24 de diciembre y el 6 de enero del año siguiente, ambos inclusive, _serán inhábiles, salvo en las modalidades procesales de despido, extinción del contrato_ de trabajo de los artículos 50, 51 y 52 del texto refundido de la Ley del Estatuto de los Trabajadores, _movilidad geográfica, modificación sustancial de las condiciones de trabajo_, [...]

Es decir, para el cómputo de los plazos señalados en los apartados 3 y 4 del art. 59 ET, estos días del mes de agosto y los que median entre el 24 de diciembre y el 6 de enero, sí que serán hábiles. En cambio, a efectos del cómputo de plazo de prescripción, si la fecha límite cae un día inhábil, el plazo vencerá el día hábil siguiente.

> A efectos del plazo de caducidad, tampoco computan:
> - El día de la presentación de la solicitud o demanda de conciliación.
> - El día de celebración del acto de conciliación.
> - El día de la presentación de la demanda judicial

> En todo caso, agotado el plazo, la Ley proporciona un día de gracia:

> **Artículo 135 LEC. Presentación de escritos, a efectos del requisito de tiempo de los actos procesales.**
>
> 5. La presentación de escritos y documentos, cualquiera que fuera la forma, si estuviere sujeta a plazo, procesal o sustantivo, _podrá efectuarse hasta las quince horas del día hábil siguiente al del vencimiento del plazo_.

BIBLIOGRAFÍA

AA.VV. (1997), _Introducción a la Teoría del Derecho_ (Coord. De Lucas, Javier), 3ª edición, Valencia: Ed. Tirant lo Blanch.

AA.VV. (2010), _Introducción a la Teoría del Derecho_ (Coord. Gayo Santa Cecilia, María Eugenia. y Muñoz de Baena Simón, José Luis), Madrid: Ed. UNED.

AA.VV. (2015), _Curso de Derecho Privado_ (Dirs. Orduña, Francisco Javier y Campuzano, Ana Belén), 18ª edición, Valencia: Ed. Tirant lo Blanch.

DÍEZ PICAZO, Luis y GULLÓN BALLESTEROS, Antonio (2016), *Sistema de Derecho Civil*, 11ª ed, Madrid: Ed. Tecnos.

FABRA ABAT, Pere (2017), ¿"Què és el Dret?", en AA.VV. *Introducció al Dret*, Barcelona: FUOC, recurso electrónico recuperado el 15-09-23 de http://cv.uoc.edu/annotation/cbcad386b1dbde033f3c0e77fd6c9997/5720 41/PID_00242838/index.html

FREIXES SANJUÁN, Teresa y REMOTTI CARBONELL, José Carlos (1992), "Los valores y principios en la interpretación constitucional", *Revista Española de Derecho Constitucional*, n.º 35, pp. 97-109.

PONS CARMENA, María. (2022), *Manual de Derecho Administrativo Laboral.* Valencia: Ed. Tirant lo Blanch.

VILLALBA ZABALA, Agustín (2011), *Introducción al Derecho*, Cantabria: Universidad de Cantabria. Open Course Ware, recurso electrónico recuperado el 15-09-23 de https://ocw.unican.es/course/view.php?id=106#section-3

Tema 8. La persona

FRANCISCO A. RODRIGO SANBARTOLOMÉ

1.- Persona física y persona jurídica.
2.- Capacidad jurídica y capacidad de obrar.
3.-El fallecimiento de la persona y los supuestos de desaparición.
4.- La representación.
5.- Parentesco: convivencia y grados de consanguinidad y afinidad

1. PERSONA FÍSICA Y PERSONA JURÍDICA

Es de conocimiento general que, en el sentido del lenguaje coloquial, el término *persona* equivale a ser humano, pero desde la perspectiva del Derecho, la noción se circunscribe a la configuración de los sujetos que tienen aptitud para ser titulares de derechos y obligaciones y, por extensión, la *personalidad (o capacidad jurídica)* se refiere a la aptitud para ser sujeto activo o pasivo de relaciones jurídicas.

Tradicionalmente, la doctrina ha distinguido entre dos teorías jurídicas al respecto: a) la positivista, que considera que la personalidad nace y deriva de su atribución por el ordenamiento jurídico; b) la iusnaturalista, que entiende que la personalidad es una cualidad intrínseca o atributo esencial de todo ser humano, que el ordenamiento jurídico se limita a reconocer.

A diferencia del caso de las personas jurídicas en que la doctrina positivista resulta, por lógica, plenamente aplicable, en el supuesto de las personas físicas, tanto la CE (art. 10.1: "La dignidad de la persona, los derechos inviolables que le son inherentes, el libre desarrollo de la personalidad, el respeto a la ley y a los derechos de los demás son fundamento del orden político y de la paz social") como el CC (art. 29: "El nacimiento determina la personalidad") parecen partir de un concepto iusnaturalista de la personalidad. De modo que ambas teorías se complementan.

Como se ha avanzado, en el caso de las **personas físicas (o naturales)** es el **nacimiento el que determina la personalidad (art. 29 CC)**. No obstante, hay que precisar que los elementos necesarios para que una persona se considere nacida fueron objeto de modificación por la reforma operada en el CC por la Ley 20/2011, puesto que mientras que, en su redacción original, el **art. 30 CC** especificaba que, para los efectos civiles, sólo se reputaría nacido el feto que tuviere figura humana y viviere 24 horas enteramente desprendido del seno materno, actualmente, el texto vigente de este precepto establece que: **"La personalidad se adquiere en el momento del nacimiento con vida, una vez producido el entero desprendimiento del seno materno".**

Se considera **persona jurídica** (o persona moral) a los entes -distintos de las personas naturales o físicas- que, como consecuencia de una ficción jurídica creada por el ordenamiento jurídico, se les reconoce la condición de sujetos con aptitud en Derecho para ser titulares de derechos y obligaciones. Ambos tipos de persona, físicas y jurídicas coexisten en el tráfico jurídico y ambas pueden ser titulares de derechos y obligaciones, así como ejercitarlos. En este sentido, el art. 38 CC subraya que: "Las personas jurídicas pueden adquirir y poseer bienes de todas clases, así como contraer obligaciones y ejercitar acciones civiles o criminales, conforme a las leyes y reglas de su constitución".

Artículo 35 CC:

Son personas jurídicas:

1.º Las corporaciones, asociaciones y fundaciones de interés público reconocidas por la ley. Su personalidad empieza desde el instante mismo en que, con arreglo a derecho, hubiesen quedado válidamente constituidas.

2.º Las asociaciones de interés particular, sean civiles, mercantiles o industriales, a las que la ley conceda personalidad propia, independiente de la de cada uno de los asociados".

En la realidad económica, laboral y social, es posible encontrar múltiples ejemplos de personas físicas y jurídicas. En lo que a nuestra materia laboral interesa es posible mencionar, principalmente, a **la persona física trabajadora** (en el sentido del art. 1.1 ET: personas que voluntariamente prestan sus servicios retribuidos por cuenta ajena y dentro del ámbito de organización y dirección de otra persona, física o jurídica, denominada empleador o empresario) y a las **personas físicas, jurídicas (o, incluso, entidades sin personalidad, como las C.B.) que actúan como empleadores o empresarios** en el sentido del art. 1.2 ET.

Artículo 1 ET

2. A los efectos de esta ley, serán empresarios todas las personas, físicas o jurídicas, o comunidades de bienes que reciban la prestación de servicios de las personas referidas en el apartado anterior, así como de las personas contratadas para ser cedidas a empresas usuarias por empresas de trabajo temporal legalmente constituidas.

Como vemos, a diferencia de lo que ocurre con la persona del trabajador, en la definición legal no se contiene una conceptuación autónoma de lo que deba entenderse por empresario, sino que el concepto de empresario es meramente reflejo del de trabajador (quienes reciban la prestación de servicios de éste), siendo la definición de trabajador el verdadero elemento clave a la hora de determinar la aplicación de la normativa laboral y la de empresario meramente complementaria de aquélla.

Para el Derecho del Trabajo la noción de empresario se limita a la de ser receptor de la prestación de trabajo o contratante en el marco de un contrato de puesta a disposición con una ETT, y, por ello, en el ámbito laboral resulta irrelevante – aunque será lo habitual- si el empresario puede ser considerado como tal en el plano económico o del Derecho Mercantil. De ahí que se pueda ser empleador laboral pero no empresario mercantil, como ocurre con el cabeza de familia titular del hogar familiar en la relación laboral especial del servicio doméstico, o ser empresario mercantil sin asalariados, como en el supuesto de trabajadores autónomos sin trabajadores a su servicio y, por tanto, sin significación en el ámbito jurídico laboral en el sentido "empresario-empleador".

A) Empresario persona física y entes sin personalidad jurídica

Como se ha avanzado, cabe que el empleador sea una persona física, una persona jurídica o incluso un ente desprovisto de personalidad jurídica, como se desprende de la referencia del art. 1.2 ET a las **comunidades de bienes**, categoría en la que se incluyen, además, de las C.B. propiamente dichas a las que se refiere el art. 392 CC ("cuando la propiedad de una cosa o un derecho pertenece pro indiviso a varias personas" y que constituiría la forma más sencilla de asociación entre autónomos con un proyecto común, para la creación de pequeños negocios), las comunidades de propietarios en régimen de propiedad horizontal o, bajo ciertas condiciones, determinadas modalidades de grupos de sociedades. Otra forma jurídica muy similar a la C.B. es la **sociedad civil**, pero con la diferencia de que los socios ponen en común bienes o capital voluntariamente, no como en la C.B. porque la copropiedad les venga predeterminada *pro indiviso*, por herencia, elementos comunes de fincas urbanas, etc.

Cabe, asimismo, referirse aquí en cuanto entidades sin personalidad jurídica propia, a las **Uniones Temporales de Empresas** (UTE), que son una forma de colaboración entre empresas que se unen para realizar conjuntamente una determinada obra o servicio. Al no dar lugar su constitución al surgimiento de una nueva personalidad jurídica diferenciada (a diferencia de lo que ocurre con las **Agrupaciones de Interés Económico**), la responsabilidad de sus miembros frente a terceros será, en todo caso, solidaria e ilimitada.

B) Empresario persona jurídica. Tipología de personas jurídicas

Con relación al empresario persona jurídica conviene repasar (véase el cuadro que aparece a continuación) las tipologías desde el punto de vista del Derecho mercantil, con independencia de que -como se ha dicho- en el ámbito laboral lo único trascendente es si se recibe o no la prestación de servicios de uno o varios trabajadores, siendo, asimismo, irrelevante si el empleador es un persona jurídico-pública (Administraciones Públicas u organismos autónomos, directamente o, indirectamente, a través de entidades públicas empresariales dependientes) o si se trata de personas jurídico-privadas.

COMPARATIVO ENTRE SOCIEDADES CAPITALISTAS Y PERSONALISTAS					
Tipo de sociedad	Núm. Mín. socios	Capital mínimo	Max % de capital por socio	Responsabilidad socios	Tipo de socios
Sociedad de Responsabilidad Limitada: S.L.	1	3.000 € 100% desembolsado	sin límite	Limitada al capital aportado	Capitalistas y/o trabajadores
Sociedad Anónima: S.A.	1	60.000 € 25% desembolsado. Resto en 5 años	sin límite	Limitada al capital aportado	Capitalistas y/o trabajadores
Sociedad Cooperativa Coop.	3	Según estatutos. En algunas CCAA hay un mínimo	1/3	Limitada al capital aportado	Trabajadores
Sociedad Limitada laboral S.L.L.	3	3.000 € 100% desembolsado	1/3	Limitada al capital aportado	51% trabajadores
Sociedad Anónima Laboral S.A.L.	3	60.000 € 25% desembolsado. Resto en 5 años	1/3	Limitada al capital aportado	51% trabajadores
Sociedad Colectiva	2	No hay mínimo legal	sin límite	Responsabilidad ilimitada	Capitalistas y/o trabajadores
Sociedad Comanditaria	2	No hay mínimo legal	sin límite	La responsabilidad los socios colectivos es ilimitada. La de los socios comanditarios (que solo aportan capital) se limita a los fondos aportados, pero éstos no pueden votar ni administrar la empresa.	Colectivos: aportan trabajo y, en su caso, capital. Comanditarios: aportan sólo capital

Finalmente, también cabe destacar, por su gran importancia en nuestro ámbito de estudio, que, asimismo, gozan de personalidad jurídica propia las organizaciones sindicales y las asociaciones empresariales. En efecto, sindicatos y asociaciones empresariales son instrumentos clave en el entramado de nuestro sistema relaciones laborales, como reconoce la propia CE, en su Título Preliminar, al señalar:

Artículo 7 CE

Los sindicatos de trabajadores y las asociaciones empresariales contribuyen a la defensa y promoción de los intereses económicos y sociales que les son propios. Su creación y el ejercicio de su actividad son libres dentro del respeto a la Constitución y a la ley. Su estructura interna y funcionamiento deberán ser democráticos.

La *Ley Orgánica 11/1985, de 2 de agosto, de Libertad Sindical* (LOLS) regula, en su art. 4, el procedimiento para la adquisición de la personalidad jurídica de los sindicatos. El único control administrativo es puramente formal y de depósito de los estatutos a efectos de publicidad. De este modo, los sindicatos constituidos al amparo de la LOLS, para adquirir la personalidad jurídica y plena capacidad de obrar, deben depositar sus estatutos, por procedimientos telemáticos conforme al *Real Decreto 416/2015, de 29 de mayo, sobre depósito de estatutos de las organizaciones sindicales y empresariales*. El sindicato adquirirá personalidad jurídica y plena capacidad de obrar transcurridos veinte días hábiles desde el depósito de los estatutos.

2. CAPACIDAD JURÍDICA Y CAPACIDAD DE OBRAR

El concepto de capacidad jurídica es coincidente con el de personalidad y, de este modo, -como hemos visto- toda persona nacida con los requisitos previstos en el artículo 30 CC, tendrá capacidad jurídica, es decir, aptitud para ser titular de derechos subjetivos y obligaciones o deberes jurídicos.

Por su parte, por capacidad de obrar se entiende la aptitud para el ejercicio de los derechos y deberes de los que se es titular o -lo que es lo mismo- para formalizar eficazmente actos jurídicos. Pero no toda persona con capacidad jurídica ostenta capacidad de obrar, sino que dependerá de la situación personal de cada cual. Así, es posible distinguir distintos grados de capacidad de obrar:

A) Capacidad plena: Es el grado de capacidad más amplio y sin limitaciones. De acuerdo con el art. 246 CC, se presume que la capacidad de obrar es plena para todas las personas mayores de edad (18 años, art. 240 CC), por lo que la falta o la limitación de la capacidad de obrar es excepcional y ha de probarse o acreditarse debidamente.

B) Capacidad limitada: Es un grado intermedio de la capacidad, que requiere el complemento de esta para determinados actos o negocios jurídicos, mediante el concurso de otras personas (padres o curador), como ocurre con los menores emancipados.

La emancipación hace que acabe la patria potestad (art. 169.2 CC) y la tutela (art. 231 CC), pero precisando todavía para determinados actos jurídicos el complemento de capacidad de los padres que ejercían la patria potestad o, en su defecto, de un curador. La curatela es un complemento estable de la capacidad de obrar, pero que interviene de manera intermitente. A diferencia de la patria potestad o la tutela, no consiste en la representación de quien no posee capacidad de obrar, sino en completar la capacidad de quien sí la posee, pero necesita un complemento para la realización de determinados actos jurídicos.

De acuerdo con los arts. 239 CC y ss., la emancipación de un menor de 18 años requiere que tenga cumplidos 16 años y puede tener lugar:

a) Por concesión de quienes ejerzan la patria potestad: es irrevocable y debe ser consentida por el menor. Deberá otorgarse en escritura pública o mediante comparecencia ante el encargado del Registro Civil, e inscribirse en este, en ambos casos;

b) Por concesión judicial, si el menor lo pide, previa audiencia de los progenitores, cuando quien ejerce la patria potestad contrajere nupcias o conviviere maritalmente con persona distinta del otro progenitor; cuando los progenitores vivieren separados; o cuando concurra cualquier causa que entorpezca gravemente el ejercicio de la patria potestad.

c) Asimismo, se reputará emancipado de hecho al hijo mayor de 16 años que, con el consentimiento de los progenitores, viviere independientemente de estos.

La emancipación habilita al menor para regir su persona y bienes como si fuera mayor, pero, hasta que llegue a la mayor edad, el emancipado no podrá tomar dinero a préstamo, gravar o enajenar bienes inmuebles y establecimientos mercantiles o industriales u objetos de extraordinario valor sin consentimiento de sus progenitores o, en su caso del cónyuge, si este fuera mayor de edad (el menor emancipado se puede casar desde los 16 años, no ya desde los 14 años como ocurría con anterioridad). Sin embargo, el menor emancipado podrá, por sí solo, comparecer en juicio.

C) Incapacidad: La persona incapaz, por razón de minoría de edad, carece absolutamente de aptitud para el ejercicio de derechos y deberes jurídicos, por lo que precisa de un representante legal (padres o tutor), que ejercite, en su nombre, los derechos y deberes de los que es titular.[17]

En el ámbito del Derecho del Trabajo es posible reproducir un esquema, similar al del Derecho civil que se acaba de esbozar, a efectos de concretar la

---

[17] Tras la Ley 8/2021, quedó limitada la tutela a los menores no emancipados no sometidos a patria potestad o en situación de desamparo (art. 199 CC) y suprimida la tradicional incapacitación judicial de personas mayores de edad con discapacidad física, psíquica o intelectual, que ya no son objeto de tutela, puesto que ya no es admisible hablar de personas incapacitadas carentes de capacidad de obrar (que deba ser sustituida por un tutor), sino que se ha creado un nuevo sistema más respetoso de la dignidad de la persona basado en nuevas nociones y en medidas de apoyo diferentes: como la autocuratela, el defensor judicial, la guarda de hecho y la curatela. Recibirán también ahora un tratamiento similar, en su caso, las situaciones de prodigalidad, que también han desaparecido como figura independiente (la persona declarada pródiga era declarada judicialmente incapacitada para administrar sus bienes por su conducta habitual desordenada y, requería, en todo caso, del complemento de un curador).

capacidad de obrar de una persona para concertar un contrato de trabajo como trabajador:

Así, cabe diferenciar también 3 niveles de capacidad (art.7 ET):

a) Capacidad laboral plena: quienes tengan plena capacidad de obrar conforme a lo dispuesto en el Código Civil (art. 7a ET): los mayores de edad (18 años) y los menores emancipados, puesto que este contrato no figura entre los actos jurídicos enumerados más arriba para los que necesitan complementar su capacidad de obrar.

b) Capacidad laboral limitada: los mayores de 16 años no emancipados, que necesitarán autorización del padre, madre o tutor (art.7b ET): "Si el representante legal de una persona de capacidad limitada la autoriza expresa o tácitamente para realizar un trabajo, queda esta también autorizada para ejercitar los derechos y cumplir los deberes que se derivan de su contrato y para su cesación"; y, ello es así, porque se trata de una autorización y no de una representación legal, lo que significa que la voluntad decisiva será la del menor, tanto para decidir trabajar, asumiendo y ejerciendo todas sus consecuencias jurídicas, como para decidir cesar en el trabajo.

c) Incapacidad laboral: no podrán concertar un contrato de trabajo los menores de 16 años. De hecho, el art. 6.1 ET establece imperativamente que "Se prohíbe la admisión al trabajo a los menores de dieciséis años", de modo que, ni siquiera con la representación de sus padres o tutores, puede formalizarse un contrato de trabajo de menores de 16 años, salvo en el caso previsto en el art. 6.4 ET: "La intervención de los menores de dieciséis años en espectáculos públicos solo se autorizará en casos excepcionales por la autoridad laboral, siempre que no suponga peligro para su salud ni para su formación profesional y humana. El permiso deberá constar por escrito y para actos determinados".

Confluyen en esta excepción una autorización a cargo de la autoridad laboral y una representación por parte de los representantes legales del menor. El órgano competente para conceder la autorización será estatal o de la Comunidad Autónoma, según el espectáculo público vaya a implicar actuaciones que vayan a tener lugar en el territorio de varias o una sola Comunidad Autónoma. De acuerdo con el art. 2 del RD 1435/1985 que regula la relación laboral de carácter especial de los artistas en espectáculos públicos, la autorización habrá de solicitarse por los representantes legales del menor, acompañando el consentimiento de éste, si tuviera suficiente juicio, y la concesión de la misma deberá constar por escrito, especificando el espectáculo o la actuación para la que se concede. Concedida la autorización, corresponde al padre o tutor la celebración del correspondiente contrato, requiriéndose también el previo consentimiento del menor, si tuviere suficiente juicio; asimismo, corresponde al padre o tutor el ejercicio de las acciones derivadas del contrato, dada la ausencia de capacidad obrar del menor. En materia de nacionalidad se estará a lo que disponga la legislación vigente para los trabajadores extranjeros en España.

3. EL FALLECIMIENTO DE LA PERSONA Y LOS SUPUESTOS DE DESAPARICIÓN

Artículo 32 CC
La personalidad civil se extingue por la muerte de las personas.

Artículo 62 de la Ley 20/2011, del Registro Civil

> *La inscripción en el Registro Civil de la defunción es obligatoria. La inscripción hace fe de la muerte de una persona y de la fecha, hora y lugar en que se produce. En la inscripción debe figurar asimismo la identidad del fallecido.*

Una persona que ha desaparecido puede ser declarada fallecida, en los siguientes casos (art. 193 CC):

a) Transcurridos 10 años computados desde el fin del año natural de las últimas noticias o, en su defecto, desde su desaparición; o bien, 5 años si al expirar dicho plazo hubiere cumplido el ausente 75 años.

b) Cumplido 1 año, en este caso contado de fecha a fecha, de un riesgo inminente de muerte por causa de violencia contra la vida, en que una persona se hubiese encontrado sin haberse tenido, con posterioridad a la violencia, noticias suyas.

En caso de siniestro este plazo será de 3 meses, pero hay incluso plazos más cortos, como el de solo 8 días previsto en el art. 194 CC, de los que no se tuvieren noticias después de que resulte acreditado que se encontraban a bordo de una nave cuyo naufragio o desaparición por inmersión en el mar se haya comprobado; a bordo de una aeronave cuyo siniestro se haya verificado; o, en caso de haberse encontrado restos humanos en tales supuestos y no hubieren podido ser identificados.

La declaración de fallecimiento es una resolución judicial por la que se declara muerta a una persona desaparecida, produciendo el mismo efecto de extinción de la personalidad que la muerte (art. 32 CC). Si con posterioridad a la declaración de fallecimiento se presentase el ausente o se probase su existencia, recobrará sus bienes en el estado en que se encuentren y tendrá derecho al precio de los que se hubieran vendido, o a los bienes que con este precio se hayan adquirido, pero no podrá reclamar de sus sucesores rentas, frutos ni productos obtenidos con los bienes de su sucesión, sino desde el día de su presencia o de la declaración de no haber muerto (art. 197 CC).

4. La representación

En sentido estricto (representación directa), la representación puede ser entendida como el instrumento por el cual una persona (representante) realiza un acto jurídico en nombre de otra (representado), produciendo efectos exclusivos e inmediatos en la persona del representado.

La representación se admite, en general, sin grandes obstáculos en el ámbito del Derecho de contratos, pero plantea dificultades en lo relativo a los derechos personalísimos (vida, libertad, honor, etc.); Derecho de familia (si bien se admite, en el art. 55 CC, el matrimonio por medio de apoderado, no se trata en este caso tanto de un supuesto propiamente en que se actúe como representante sino más bien como mensajero); o actos *mortis causa*.

Sin embargo, en los contratos en que se admite, el requisito de validez de los actos del representante consiste en que cuente con *título bastante*, que implica que la representación le haya sido conferida por Ley o por el propio representado, y que, en su actuación, el representante no se extralimite de los términos de la autorización cuando sea legal o del apoderamiento cuando sea voluntaria. No obstante, la carencia de título o poder bastante es subsanable mediante ratificación.

Artículo 1259 CC

Ninguno puede contratar a nombre de otro sin estar por éste autorizado o sin que tenga por la ley su representación legal.

El contrato celebrado a nombre de otro por quien no tenga su autorización o representación legal será nulo, a no ser que lo ratifique la persona a cuyo nombre se otorgue antes de ser revocado por la otra parte contratante.

De lo anterior, se derivan las dos clases principales de representación:

a) Representación Legal: trata de suplir la falta de capacidad de obrar, en los términos que hemos estudiado al tratar de ésta. Por ello, en estos casos, la representación es conferida *ope legis* y tiene por objeto negocios que por sí solo no puede celebrar legalmente el representado, y no puede ser revocada por éste. Los supuestos principales de representación legal son la patria potestad (art. 154 CC: "Los hijos e hijas no emancipados están bajo la patria potestad de los progenitores" y art. 162 CC: "Los padres que ostenten la patria potestad tienen la representación legal de sus hijos menores no emancipados") y la tutela (cuando se trata de menores no emancipados no sometidos a patria potestad o en situación de desamparo: art. 199 CC), pero pueden existir otros como el representante del declarado ausente (art. 184 CC).

b) Representación Voluntaria: no trata de suplir la ausencia de capacidad de obrar del representado, sino que, normalmente, tiene por finalidad superar las limitaciones físicas o geográficas que afecten al mismo. Así, en estos casos, el representante sólo puede realizar actos que hubiera podido realizar por sí mismo el representado, y tiene su origen - mediante al acto de apoderamiento- en la voluntad de éste, que puede ser revocada.

5. PARENTESCO: CONVIVENCIA Y GRADOS DE CONSANGUINIDAD Y AFINIDAD

Como se estudiará en otras asignaturas jurídicas de este Grado, la legislación laboral reconoce ciertos derechos a la persona trabajadora en atención a ciertas personas de su entorno personal y familiar. Especialmente, se refieren permisos y licencias que tienen las personas trabajadoras para atender situaciones familiares, incluyendo el cuidado de convivientes, es decir, personas que viven en el mismo domicilio sin ser necesariamente familiares directos. Estos derechos se han ampliado recientemente para equiparar en algunos aspectos a las parejas de hecho con el matrimonio y para reconocer el cuidado de convivientes.

Así las cosas, por ejemplo, se reconocen ciertos permisos para cuidar y asistir a **cónyuges**, **parejas de hecho** o simples **convivientes en el mismo domicilio**, aunque no tengan una unión civil formalizada. También se reconocen estos derechos para atender a **familiares hasta cierto grado de parentesco**, ya sea por **consanguinidad** o **afinidad**.

Consanguinidad y la afinidad son dos tipos de parentesco. La diferencia se basa en el tipo de vínculo: mientras que consanguinidad se refiere al parentesco por sangre, la afinidad es el parentesco que surge a través del matrimonio. Es decir, la consanguinidad es el vínculo familiar entre personas que comparten antepasados comunes, mientras que la afinidad es el vínculo que se establece entre una persona y los parientes consanguíneos de su cónyuge o pareja de hecho.

El parentesco y la forma de computar los grados vienen regulados en los arts. 915 a 923 CC: La proximidad del parentesco se determina por el número de generaciones. Cada generación forma un grado. La serie de grados forma la línea, que puede ser directa o colateral. Se llama directa la constituida por la serie de grados entre personas que descienden una de otra. Y colateral la constituida por la serie de grados entre personas que no descienden unas de otras, pero que proceden de un tronco común. Se distingue la línea recta en descendente y ascendente. La primera une al cabeza de familia con los que descienden de él. La segunda liga a una persona con aquellos de quienes desciende. En las líneas se cuentan tantos grados como generaciones o como personas, descontando la del progenitor. En la recta se sube únicamente hasta el tronco. Así, el hijo dista del padre un grado, dos del abuelo y tres del bisabuelo. En la colateral se sube hasta el tronco común y después se baja hasta la persona con quien se hace la computación. Por esto, el hermano dista dos grados del hermano, tres del tío, hermano de su padre o madre, cuatro del primo hermano y así en adelante:

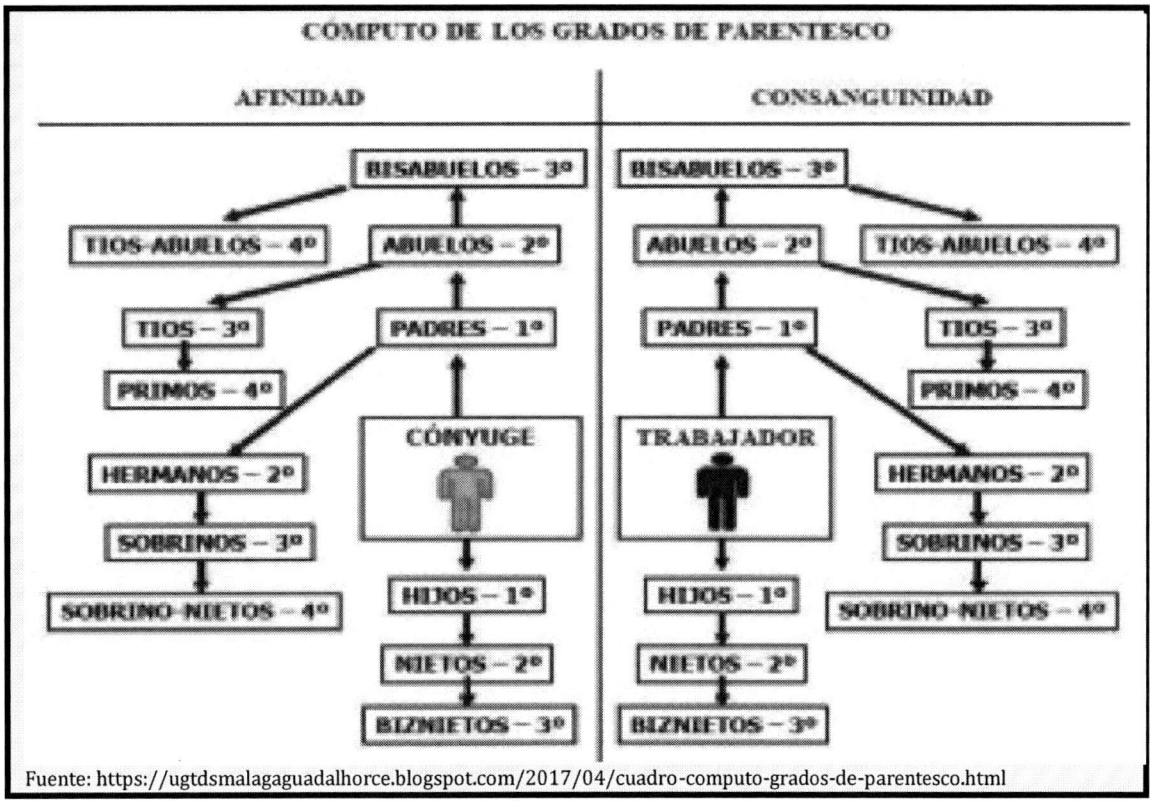

Fuente: https://ugtdsmalagaguadalhorce.blogspot.com/2017/04/cuadro-computo-grados-de-parentesco.html

BIBLIOGRAFÍA

AA.VV. (1997), *Introducción a la Teoría del Derecho* (Coord. De Lucas, Javier), 3ª edición, Valencia: Ed. Tirant lo Blanch.

AA.VV. (2010), *Introducción a la Teoría del Derecho* (Coord. Gayo Santa Cecilia, M.ª Eugenia. y Muñoz de Baena Simón, José L.), Madrid: Ed. UNED.

AA.VV. (2015), *Curso de Derecho Privado* (Dirs. Orduña, Francisco J. y Campuzano, Ana B.), 18ª edición, Valencia: Ed. Tirant lo Blanch.

ARNAU MOYA, F. (2009), *Lecciones de Derecho Civil I,* Castellón: Universitat Jaume I, recuperado el 15/09/23 de https://repositori.uji.es/xmlui/bitstream/handle/10234/24162/s6.pdf

DÍEZ PICAZO, L. y GULLÓN, A. (2016), *Sistema de Derecho Civil*, 11ª ed, Madrid: Ed. Tecnos.

FREIXES SANJUÁN, T. y REMOTTI CARBONELL, J. C. (1992), "Los valores y principios en la interpretación constitucional", *Revista Española de Derecho Constitucional,* n.º 35, pp. 97-109.

VILLALBA ZABALA, A. (2011), *Introducción al Derecho*, Cantabria: Universidad de Cantabria. Open Course Ware, recurso electrónico recuperado el 15-09-23 de https://ocw.unican.es/course/view.php?id=106#section-3

Tema 9. Las obligaciones. Régimen general

FRANCISCO A. RODRIGO SANBARTOLOMÉ

1.- La obligación.
2.- Cumplimiento e incumplimiento de las obligaciones.
3.-La responsabilidad civil.

---

1. LA OBLIGACIÓN

Por obligación se entiende, en sentido amplio, la relación jurídica o vínculo entre un acreedor (sujeto activo, titular de un derecho de crédito) y un deudor (sujeto pasivo) que tiene el deber jurídico (obligación en sentido estricto) de cumplir con la prestación que constituya el objeto de dicha relación jurídica.

Por tanto, las obligaciones están compuestas por tres elementos:

A) El **derecho de crédito** (derecho subjetivo) **del acreedor** (sujeto activo de la relación jurídica) que le faculta para exigir al deudor el cumplimiento de la prestación debida, incluso en caso de que no se cumpla voluntariamente, instando judicialmente su cumplimiento forzoso.

B) El **deber jurídico** (obligación en sentido estricto) **del deudor** (sujeto pasivo de la relación jurídica), consistente en la realización de una determinada prestación en favor del acreedor.

C) La **responsabilidad del deudor**, que consiste en la sujeción de todo su patrimonio al poder del acreedor, de tal forma que éste pueda dirigirse contra el mismo en caso de incumplimiento. La responsabilidad es una de las consecuencias del incumplimiento de la obligación. El acreedor se ve revestido de un poder de agresión sobre el patrimonio (todos los bienes y derechos) del deudor para defender y satisfacer sus intereses. Así, el principio de responsabilidad universal viene reconocido en el art. 1911 CC, al establecer que "del cumplimiento de sus obligaciones responde en deudor con todos sus bienes presentes y futuros".

Las obligaciones vienen reguladas en los arts. 1088 a 1253 CC.

Artículo 1088 CC
Toda obligación consiste en dar, hacer o no hacer alguna cosa.

Artículo 1089 CC
Las obligaciones nacen de la ley, de los contratos y cuasi contratos, y de los actos y omisiones ilícitos o en que intervenga cualquier género de culpa o negligencia.

Las obligaciones derivadas de la Ley no se presumen y sólo serán exigibles las expresamente determinadas por el CC u otras Leyes, en los términos previstos en estas o, supletoriamente, en el CC.

Las obligaciones que nacen de los contratos tienen fuerza de ley entre las partes contratantes, y deben cumplirse a tenor de estos (1091 CC) y su objeto tiene que ser posible, lícito y determinado (arts. 1271 a 1273 CC).

Para las obligaciones civiles que se derivan de los delitos (responsabilidad civil derivada de la penal) hay que estar a lo dispuesto en el Código Penal (arts. 109 y ss. CP) y para las acciones u omisiones en que intervenga culpa o negligencia que no estén penadas por la Ley a lo dispuesto en el Capítulo II del Título XVI del Libro cuarto del CC.

En general, todas las personas físicas y jurídicas pueden ser titulares de una obligación, como sujetos activos o pasivos, sin perjuicio de las limitaciones que puedan derivarse en cuanto al ejercicio y a la exigencia de derechos (o al cumplimiento y ejecución de obligaciones) cuando se carezca de capacidad de obrar o esta sea limitada.

En toda obligación debe figurar, como mínimo, una persona como sujeto activo y, al menos, otra como sujeto pasivo (es el caso de las llamadas obligaciones unipersonales o individuales). Asimismo, existen obligaciones en las que el papel del sujeto activo se limita a ser acreedor de la prestación y el del sujeto pasivo al de deudor de esta (obligaciones unilaterales), por contraposición a aquellas en las que tanto un sujeto como otro son acreedores y deudores de sus respectivas prestaciones (obligaciones bilaterales o recíprocas). Finalmente, existe la posibilidad de que cada una de estas figuras pueda estar integrada por más de una persona (como ocurre en las denominadas obligaciones pluripersonales o colectivas). Estos casos de pluralidad de deudores y/o de acreedores se regirán por alguno de los siguientes regímenes:

A) Solidaridad: en este régimen la concurrencia de dos o más acreedores o de dos o más deudores en una sola obligación implicaría que cada uno de aquéllos tiene derecho a pedir y cada uno de éstos el deber de prestar íntegramente las cosas objeto de esta. Así, hay solidaridad de acreedores (solidaridad activa) cuando cada uno de ellos pueda exigir al deudor el cumplimiento de la prestación integra. Y solidaridad pasiva cuando el acreedor pueda reclamar a cualquier de los deudores la totalidad de la prestación. En este caso, si un deudor resulta insolvente, el resto de los deudores asumirán su parte de la deuda. El deudor solidario que satisfaga la totalidad del crédito puede reclamar al resto de deudores su parte (acción de repetición).

Un ejemplo de solidaridad activa sería cuando una persona abre una cuenta bancaria con otra y la cuenta tiene carácter de indistinta. Ambos titulares de la cuenta son acreedores de la entidad bancaria, la cual cumplirá con la obligación de reintegrar el dinero depositado entregando la totalidad del saldo obrante en la cuenta a cualquiera de sus titulares.

Un ejemplo de solidaridad activa es el previsto en el art. 43.3 ET, que establece expresamente que, en los casos de cesión ilegal de trabajadores (cuando se utilizan empresas aparentes para burlar los derechos de los trabajadores), tanto la empresa cedente como la cesionaria responderán solidariamente de las obligaciones contraídas con los trabajadores (incluyendo salarios, indemnizaciones, etc.) y con la Seguridad Social.

B) Mancomunidad: conforme al art. 1138 CC, cuando el crédito o la deuda tenga carácter divisible se producirá la denominada mancomunidad simple o parciaria (tantos créditos o deudas independientes como acreedores o deudores existan). Conforme al art. 1139 CC, si es indivisible tendrá lugar la mancomunidad en sentido estricto (todos los acreedores y/o deudores aparecen conjuntamente como una sola persona, sin cuotas).

Para que la obligación tenga carácter solidario será necesaria manifestación expresa de las normas legales que establezcan la obligación o que derive de la voluntad explícita de las partes si la obligación nace de un contrato. En otro caso, la regla general es la mancomunidad, puesto que la solidaridad debe venir determinada expresamente en la obligación (art. 1137 CC, *in fine*).

Para entender la mancomunidad simple o parciaria puede ponerse un ejemplo cuotidiano: cuando un grupo de amigos disfruta conjuntamente de una cena en un restaurante se convierten en una pluralidad de deudores respecto del pago al restaurante del importe global de la factura única resultante. El art. 1138 CC nos dice que, en estos casos, en que el objeto de la deuda es divisible (el dinero es el bien divisible por excelencia), si no se ha pactado otra cosa expresamente, cada comensal debe pagar la parte alícuota que le corresponde. Si, expresamente, se pacta un régimen de solidaridad, sería posible que uno de los comensales asumiera el pago de la deuda en su totalidad y, en su caso, posteriormente, se resarciera (acción de repetición) reclamando la parte correspondiente del importe satisfecho a cada uno de los demás comensales.

Un ejemplo de mancomunidad en sentido estricto sería si los miembros de una pareja son cotitulares de un piso (se trata de un bien indivisible) y con posterioridad lo venden, ambos serán deudores de la obligación de entregar la totalidad de la vivienda sin que, en su caso, se les pueda exigir la deuda por partes (pues, evidentemente, no tendría sentido que, por ejemplo, uno respondiera de entregar la cocina y una habitación y el otro el salón, etc.)

2. CUMPLIMIENTO E INCUMPLIMIENTO DE LAS OBLIGACIONES

Los derechos de crédito derivados de las obligaciones no tienen vocación de permanencia, puesto que su finalidad principal es ser cumplidos con su consumación, la cual se produce con la satisfacción del interés del acreedor mediante la prestación del deudor o su equivalente económico. Así, el pago o cumplimiento de la obligación es la primera y principal causa de extinción de las obligaciones que destaca entre las previstas en el art. 1156 CC (la pérdida de la cosa debida, la condonación de la deuda, la confusión de los derechos del acreedor y el deudor, la compensación, la novación), si bien es posible mencionar otras adicionales, como, por ejemplo, la nulidad, la rescisión, la muerte o la prescripción y caducidad de la acción.

El **cumplimiento o pago de la obligación, tiene tres efectos principales**:

- ➢ La extinción de la obligación por el cumplimiento de la deuda.
- ➢ La satisfacción del interés del acreedor (el cumplimiento supone la consecución de la prestación que se podía exigir al deudor).
- ➢ La liberación del deudor (desaparece su deber jurídico).

El cumplimiento puede ser **voluntario o forzoso**. En este último el cumplimiento se le impone de forma coactiva al deudor cuando no lo hizo de forma voluntaria. Presupone que el acreedor ha accionado judicialmente contra el incumplimiento del deudor y ha obtenido una sentencia favorable en la cual se condena al deudor a cumplir de forma forzosa.

En efecto, frente al incumplimiento, el acreedor puede reaccionar de varias maneras (art. 1124 CC):

A) Exigiendo judicialmente el cumplimiento forzoso: esta posibilidad podrá ser utilizada siempre y cuando todavía sea posible satisfacer su interés. No será posible ante un incumplimiento definitivo y total, que puede darse cuando la cosa que se tenía que entregar ya no existe o está en poder de un tercero; o cuando se produce un retraso que ya no permite satisfacer el crédito.

Con relación a las clases de incumplimiento, puede distinguirse:

Incumplimiento absoluto o propio, que afecta a la esencia de la obligación haciendo imposible su realización (debe ser doloso o culpable);

Incumplimiento relativo o impropio que supone un cumplimiento defectuoso. El más clásico es el que afecta al factor tiempo y determina la llamada mora del deudor (*mora solvendi*). La mora también puede ser del acreedor (*mora accipiendi*), cuando el cumplimiento de la obligación depende de actos de colaboración o del concurso del acreedor, el deudor ofrece el pago y aquél no realiza lo necesario para facilitarlo (véase, por ejemplo, el art. 30 ET: *mora accipiendi* empresarial);

Incumplimiento no imputable o independiente de la voluntad del deudor (caso fortuito y fuerza mayor).

B) Exigir la resolución del contrato cuando la relación obligatoria sea recíproca o de carácter bilateral. Son derivaciones de esta posibilidad, con especificidades en el ámbito laboral, en el caso del contrato de trabajo: el despido disciplinario por parte del empresario del art. 54 ET o la resolución a instancia del trabajador del art. 50 ET.

C) De manera independiente y conjuntamente con cualquiera de las dos opciones anteriores, el acreedor puede exigir una indemnización por daños y perjuicios, siempre y cuando se haya probado el daño ocasionado por el deudor y su conducta dolosa o negligente.

3. LA RESPONSABILIDAD CIVIL

El no causar daños a los demás es una de las principales reglas de la convivencia humana. Por eso, el ordenamiento jurídico establece que el autor o persona a que sean imputables las conductas que producen daños debe responder por el perjuicio causado. Esta responsabilidad se traduce en la obligación de indemnizar o reparar el daño causado. La responsabilidad civil puede ser contractual (por actos dañosos derivados del incumplimiento de un contrato o relación jurídica) y extracontractual (cuando no existe contrato o relación jurídica previa entre el sujeto que causa el daño y el que lo sufre).

3.1. Responsabilidad civil contractual o extracontractual

3.1.1. Responsabilidad civil contractual

> **Artículo 1101 CC**
> Quedan sujetos a la indemnización de los daños y perjuicios causados los que en el cumplimiento de sus obligaciones incurrieren en dolo, negligencia o morosidad, y los que de cualquier modo contravinieren al tenor de aquéllas.

Como puede verse en el art. 1101 CC, el presupuesto para poder exigir responsabilidad contractual es la existencia de dolo (incumplimiento intencional) o culpa (comportamiento negligente o imprudente, que no es intencional, pero que se podía haber evitado si el deudor hubiera actuado con la diligencia debida). Por ello, cuando el incumplimiento no es imputable al deudor, como en los supuestos de caso fortuito (sucesos imprevisibles e inevitables) o de fuerza mayor (sucesos que aun previsibles, sean inevitables), por regla general, no habrá lugar a la exigencia de responsabilidad civil.

Los daños sobre los cuales tendrá que responder el deudor incluyen tanto el denominado *daño emergente* (gastos del acreedor para reparar la falta de cumplimiento) como el denominado *lucro cesante* (ganancias esperadas por el acreedor y que no obtiene como consecuencia del incumplimiento).

Por otro lado, según el art. 1107 CC, el alcance de la indemnización en la responsabilidad civil contractual varía en función de si el incumplimiento ha sido de buena fe (comprenderá los daños y perjuicios previstos o previsibles al tiempo de constituirse la obligación y que sean consecuencia necesaria de su incumplimiento) o de mala fe (en caso de dolo se responderá de todos los daños y perjuicios conocidos que se deriven del incumplimiento).

Las acciones por responsabilidad contractual prescriben a los 5 años desde que pueda exigirse la obligación, excepto aquellas acciones que tengan un plazo especial previsto. En las obligaciones continuadas de hacer o no hacer, el plazo comenzará cada vez que se incumplan (art. 1964 CC).

También el régimen de responsabilidad cuando haya dos o más deudores será mancomunado, excepto cuando expresamente se determine su carácter solidario (arte. 1137 CC). Por ejemplo, en el ámbito del Derecho laboral es frecuente el establecimiento de responsabilidades solidarias por las normas legales cuando se dan supuestos en los cuales concurren varios empresarios de forma interpuesta en las relaciones laborales que puede causar dificultades para determinar quién debe ser el sujeto responsable (art. 42 ET: contratas y subcontratas de propia actividad; art. 43 ET: cesión ilegal de trabajadores; art. 44 ET: transmisión de empresa, etc.).

3.1.2. Responsabilidad civil extracontractual

> **Artículo 1902 CC**
> *El que por acción u omisión causa daño a otro, interviniendo culpa o negligencia, está obligado a reparar el daño causado.*

La responsabilidad civil extracontractual o culpa aquiliana se deriva del principio general de no causar daños a terceros –*alterum non laedere*–: "No dañar a otro" (Ulpiano: Digesto 1, 1, 10, 1)- y de la obligación de repararlos en caso de producirlos.

Cada vez proliferan más normas que prevén supuestos específicos de responsabilidad en materias concretas (edificación, consumidores, daños causados por animales, etc.).

En cualquier caso, los presupuestos para exigir responsabilidad que se deriven del mencionado precepto son:

1) La realización de una acción u omisión dañosa;
2) Que se cause un daño patrimonial o moral (al honor, la intimidad, la propia imagen, daños psicológicos, etc.);
3) Un nexo causal entre la conducta dañosa y su resultado (relación de causalidad que tiene que ser probada por la víctima);
4) El requisito de culpa o negligencia.

La obligación de reparar los daños en la responsabilidad extracontractual consiste bien en la restitución o reparación del bien (cumplimiento *in natura*) o bien en la indemnización de los daños y perjuicios causados (equivalente pecuniario), tanto patrimoniales como morales, incluyéndose en los patrimoniales tanto el daño emergente como el lucro cesante.

El plazo de prescripción será de un año (art. 1968 CC).

3.2. <u>Tipos de responsabilidad civil</u>

Finalmente, la responsabilidad civil se puede clasificar de varias formas:

3.2.1. Responsabilidad subjetiva y responsabilidad objetiva

A) Responsabilidad subjetiva: se fundamenta exclusivamente en la culpa del causante del daño. Mayormente, la responsabilidad extracontractual (como la contractual) ha venido exigiendo la existencia de culpa, basándose en el principio general de nuestro ordenamiento que prevé que "no existe responsabilidad sin culpa". Pero, paulatinamente, cada vez más, tienden a objetivarse las responsabilidades.

B) Responsabilidad objetiva o por riesgo: la obligación de resarcir o reparar el daño nace con independencia de la concurrencia de culpa. La jurisprudencia suele considerar suficiente, en muchos casos, que se acredite la relación de causalidad entre el hecho causante y el daño, para que se genere la responsabilidad del causante. Una de sus manifestaciones más notables es la inversión de la carga de la prueba. Ocurre, por ejemplo, en el ámbito de la prevención de riesgos laborales, en que la obligación de proporcionar seguridad y salud laboral a los trabajadores que el art. 14 de la Ley 31/1995, de 8 de noviembre, de Prevención de Riesgos Laborales impone al empresario es tan amplia que éste tiene que probar que, aunque se produjo un daño, no se podía haber evitado puesto que actuó diligentemente, adoptando todas las medidas preventivas que la evolución técnica del momento permitían para eliminar el riesgo, con independencia de su coste económico. El ejemplo anterior es un supuesto de responsabilidad contractual *cuasi* objetiva. Es contractual puesto que la obligación de seguridad y salud se incorpora al contrato de trabajo *ope legis*. Pero también son numerosas las normas -cada vez más- que regulan supuestos de responsabilidad extracontractual objetiva, en los cuales no se exige la existencia de culpa, de forma que quien genera un riesgo, tendrá que asumir las consecuencias del eventual daño que se materialice (por ejemplo, los daños causados a personas por la circulación de vehículos a motor, en la práctica de la caza o los daños causados a consumidores y usuarios, entre otros) y que, además, suelen exigir la suscripción de un seguro obligatorio de responsabilidad civil.

3.2.2. Responsabilidad directa o indirecta

A) Responsabilidad directa: se impone a la persona causante del daño, es una responsabilidad por hechos propios.

B) Responsabilidad indirecta: el responsable es una persona diferente al autor del daño. Por ejemplo, en los supuestos del art. 1903 CC, entre otros, los padres tienen que responder de los daños causados por sus hijos; o los dueños o directores de un establecimiento o empresa respecto de los perjuicios causados por sus dependientes en el servicio de los ramos en que los tuvieran

185

empleados, o con ocasión de sus funciones. En este último caso, el art. 1904 CC prevé, también, una acción de repetición: "El que paga el daño causado por sus dependientes puede repetir de éstos lo que hubiese satisfecho".

3.2.3. Responsabilidad principal y subsidiaria

A) Responsabilidad principal: cuando la obligación de indemnizar es inmediatamente exigible al sujeto responsable.

B) Responsabilidad subsidiaria: El responsable subsidiario solo tendrá que responder de la deuda si el deudor principal no cumple su obligación o no la puede cumplir (por ejemplo, no puede responder porque es insolvente, o, sencillamente, no existe). En el ámbito laboral se regulan numerosos supuestos de responsabilidad subsidiaria, como, por ejemplo, la de la Empresa Usuaria en cuanto a los deberes salariales y de seguridad social contraídos por la ETT con el trabajador durante la vigencia del contrato de puesta a disposición; el FOGASA en caso de insolvencia del empresario en materia salarial y de indemnizaciones, etc.

BIBLIOGRAFÍA

AA.VV. (1997), *Introducción a la Teoría del Derecho* (Coord. De Lucas, Javier), 3ª edición, Valencia: Ed. Tirant lo Blanch.

AA.VV. (2010), *Introducción a la Teoría del Derecho* (Coord. Gayo Santa Cecilia, María Eugenia. y Muñoz de Baena Simón, José Luis), Madrid: Ed. UNED.

AA.VV. (2015), *Curso de Derecho Privado* (Dirs. Orduña, Francisco Javier y Campuzano, Ana Belén), 18ª edición, Valencia: Ed. Tirant lo Blanch.

ARNAU MOYA, Federico (2009), *Lecciones de Derecho Civil I,* Castellón: Universitat Jaume I, recuperado el 15/09/23 de https://repositori.uji.es/xmlui/bitstream/handle/10234/24162/s6.pdf

DÍEZ PICAZO, Luis y GULLÓN BALLESTEROS, Antonio (2016), *Sistema de Derecho Civil*, 11ª ed, Madrid: Ed. Tecnos.

VILLALBA ZABALA, Agustín (2011), *Introducción al Derecho*, Cantabria: Universidad de Cantabria. Open Course Ware, recurso electrónico recuperado el 15-09-23 de https://ocw.unican.es/course/view.php?id=106#section-3

Tema 10. El contrato

FRANCISCO A. RODRIGO SANBARTOLOMÉ

1.- El contrato.
2.- Los elementos esenciales del contrato.
3.- Eficacia e ineficacia de los contratos.
4.- Los contratos.

1. EL CONTRATO

En nuestro Código Civil de 1889 -influido por la dogmática propia del Derecho civil de corte liberal surgido de las revoluciones burguesas- la autonomía de la voluntad de las partes de los contratos apenas cuenta con limitaciones. Muestra de ello son los arts. 1091 y 1255 CC.

> **Artículo 1091 CC**
>
> *Las obligaciones que nacen de los contratos tienen fuerza de ley entre las partes contratantes, y deben cumplirse a tenor de los mismos.*

> **Artículo 1255 CC**
>
> *Los contratantes pueden establecer los pactos, cláusulas y condiciones que tengan por conveniente, siempre que no sean contrarios a las leyes, a la moral ni al orden público.*

De estos preceptos es posible derivar que los contratos cumplen una **doble función: constitutiva,** en cuanto actos que crean las relaciones jurídicas que contienen las obligaciones, **y reguladora o normativa,** por la que las partes contratantes configuran gran parte de su contenido (las prestaciones y las condiciones de ejecución):

A) Función o eficacia constitutiva: como ya se anticipó en el Tema 9, según el art. 1089 CC: Las obligaciones pueden tener su origen, entre otras fuentes, en los contratos y estas obligaciones que nacen de los contratos tienen fuerza de ley entre las partes contratantes (1091 CC). El art. 1257 CC confirma dicha fuerza de obligar limitada las partes contratantes (principio de relatividad contractual) pues, a diferencia de las normas, los contratos carecen, por principio, de eficacia general ("Los contratos sólo producen efecto entre las partes que los otorgan y sus herederos (...)"), si bien pueden ser oponibles frente a terceros.

En cuanto al nacimiento de los contratos, el art. 1254 CC lo residencia en el consentimiento de las partes contratantes: "El contrato existe desde que una o varias personas consienten en obligarse, respecto de otra u otras, a dar alguna cosa o prestar algún servicio" y el art. 1258 CC añade que: "Los contratos se perfeccionan por el mero consentimiento, y desde entonces obligan (...)". Resulta aquí palmaria la presencia de la noción propia del Derecho liberal de la autonomía individual de la voluntad que, inspirada en las ideas de la Ilustración, propugna la libertad cuasi omnímoda del individuo el cual sólo estaría sometido a una voluntad: la suya propia. De este modo, este individuo libre sólo quedará sujeto a aquellas obligaciones contractuales que voluntariamente haya decidido asumir, previo consentimiento libremente prestado, siendo este último el verdadero elemento desencadenante del nacimiento del contrato y uno de los presupuestos esenciales de su validez.

B) Función o eficacia reguladora: como se ha visto, de acuerdo con el art. 1255 CC, las partes pueden establecer cuantos pactos, cláusulas y condiciones tengan por conveniente sin apenas limitaciones (las leyes, la moral y el orden público) y, según el art. 1258 CC, "los contratos obligan no sólo al cumplimiento de lo expresamente pactado, sino también a todas las consecuencias que, según su naturaleza, sean conformes a la buena fe, al uso y a la ley". Condicionada por estos exiguos límites, la capacidad de los sujetos de autorregular sus relaciones es también una manifestación de la denominada autonomía privada o autonomía de la voluntad.

Con relación al contenido concreto que pueden pactar las partes de un contrato, -como ya vimos en el Tema 9- el art. 1088 CC establece que "toda obligación" -incluidas las nacidas de los contratos- "consiste en dar, hacer o no hacer alguna cosa" y el objeto de dichas obligaciones contractuales tiene que ser posible, lícito y determinado (arts. 1271 a 1273 CC). "No se admitirá juramento en los contratos. Si se hiciere, se tendrá por no puesto" (art. 1260 CC). Y, asimismo, se proscriben las cláusulas abusivas. "La validez y el cumplimiento de los contratos no pueden dejarse al arbitrio de uno de los contratantes" (art. 1256 CC).

2. LOS ELEMENTOS ESENCIALES DEL CONTRATO

El art. 1261 CC establece tres elementos esenciales o presupuestos necesarios para la validez de los contratos, pues...

> **Artículo 1261 CC**
>
> *No hay contrato sino cuando concurren los requisitos siguientes:*
>
> *1.º Consentimiento de los contratantes.*
>
> *2.º Objeto cierto que sea materia del contrato.*
>
> *3.º Causa de la obligación que se establezca.*

Junto a estos tres, cabe referirse también a **la forma en que deba exteriorizarse** la prestación del consentimiento cuando el hecho de que el contrato deba revestir una determinada forma sea elevado por Ley a la categoría de requisito de validez o eficacia (*ad solemnitatem*).

La falta de cualquiera de estos elementos determinará la inexistencia o nulidad (radical, absoluta o de pleno derecho) del contrato.

2.1. <u>El consentimiento</u>

Como se ha avanzado antes, el primero de los elementos esenciales del contrato -que determina su nacimiento o existencia- es el *consentimiento* de las partes contratantes, pues es la manifestación del acuerdo de voluntades sobre el objeto y la causa de dicho contrato.

Como ya fue tratado en el Tema 8, para poderse ejercitar o exigir derechos o comprometerse a cumplir obligaciones, en primer lugar, es condición *sine qua non* poseer capacidad de obrar, lo cual se traduce, en el ámbito de las obligaciones contractuales, en la necesidad de gozar de capacidad para contratar como requisito necesario para que pueda entenderse válidamente prestado el consentimiento y, por tanto, como condición de validez o eficacia del contrato celebrado. Aquellos sujetos que no posean capacidad de obrar o la tengan limitada, tendrán que contratar, pues, mediante representantes legales (padres o tutores) que suplan esta carencia o, en su caso, por medio de curadores (u otras figuras: defensor judicial, etc.) previstas para completar o complementar su voluntad en determinados actos o contratos. En este sentido, los arts. 1263 y 1264 CC establecen que los menores de edad no emancipados podrán celebrar aquellos contratos que las leyes les permitan realizar por sí mismos o con asistencia de sus representantes y los relativos a bienes y servicios de la vida corriente propios de su edad de conformidad con los usos sociales (imaginemos aquí compraventas de artículos sencillos de pequeño importe, etc.), sin perjuicio de las prohibiciones legales o de los requisitos especiales de capacidad que las leyes puedan establecer.

El art. 1262 CC establece que "el consentimiento se manifiesta por el concurso de la oferta y la aceptación sobre la cosa y la causa que han de constituir el contrato". Por lo tanto, hay consentimiento contractual cuando confluyen oferta y aceptación de la oferta. **En los casos en que no hay consentimiento, el contrato será nulo de pleno derecho.**

> Si como consecuencia de un *phishing* una persona que custodiaba diligentemente sus claves bancarias ve como es sustraído su dinero por la actuación de los ciberdelincuentes que han operado con sus claves sin su conocimiento (y, por tanto, sin su consentimiento), las transacciones realizadas deberían ser nulas por la carencia total de un elemento esencial en los contratos realizados: el consentimiento de su titular.

No obstante, el contrato puede tener consentimiento, pero este puede estar viciado. En estos casos, el tipo de nulidad del contrato será relativa o anulabilidad (más adelante serán estudiadas las distintas tipologías). A los vicios del consentimiento se refiere el art. 1265 CC: "Será nulo el consentimiento prestado por error, violencia, intimidación o dolo". Es decir, siempre que no se preste de forma consciente, racional y libre, se puede impugnar la realización del contrato por vicios en el consentimiento. Esta situación se dará por una falta de conocimiento (error y/o dolo) o por falta de libertad en su otorgamiento (intimidación o violencia).

A) Error: implica que la representación de la realidad que el contratante se hace en su pensamiento no se corresponde con la verdadera esencia de las circunstancias de hecho -por ejemplo, las características de lo que se compra o se alquila, etc.- (error de hecho) o sobre las circunstancias o implicaciones jurídicas o normativas que inciden en el contrato (error de derecho). Hay que tener en cuenta, no obstante, la admisibilidad muy restrictiva del error de derecho como criterio invalidante del consentimiento, por virtud del tradicional principio *ignorantia legis non excusat*: "La ignorancia de las leyes no excusa de su cumplimiento. El error de derecho producirá únicamente aquellos efectos que las leyes determinen" (art. 6.1 CC).

El error invalidará el consentimiento sólo cuando sea esencial e inexcusable (insalvable). Es esencial el error cuando la apreciación defectuosa de la realidad fáctica (o, si fuera el caso, normativa) determina el consentimiento mismo del contratante, actuando como causa impulsiva de la celebración del contrato. Decimos que el error es excusable y en consecuencia no puede ser alegado como causa invalidante del contrato, si se hubiera podido evitar con una regular diligencia (evitable).

Así, de acuerdo con el art. 1266 CC: "Para que el error invalide el consentimiento, deberá recaer sobre la sustancia de la cosa que fuere objeto del contrato, o sobre aquellas condiciones de la misma que principalmente hubiesen dado motivo a celebrarlo". El error sobre la persona sólo invalidará el contrato cuando la consideración a ella hubiere sido la causa principal del mismo (obligaciones personalísimas). El simple error de cuenta (aritmético) sólo dará lugar a su corrección.

B) Dolo: "Hay dolo cuando con palabras o maquinaciones insidiosas de parte de uno de los contratantes, es inducido el otro a celebrar un contrato que, sin ellas, no hubiera hecho" (1269 CC). Para que el dolo produzca la nulidad de los contratos, deberá ser grave (o esencial) y no haber sido empleado por las dos partes contratantes. El dolo incidental sólo obliga al que lo empleó a indemnizar daños y perjuicios (art. 1270 CC). En definitiva, para invalidar el contrato debe concurrir dolo o mala fe por una de las partes (el dolo compensado o recíproco no determina la nulidad). Por dolo debe entenderse la conducta activa de engaño por parte de la contraparte, mientras que por mala fe se entiende la conducta pasiva que se aprovecha y disimula el error de un contratante, pese a ser conocido por la contraparte.

C) Intimidación: consiste en amenazar, provocando un temor en la otra parte que le lleve a contratar. Puede provenir tanto del otro contratante como de un tercero. "Hay intimidación cuando se inspira a uno de los contratantes el temor racional y fundado de sufrir un mal inminente y grave en su persona o bienes, o en la persona o bienes de su cónyuge, descendientes o ascendientes". Para calificarla, se ha "de atender en la edad y a la propia condición de la persona". "El temor de desagradar a las personas a quienes se debe sumisión y respeto no anulará el contrato" (art. 1267 CC).

D) Violencia: "Hay violencia cuando para arrancar el consentimiento se utiliza una fuerza física irresistible" (art. 1267 CC). "La violencia, como la intimidación, anularán la obligación, aunque procedan de un tercero que no intervenga en el contrato" (art. 1268 CC).

2.2. <u>El objeto</u>

El art. 1088 CC establece que "toda obligación" -también, por tanto, las contractuales- "consiste en dar, hacer o no hacer alguna cosa". Pues bien, dicha "cosa", ya sea un bien o una prestación de servicios, constituye el *objeto* del contrato. El objeto de las obligaciones contractuales debe ser lícito, posible y determinado (arts. 1271 a 1273 CC):

A) Lícito: pueden ser objeto de contrato todas las cosas que no están fuera del comercio de los hombres, aun las futuras (art. 1271 CC). De no ser así, el contrato sería ilícito y, por tanto, declarado nulo: "Los actos contrarios a las normas imperativas y a las prohibitivas son nulos de pleno derecho (...)". "Los actos realizados al amparo del texto de una norma que persigan un resultado prohibido por el ordenamiento jurídico, o contrario a él, se considerarán ejecutados en fraude de ley y no impedirán la debida aplicación de la norma que se hubiere tratado de eludir" (art. 6.3 y 4 CC).

B) Posible: no podrán ser objeto del contrato las cosas o servicios imposibles (arts. 1272 CC). El objeto del contrato ha de existir, ser real y posible, en el momento de la celebración del contrato o, al menos, ha de poder existir en lo sucesivo, ya que se permite que puedan ser objeto de contrato las cosas futuras (por ejemplo: las cosechas de los años vinientes).

C) Determinado: el objeto del contrato tiene que ser un bien o servicio determinado o determinable en cuanto a su especie (por ejemplo, "te entregaré este caballo en concreto o un caballo con tales características..."). Así, según el art. 1273 CC: "El objeto de todo contrato debe ser una cosa determinada en cuanto a su especie. La indeterminación en la cantidad no será obstáculo para la existencia del contrato, siempre que sea posible determinarla sin necesidad de nuevo convenio entre los contratantes". Como ejemplo de objeto determinable cabe referirse a las cantidades a pagar en concepto de intereses de un préstamo hipotecario pactado a interés variable, que se suelen referenciar a un índice (*Euribor*, etc).

2.3. La causa

La *causa* es la razón o fin del contrato, responde a la pregunta de para qué se celebra el contrato. Sería el propósito concreto de los contratantes de obtener un resultado empírico determinado con el contrato.

El concepto de causa aparece discutido por varias teorías que, desde el punto de vista objetivo, subjetivo o mixto han pretendido explicarla.

Así, se entiende la causa en dos sentidos:

A) Sentido subjetivo: referido a las razones, motivaciones o intenciones que han movido la voluntad del sujeto a realizar el contrato. En principio, en nuestro Derecho, estas motivaciones o intenciones son irrelevantes (alteridad del Derecho, ya mencionada en el Tema 1), salvo que de ellas se desprendan intenciones ilícitas y/o inmorales.

B) Sentido Objetivo. De acuerdo con el art. 1274 CC: "En los contratos onerosos se entiende por causa, para cada parte contratante, la prestación o promesa de una cosa o servicio por la otra parte; en los remuneratorios, el servicio o beneficio que se remunera, y en los de pura beneficencia, la mera liberalidad del bienhechor". Como vemos, este es el sentido de causa que adopta nuestro CC, si bien las teorías más modernas (mixtas), reconocen que las motivaciones subjetivas pueden alcanzar trascendencia jurídica cuando se exteriorizan en la declaración de voluntad objeto del contrato.

La noción causa de los contratos es una cuestión controvertida. Hay quienes, incluso, defienden la inutilidad del concepto, puesto que afirman que en los contratos onerosos la causa se confunde con el objeto, y en los gratuitos con el consentimiento.

En cualquier caso, los arts. 1275 a 1277 CC se refieren a la causa y establecen que: "Los contratos sin causa, o con causa ilícita, no producen efecto alguno". "Es ilícita la causa cuando se opone a las leyes o a la moral. La expresión de una causa falsa en los contratos dará lugar a la nulidad, si no se probase que estaban fundados en otra verdadera y lícita". "Aunque la causa no se exprese en el contrato, se presume que existe y que es lícita mientras el deudor no pruebe lo contrario".

2.4. La forma del contrato

El elemento adicional *forma del contrato* puede considerarse, en realidad, una subespecie del requisito del consentimiento. Es por ello que -como hemos visto- al partir nuestro CC (arts. 1254 y 1258) de un criterio espiritualista que fundamenta la existencia del contrato en la mera prestación del consentimiento con independencia de las formalidades que acompañen su celebración, no incorpora el requisito *forma* en su enumeración de los elementos esenciales de los contratos contenida en su art. 1261. Pero lo cierto es que todo contrato debe tener su forma, en la misma medida en que todo consentimiento debe ser exteriorizado de un modo u otro para que surta efectos. Cosa distinta es que, por regla general, no se exija una forma de exteriorización concreta, sino que en nuestro Derecho rige un principio general de libertad de forma: "Los contratos serán obligatorios, cualquiera que sea la forma en que se hayan celebrado, siempre que en ellos concurran las condiciones esenciales para su validez" (art. 1278 CC).

La forma del contrato es, pues, el medio de exteriorización de la voluntad y puede ser verbal, escrita (en contrato privado, escritura pública, incluso con exigencia de inscripción de ésta en un Registro, como las de constitución hipoteca en el Registro de la Propiedad o de sociedades mercantiles en el Registro Mercantil) o, simplemente, tácita o gestual (como cuando dejamos los artículos que queremos comprar en la caja del supermercado sin necesidad de expresar que los queremos comprar).

Pese a que -como hemos visto- en nuestro ordenamiento jurídico el principio general es la libertad de forma (la adopción de una determinada forma en estos supuestos cumpliría, en todo caso, una función de facilitar prueba: *ad probationem*), existen excepciones en las que por Ley resulta exigible una determinada forma como requisito de validez (*ad solemnitatem*). En estos casos la forma pasa a ser un elemento esencial del contrato -como lo son el consentimiento, el objeto o la causa- y la inobservancia de la forma impuesta por la Ley acarreará la nulidad del contrato. Por tanto, los contratos deberán revestir una determinada forma como requisito de validez únicamente cuando la Ley así lo exija expresamente.

Al respecto, el art. 1279 CC, añade: "Si la ley exigiere el otorgamiento de escritura u otra forma especial para hacer efectivas las obligaciones propias de un contrato, los contratantes podrán compelerse recíprocamente a llenar aquella forma desde que hubiese intervenido el consentimiento y demás requisitos necesarios para su validez".

En este sentido, el art. 1280 CC concreta los supuestos para los cuales se impone la formalización del contrato en documento público:

"Deberán constar en documento público: 1.º Los actos y contratos que tengan por objeto la creación, transmisión, modificación o extinción de derechos reales sobre bienes inmuebles. 2.º Los arrendamientos de estos mismos bienes por seis o más años, siempre que deban perjudicar a tercero. 3.º Las capitulaciones matrimoniales y sus modificaciones. 4.º La cesión, repudiación y renuncia de los derechos hereditarios o de los de la sociedad conyugal. 5.º El poder para contraer matrimonio, el general para pleitos y los especiales que deban presentarse en juicio; el poder para administrar bienes, y de cualquier otro que tenga por objeto un acto redactado o que deba redactarse en escritura pública, o haya de perjudicar a tercero. 6.º La cesión de acciones o derechos procedentes de un acto consignado en escritura pública".

En el caso del **contrato de trabajo, el art. 8 ET**, establece que el contrato de trabajo se podrá celebrar por escrito o de palabra. Y "se presumirá que existe un contrato entre todo el que presta un servicio por cuenta y dentro del ámbito de organización y dirección de otro y el que lo recibe a cambio de una retribución". Ante las dificultades que puede originar en un caso concreto la ausencia de forma escrita, la incorporación del trabajador a la empresa se convierte en indicio para que opere la presunción legal de que ha existido un acuerdo (contrato de trabajo), al menos verbal, entre empresario y trabajador.

Sin perjuicio de lo anterior, el análisis del texto restante de este mismo precepto evidencia cierta preferencia del legislador por la forma escrita, pues, de acuerdo con el mismo, **deberán constar por escrito** los contratos de trabajo **cuando así lo exija una disposición legal** (como ocurre, con los contratos incluidos en programas de fomento del empleo, con los contratos concertados con una ETT o con los contratos del personal laboral al servicio de las Administraciones Públicas), reglamentaria (contrato de sustitución) –o convenio colectivo-, **cuando así lo exigiera cualquiera de las partes**, incluso durante el transcurso de la relación laboral (art. 8.4 ET), **y en todo caso los siguientes contratos:**

1. **Contratos de formación en alternancia y para la obtención de práctica profesional.**
2. **Contrato para obra o servicio determinado (contrato suprimido tras el RDL 32/2021).**
3. **Contratos a tiempo parcial, fijo-discontinuo y de relevo.**
4. **Contrato a distancia.**
5. **Contrato de los trabajadores contratados en España al servicio de empresas españolas en el extranjero.**
6. **Contratos por tiempo determinado cuya duración sea superior a cuatro semanas.**

No obstante, en lo que se podría considerar una peculiaridad propia derivada del carácter tuitivo del Derecho laboral, por el legislador laboral se trata de garantizar la estabilidad en el empleo del trabajador, procurando la preservación del contrato. De este modo, por contraposición a la regulación estudiada propia del ámbito del Derecho civil, en el caso del contrato de trabajo, el incumplimiento de la forma escrita -incluso tratándose de los supuestos enumerados en que conforme al art. 8. 2 ET ésta es preceptiva- no afectará a la validez del contrato de trabajo. En cambio, las consecuencias serán:

•El contrato se presumirá celebrado por tiempo indefinido y a jornada completa, salvo que se demuestre su carácter temporal o a tiempo parcial de los servicios.

•Este incumplimiento se considera una infracción grave del empresario sancionable con multa (art. 7.1 LISOS).

3. EFICACIA E INEFICACIA DE LOS CONTRATOS

Como se avanzó al principio de este tema, de acuerdo con los arts. 1254, 1262 y 1258 CC, el contrato existe desde que una o varias personas consienten en obligarse; el consentimiento se manifiesta por el concurso de la oferta y la aceptación sobre la cosa y la causa; y los contratos se perfeccionan y, por tanto tienen eficacia y fuerza de obligar, desde la mera prestación de dicho consentimiento, salvo en los casos estudiados de contratos en que, como requisito *ad solemnitatem*, se exija adicionalmente por Ley una determinada forma (contratos formales o solemnes) o la entrega de la cosa (*traditio*, en los contratos reales).

Desde el momento en que los contratos se perfeccionan, generan obligaciones que tienen fuerza de ley entre las partes contratantes, y deben cumplirse a tenor de estos (art. 1091 CC), es decir, disciplinan y regulan ellos mismos los derechos y obligaciones creados por los que se regirá la relación jurídica constituida entre las partes. Esta capacidad de generación efectos o consecuencias jurídicas (establecimiento y regulación de derechos y obligaciones) puede ser denominada **eficacia** jurídica **de los contratos**.

Por contraposición, se entiende por **ineficacia contractual** la falta de producción de consecuencias o, cuando menos, de aquellas que normalmente tendrían que haberse producido y que pueden ser razonablemente esperadas en virtud de la celebración del contrato. Existen cuatro categorías o variantes de ineficacia contractual:

3.1. <u>Nulidad radical, absoluta o de pleno derecho</u>

Un contrato nulo, con nulidad radical o absoluta, no debe producir ningún efecto y, si lo produjo, hay que restituir la situación fáctica y jurídica -en la medida de lo posible- a la existente en el momento original, previo a la celebración del contrato nulo. Es decir, produce efectos *ex tunc*. Que la nulidad o resolución de un contrato produzca efectos *ex tunc* (expresión que se puede entender equivalente a "desde siempre") significa que hay que retrotraer la situación a la que existía en el momento inmediatamente anterior a la celebración del mismo y que ninguno de los efectos que haya podido producir el contrato puede permanecer. El contrato nulo de pleno derecho, «no es válido» jurídicamente y no valdrá nunca, por lo tanto, no puede producir ninguno de los efectos correspondientes al tipo negocial de que se trate.

El ordenamiento jurídico reserva esta consecuencia para los supuestos en concurren deficiencias especialmente graves que implican que se trate de contratos que no debían haberse concertado:

A) **Contratos que no reúnan alguno o algunos de los elementos esenciales** exigidos para su validez por el art. 1261 CC (consentimiento, objeto y causa) o que no revistan la forma que, excepcionalmente, pueda venir exigida por Ley como requisito *ad solemnitatem*. Para estos casos la doctrina francesa acuñó el concepto *inexistencia* del acto o contrato, pero parece una cuestión meramente terminológica o conceptual, pues sus consecuencias serían las mismas.

B) **Contratos que infrinjan una norma imperativa o prohibitiva**, salvo que de la contravención se derive un efecto distinto (art. 1.255 y 6.3 CC), v, gr., contratos con causa u objeto ilícito (o también cuando tal objeto esté totalmente indeterminado o sea imposible).

Por lo demás, la nulidad radical opera *ipso iure*, automáticamente, de oficio, sin necesidad de alegación por las partes, si bien la declaración de nulidad puede ser solicitada por éstas y por cualquier tercero eventualmente perjudicado, sin límite de tiempo, puesto que la acción de nulidad es imprescriptible.

En el ámbito laboral, de nuevo aquí, se observan algunas especialidades y cierto favor del legislador por la conservación del contrato. Así, el art. 9.1 ET admite la nulidad parcial en aspectos de contenido del contrato, sustituyendo las cláusulas nulas «con preceptos jurídicos adecuados». Por lo demás, para los supuestos de nulidad total del contrato de trabajo, el art. 9.2 ET establece que «el trabajador podrá exigir, por el trabajo que ya hubiese prestado, la remuneración consiguiente a un contrato válido» (podría decirse que, en este aspecto, viene a establecer una especie de generalización de los efectos *ex nunc*). Finalmente, tras del Real Decreto-ley 6/2019, se añade un nuevo apartado 3 en el artículo 9: "En caso de nulidad por discriminación salarial por razón de sexo, el trabajador tendrá derecho a la retribución correspondiente al trabajo igual o de igual valor".

3.2. <u>Nulidad relativa o anulabilidad</u>

De acuerdo con el art. 1300 CC, los contratos en que concurran los requisitos que expresa el artículo 1.261 pueden ser anulados, aunque no haya lesión para los contratantes, siempre que adolezcan de alguno de los vicios que los invalidan con arreglo a la ley. Es, por tanto, un tipo de ineficacia sobrevenida del contrato, protectora del contratante que ha sufrido un **vicio en su voluntad contractual (violencia, intimidación, error o dolo) o de quien contrata sin tener capacidad suficiente.**

En este caso el contrato existe, puesto que en él concurren consentimiento, objeto y causa, pero sufre algún vicio o defecto, por lo que es susceptible de anulación, en cuyo caso dejará de producir efectos *ex nunc*. *Ex nunc* significa "desde ahora" y se emplea para significar -a diferencia de la expresión *ex tunc*- que los efectos de un acto sólo se producen de ahora en adelante. Por ello, si se dice que la nulidad o rescisión de un contrato tiene efectos *ex nunc*, lo que se quiere significar es que el contrato deja de ser eficaz a partir de dicha nulidad o rescisión pero que no resultarán afectados los efectos que haya producido hasta el momento de la declaración de nulidad relativa.

En estos casos, la nulidad (relativa) no opera *ipso iure*, ni puede apreciarse de oficio, sino que la acción de anulabilidad debe ser ejercitada por el obligado principal o subsidiario del contrato (art. 1302 CC), si bien el contrato se convierte en definitivo por la confirmación o convalidación del mismo negocio (que sanan el vicio del que adoleciere) o por la caducidad de aquella acción, cuando ésta no se ejercita en el plazo legal -no susceptible de interrupción- de cuatro años establecido en el artículo 1301 CC.

3.3. Rescisión

La acción rescisoria o pauliana parte de la existencia de un contrato, celebrado válidamente y sin vicios, pero que puede devenir ineficaz porque produce una lesión tipificada legalmente (art. 1291, 1º y 2º CC) a una de las partes o constituye un acto o negocio celebrado en fraude de acreedores. La acción rescisoria es subsidiaria (procede cuando no se ha podido reparar la lesión por otros medios), sujeta a un plazo legal de caducidad de 4 años (art. 1299), y conforme el art. 1295 CC, obliga a la devolución de las cosas que fueron objeto del contrato con sus frutos, y el precio de sus intereses, con efectos *ex nunc*.

En el ámbito del Derecho laboral, pueden conectarse, remotamente, con esta noción, las posibilidades de extinción del contrato de trabajo por causas objetivas previstas en los arts. 51 y 52 ET. En efecto, en estos casos, el contrato puede rescindirse porque una de las prestaciones, aunque es posible, resulta extraordinariamente onerosa (*excesiva onerosidad sobrevenida*) como consecuencia de un cambio de situación respecto a la inicial del contrato, de modo que entre las prestaciones de las partes (*sinalagma*) se produce un grave desequilibrio que lesiona los intereses de una de ellas. En palabras más sencillas: lo que una parte da ya no viene compensado por lo que recibe a cambio y se le permite la ruptura del vínculo contractual. Late, pues, en el fondo, la misma *ratio* de rescisión por lesión que informa los supuestos del art. 1291, 1º y 2º CC, aunque lo cierto es que este tipo de supuesto por excesiva onerosidad sobrevenida no se contempla en el mismo.

3.4. Resolución

En este caso el incumplimiento de las obligaciones recíprocas faculta a la contraparte para ejercitar la acción resolutoria. El CC reconoce este derecho a cualquier obligado que cumpla o esté dispuesto a cumplir lo que le incumbe cuando la otra parte falta a su compromiso. La acción resolutoria no es subsidiaria, sino que es una acción principal, está sujeta al plazo de prescripción de 5 años del art. 1964 CC ("Las acciones personales que no tengan plazo especial prescriben a los cinco años") y tiene efectos *ex tunc*, como norma general.

Como fue indicado en el Tema 9, en el ámbito del Derecho laboral, pueden considerarse derivaciones de esta posibilidad, como especificidades propias del contrato de trabajo: el despido disciplinario por parte del empresario del art. 54 ET o la resolución a instancia del trabajador del art. 50 ET.

4. Los contratos

De acuerdo con los criterios de distinción más importantes es posible diferenciar varios tipos de contratos:

A) Según generen obligaciones sólo para una o para ambas partes contratantes, los contratos serán **unilaterales o bilaterales (sinalagmáticos).**

B) Dependiendo de si existen beneficios para ambas partes o solo para una de ellas, los contratos serán **onerosos o gratuitos (lucrativos)**. Dentro de los onerosos, es posible diferenciar en función de si los beneficios y sacrificios de ambas partes están previamente determinados (contratos **conmutativos**) o si dependen de una circunstancia externa desconocida, imprevisible o del azar, en que se trataría de contratos **aleatorios**.

C) En función de si la prestación debida se ha de cumplir en un único momento determinado o a lo largo de un período de tiempo, los contratos serán de **tracto único (instantáneos) o de tracto sucesivo.**

D) Según si se encuentran regulados en la Ley o no, los contratos serán **típicos (nominados) o atípicos (innominados).**

E) Contratos **formales (o solemnes) o no formales**, según -en los términos antes expuestos- la Ley exija una determinada forma para su perfeccionamiento o rija para ellos el principio de libertad de forma.

F) Contratos **consensuales o reales**, según baste la mera prestación del consentimiento o se exija la entrega de la cosa (*traditio*) para su perfeccionamiento (contrato de préstamo de dinero o contrato de comodato, art.1740 CC y ss.; o contrato de depósito bancario art. 1758 CC y ss.).

G) Los contratos serán **principales o accesorios** (pueden ser preparatorios o de garantía) según dependan o no de otros contratos.

H) Por último, **en función del régimen jurídico propio de la rama del ordenamiento jurídico que los regula**, los contratos pueden ser:

- **Contratos administrativos o públicos**: aquellos en que al menos una de las partes es una Administración Pública, actuando en su condición de tal. Estos contratos quedan sometidos al Derecho administrativo.

    Cuando, por ejemplo, la Administración no ejerce sus potestades públicas con relación a su personal laboral, sino que meramente se limita a actuar como empleador, el contrato es de trabajo y queda sometido al Derecho laboral.

- **Contratos civiles:** estos contratos entre particulares vienen previstos en el CC y, a los efectos de nuestro ámbito de estudio, cabe destacar los contratos civiles de arrendamiento de servicios y de ejecución de obra.

El contrato civil de arrendamiento de servicios (art. 1544 CC y ss.) constituye el origen remoto y, a su vez, es el antecedente inmediato del contrato de trabajo, del que se diferencia en que las prestaciones que tiene por objeto se desarrollan y organizan de manera totalmente libre y autónoma, sin sometimiento al poder directivo y sin sujeción a jornada, horario, obediencia, ni sometimiento el poder disciplinario de la contraparte. Es precisamente, pues, la ausencia del elemento de la dependencia o subordinación el que lo diferencia del supuesto de hecho objeto del contrato de trabajo en que la concurrencia de este elemento determinó el nacimiento mismo del Derecho del trabajo, por la necesidad de protección de la persona del trabajador que -a diferencia del contratista que desarrolla su actividad en pie de igualdad con su comitente- ejecuta su trabajo "sometido" al poder directivo y disciplinario empresarial.

Esta diferenciación que parece clara sobre el papel en la práctica no siempre es tan precisa, especialmente, cuando el trabajador autónomo (o no dependiente) repite asiduamente contratos con un mismo cliente ya que, en ese caso, su actividad e ingresos adquieren cierta dependencia del mismo, de ahí la creación para estos casos de la figura híbrida del denominado Trabajador Autónomo Económicamente Dependiente (TRADE).

En el contrato civil de ejecución de obra, a diferencia del anterior, no se concierta una prestación de servicios (obligación de hacer), sino la obtención de un resultado (obligación de resultado), lo cual hace que, sin que exista dependencia o subordinación en sentido estricto, sí que existe cierta vinculación a las instrucciones del propietario, ya que el contratista se compromete a realizar la obra *a satisfacción del propietario* (art. 1598 CC), el cual conserva el poder de especificación (concreción del derecho de accesión que también aparece en el caso del contrato de trabajo, en relación a la ajenidad, según el cual el propietario -de los medios de producción en el caso del contrato de trabajo- de una cosa tiene derecho a los frutos que produce y a lo que se le une natural o artificialmente, así como a transformarla en una obra de nueva especie –especificación-), de verificación, de modificación y de aprobación final.

Este sometimiento a las instrucciones del comitente hace, en la realidad, estos supuestos de hecho todavía más complicados de diferenciar que en el caso antes comentado, especialmente cuando el pago de la obra se efectúa periódicamente en fracciones mensuales. Será la presencia de una estructura organizativa empresarial propia, suficiente y autónoma por parte del contratista el criterio que más ayude a delimitar estos supuestos.

- **Contratos mercantiles**: tienen por objeto un acto de comercio, puesto que uno de los sujetos es un comerciante. En este caso, seguramente, uno de los ejemplos más interesantes para nuestro ámbito de estudio sea el denominado contrato de sociedad (al que se refieren los arts. 1665 CC y 116 del Código de Comercio).

  Es el elemento de la ajenidad el que marca la diferenciación con el contrato de trabajo en estos supuestos, en la medida en que en el contrato de sociedad se ponen en común bienes, industria o ambas cosas, para obtener un lucro. Existe una comunidad de riesgos y beneficios que se comparten, mientras que en el caso del contrato de trabajo ambos corresponden sólo al empresario.

  Si bien el asunto se complica por la posibilidad de existir socios industriales (que aportan sólo trabajo y no capital) prevalece, no obstante, como en el caso de las cooperativas de trabajo asociado (no así en el caso de las S.A.L) la condición de socio sobre la de trabajador en estos casos.

- No cabe finalizar, obviamente, sin referirse al **contrato de trabajo** en virtud de cual una persona voluntariamente (acuerdo de voluntades con consentimiento libre) presta sus servicios retribuidos (contrato oneroso) por cuenta (ajenidad) y dentro del ámbito de organización y dirección (dependencia o subordinación) de otra persona, física o jurídica, denominada empleador o empresario (art. 1.1 ET).

  Este contrato constituye la piedra angular sobre la que se construyen la inmensa mayoría de las disciplinas jurídicas que integran el Plan de estudios de este Grado universitario y sus presupuestos sustantivos y criterios diferenciadores de las figuras contractuales anteriores será objeto de un análisis específico en la asignatura Derecho del Trabajo I.

BIBLIOGRAFÍA

AA.VV. (1997), *Introducción a la Teoría del Derecho* (Coord. De Lucas, Javier), 3ª edición, Valencia: Ed. Tirant lo Blanch.

AA.VV. (2010), *Introducción a la Teoría del Derecho* (Coord. Gayo Santa Cecilia, María Eugenia. y Muñoz de Baena Simón, José Luis), Madrid: Ed. UNED.

AA.VV. (2015), *Curso de Derecho Privado* (Dirs. Orduña, Francisco Javier y Campuzano, Ana Belén), 18ª edición, Valencia: Ed. Tirant lo Blanch.

ARNAU MOYA, Federico (2009), *Lecciones de Derecho Civil I,* Castellón: Universitat Jaume I, recuperado el 15/09/23 de https://repositori.uji.es/xmlui/bitstream/handle/10234/24162/s6.pdf

DÍEZ PICAZO, Luis y GULLÓN BALLESTEROS, Antonio (2016), *Sistema de Derecho Civil*, 11ª ed, Madrid: Ed. Tecnos.

FREIXES SANJUÁN, Teresa y REMOTTI CARBONELL, José Carlos (1992), "Los valores y principios en la interpretación constitucional", *Revista Española de Derecho Constitucional,* n.º 35, pp. 97-109.

VILLALBA ZABALA, Agustín (2011), *Introducción al Derecho*, Cantabria: Universidad de Cantabria. Open Course Ware, recurso electrónico recuperado el 15-09-23 de https://ocw.unican.es/course/view.php?id=106#section-3